北条雅章監修

野菜の上手な育て方大事典

人気の葉菜・果菜・根菜から
一度はつくってみたい地方野菜・中国野菜まで **106**種

成美堂出版

Contents

野菜の上手な育て方大事典

収穫時期から見つけられる
写真もくじ

3~5月 春に収穫できる野菜

アスパラガス P10
収穫 3年目4月上旬～6月上旬
種まき 3月中旬～4月中旬

イチゴ P92
収穫 5月上旬～6月上旬
植えつけ 10月中旬～11月上旬

オカノリ P12
収穫 5月中旬～11月中旬
種まき 4月上旬～7月下旬

オカヒジキ P13
収穫 5月中旬～8月下旬
種まき 4月上旬～5月下旬

カブ P166
収穫 5月上旬～6月中旬
種まき(秋まき可) 3月下旬～4月下旬

キャベツ P17
収穫 翌年4月上旬～5月下旬
種まき 9月上旬～9月下旬

コマツナ P26
収穫 4月上旬～12月下旬
種まき 2月下旬～10月下旬

コリアンダー P234
収穫 5月下旬～11月上旬
種まき 3月上旬～5月上旬

サヤエンドウ P110
収穫 翌年4月下旬～6月上旬
種まき 10月中旬～11月上旬

ジャガイモ P175
収穫 5月下旬～6月下旬
植えつけ 2月下旬～3月下旬

シュンギク P34
収穫 5月中旬～6月中旬
種まき 3月中旬～4月中旬

スイスチャード P36
収穫 5月中旬～11月下旬
種まき 4月上旬～9月下旬

ソラマメ P124
収穫 翌年5月中旬～6月中旬
種まき 10月中旬～10月下旬

タアサイ P222
収穫 5月下旬～7月上旬
種まき 4月上旬～5月下旬

タイム P236
収穫 4月下旬～11月中旬
種まき 3月上旬～5月上旬

タマネギ P40
収穫 翌年5月中旬～6月下旬
種まき 9月上旬～9月下旬

チンゲンサイ P224
収穫 5月下旬～7月下旬
種まき 4月上旬～5月下旬

トウミョウ P228
収穫 5月上旬～6月下旬
種まき 3月中旬～5月中旬

ニンニク P50
収穫 翌年5月中旬～6月下旬
植えつけ 9月上旬～9月下旬

パセリ P239
収穫 5月上旬～2月下旬
種まき 3月上旬～4月下旬

葉ダイコン P59
収穫 4月中旬～7月中旬
種まき 3月中旬～6月中旬

ペパーミント P241
収穫 5月中旬～10月下旬
種まき 3月中旬～5月中旬

ベビーリーフ P61
収穫 4月中旬～11月下旬
種まき 4月上旬～10月中旬

ホウレンソウ P64
収穫 5月上旬～5月下旬
種まき 3月中旬～4月中旬

ラディッシュ P190
収穫 4月下旬～6月下旬
種まき 3月下旬～5月下旬

ルバーブ P78
収穫 翌年5月上旬～6月下旬
種まき 3月下旬～4月下旬

レタス P80
収穫 5月中旬～6月下旬
種まき 2月下旬～4月上旬

レモンバーム P242
収穫 5月上旬～10月下旬
種まき 3月中旬～5月中旬

6~8月 夏に収穫できる野菜

アーティチョーク P8
収穫 翌年6月上旬～6月下旬
種まき 4月上旬～4月上旬

イタリアンパセリ P232
収穫 6月中旬～11月下旬
種まき 3月上旬～5月上旬

エダマメ P94
収穫 7月下旬～8月下旬
種まき 5月上旬～5月下旬

エンサイ P212
収穫 7月上旬～10月下旬
種まき 5月上旬～8月中旬

マークの見方　分類：葉菜類　果菜類　根菜類　　難易度：やさしい　ふつう　むずかしい

※収穫時期が分かれる野菜は、それぞれの季節に掲載しています。

オクラ P96
収穫 7月中旬～10月中旬
種まき 3月下旬～4月下旬

オレガノ P233
収穫 6月上旬～10月上旬
種まき 3月上旬～5月上旬

カイラン P214
収穫 7月上旬～11月中旬
種まき 5月上旬～8月下旬

カボチャ P98
収穫 8月上旬～8月下旬
種まき 4月上旬～5月上旬

キュウリ P102
収穫 6月上旬～8月中旬
種まき 4月上旬～4月下旬

キンサイ P218
収穫 8月上旬～9月中旬
種まき(秋まき可) 6月上旬～6月中旬

サヤインゲン P108
収穫 6月下旬～8月上旬
種まき 5月上旬～6月上旬

シシトウ P112
収穫 6月上旬～10月中旬
種まき 2月下旬～3月下旬

シソ P32
収穫 7月上旬～10月下旬
種まき 4月上旬～4月下旬

ショウガ P178
収穫 7月下旬～8月中旬
植えつけ 4月下旬～5月中旬

シロウリ P115
収穫 7月中旬～8月下旬
種まき 4月上旬～4月下旬

スイカ P118
収穫 7月中旬～8月下旬
種まき 3月中旬～3月下旬

ズッキーニ P121
収穫 6月中旬～8月中旬
種まき 3月下旬～4月下旬

セージ P235
収穫 7月上旬～10月下旬
種まき 3月上旬～4月下旬

セリフォン P216
収穫 7月上旬～12月下旬
種まき 5月上旬～10月上旬

ダイコン P180
収穫 6月上旬～6月下旬
種まき 4月上旬～4月下旬

ツルムラサキ P226
収穫 6月下旬～11月下旬
種まき 5月上旬～6月下旬

ディル P237
収穫 7月上旬～9月中旬
種まき 3月上旬～6月上旬

トウガラシ P126
収穫 7月下旬～10月下旬
種まき 3月上旬～3月中旬

トウガン P129
収穫 7月下旬～10月上旬
種まき 4月上旬～4月中旬

トウモロコシ P132
収穫 7月中旬～8月中旬
種まき 4月下旬～5月上旬

トマト P136
収穫 7月上旬～8月下旬
種まき 2月中旬～2月下旬

ナス P140
収穫 6月上旬～10月中旬
種まき 2月中旬～3月上旬

ニガウリ P144
収穫 7月下旬～10月上旬
種まき 4月上旬～4月下旬

ニラ P48
収穫 7月中旬～11月上旬
種まき 3月上旬～3月下旬

ニンジン P182
収穫 7月上旬～8月下旬
種まき 3月中旬～4月中旬

バジル P238
収穫 6月上旬～10月下旬
種まき 4月上旬～5月下旬

葉ネギ P60
収穫 6月上旬～11月中旬
種まき 4月上旬～9月中旬

ハラペーニョ P148
収穫 6月上旬～9月下旬
種まき 3月上旬～3月中旬

ピーマン P151
収穫 6月上旬～10月下旬
種まき 2月下旬～3月下旬

ヒユナ P230
収穫 6月中旬～11月上旬
種まき 5月上旬～6月中旬

フローレンスフェンネル P240
収穫 6月上旬～11月上旬
種まき 3月上旬～5月上旬

ミツバ P66
収穫 6月上旬～11月中旬
種まき 4月上旬～9月中旬

メロン P154
収穫 8月上旬～8月下旬
種まき 4月上旬～4月中旬

モロヘイヤ P70
収穫 7月上旬～11月上旬
種まき 4月上旬～5月下旬

ラッキョウ P87
収穫 翌年6月中旬～7月上旬
植えつけ 8月下旬～9月中旬

マークの見方 分類：葉菜類　果菜類　根菜類　難易度：やさしい　ふつう　むずかしい

秋・冬に収穫できる野菜

9~2月

アズキ P90

収穫 10月中旬～11月中旬
種まき 7月上旬～7月下旬

アピオス P162

収穫 10月下旬～11月中旬
植えつけ 5月上旬～5月下旬

ウコン P164

収穫 10月中旬～11月中旬
植えつけ 4月上旬～5月下旬

沖縄島ニンジン P196

収穫 9月中旬～11月中旬
種まき 6月中旬～8月上旬

沖縄トウガラシ P194

収穫 9月上旬～11月上旬
種まき 2月下旬～3月中旬

カリフラワー P14

収穫 11月上旬～12月下旬
種まき 7月中旬～8月中旬

キャベツ P17

収穫 11月中旬～1月下旬
種まき 7月中旬～8月中旬

金時ニンジン P198

収穫 11月中旬～1月下旬
種まき 7月中旬～8月中旬

ケール P20

収穫 10月中旬～12月下旬
種まき 7月中旬～8月中旬

ケルン P22

収穫 10月中旬～12月中旬
種まき(春まき可) 8月上旬～9月中旬

コウサイタイ P220

収穫 11月上旬～2月下旬
種まき 8月下旬～10月上旬

コールラビ P24

収穫 10月上旬～12月中旬
種まき 7月下旬～9月上旬

ゴボウ P168

収穫 10月中旬～1月中旬
種まき 3月中旬～4月中旬

ゴマ P106

収穫 9月中旬～10月中旬
種まき 4月下旬～5月中旬

サツマイモ P172

収穫 9月下旬～11月中旬
植えつけ 5月中旬～6月中旬

サトイモ P170

収穫 10月上旬～11月中旬
植えつけ 4月上旬～5月上旬

サラダナ P28

収穫 10月中旬～11月下旬
種まき(春まき可) 8月中旬～9月中旬

サントウサイ P30

収穫 10月中旬～11月下旬
種まき(春まき可) 8月上旬～9月中旬

ジャガイモ P175

収穫 11月下旬～12月上旬
植えつけ 8月下旬～9月上旬

シュンギク P34

収穫 11月上旬～12月下旬
種まき 9月上旬～10月中旬

ショウガ P178

収穫 10月下旬～11月上旬
植えつけ 4月下旬～5月中旬

聖護院ダイコン P200

収穫 11月中旬～12月上旬
種まき 8月下旬～9月上旬

セルリー（セロリ） P38

収穫 11月上旬～12月下旬
種まき 5月中旬～6月下旬

タアサイ P222

収穫 10月中旬～11月下旬
種まき 8月下旬～9月下旬

ダイコン P180

収穫 10月下旬～12月上旬
種まき 8月下旬～9月上旬

チコリ P44

収穫 11月中旬～12月中旬
種まき 6月中旬～7月下旬

チンゲンサイ P224

収穫 10月上旬～12月上旬
種まき 8月下旬～10月中旬

トウミョウ P228

収穫 11月上旬～4月下旬
種まき 9月中旬～10月下旬

遠野カブ P202

収穫 11月上旬～12月上旬
種まき 9月上旬～9月下旬

ニンジン P182

収穫 11月上旬～2月下旬
種まき 7月上旬～8月上旬

ネギ P52

収穫 12月上旬～3月中旬
種まき 3月中旬～4月下旬

ハクサイ P56

収穫 11月上旬～1月下旬
種まき 8月中旬～9月中旬

葉ダイコン P59

収穫 10月上旬～11月中旬
種まき 9月上旬～10月中旬

ビーツ P184

収穫 11月中旬～12月下旬
種まき(春まき可) 9月上旬～9月下旬

マークの見方　分類：葉菜類　果菜類　根菜類　難易度：やさしい　ふつう　むずかしい

飛騨紅丸カブ P204
収穫 11月上旬～12月上旬
種まき 9月上旬～9月下旬

ブロッコリー P62
収穫 10月中旬～2月中旬
種まき 7月上旬～8月中旬

ホウレンソウ P64
収穫 10月上旬～12月下旬
種まき 9月上旬～10月下旬

牧地ダイコン P206
収穫 11月中旬～12月上旬
種まき 8月下旬～9月上旬

ミズナ P208
収穫 11月上旬～2月下旬
種まき 9月上旬～9月下旬

ミブナ P210
収穫 11月上旬～2月下旬
種まき 9月上旬～9月下旬

ミョウガ P68
収穫 9月上旬～10月中旬
植えつけ 3月中旬～4月下旬

メキャベツ P84
収穫 11月上旬～2月下旬
種まき 6月上旬～7月中旬

ヤーコン P186
収穫 10月下旬～11月下旬
植えつけ 5月上旬～6月上旬

ヤマイモ P188
収穫 11月上旬～12月下旬
植えつけ 4月中旬～5月下旬

ラッカセイ P158
収穫 9月中旬～10月中旬
種まき 5月中旬～6月上旬

ラディッシュ P190
収穫 10月上旬～12月中旬
種まき 9月上旬～10月下旬

リーキ P72
収穫 11月上旬～1月下旬
種まき 3月下旬～4月下旬

リーフレタス P74
収穫 10月下旬～12月上旬
種まき(春まき可) 9月上旬～9月下旬

ルッコラ P76
収穫 10月上旬～12月下旬
種まき(春まき可) 9月下旬～10月下旬

レタス P80
収穫 10月下旬～11月下旬
種まき 8月上旬～9月中旬

ワケギ P82
収穫 10月上旬～12月上旬
植えつけ 7月下旬～9月下旬

マークの見方

分類：葉菜類 / 果菜類 / 根菜類

難易度：やさしい / ふつう / むずかしい

本書の見方

野菜名・科名
一般的な名前をカタカナで表記しています。一部に漢字を含むもの総称などを含み、別名などは( )に記します。その下に野菜の植物分類学上の科名を表記します。

栽培のポイント
栽培を始めるにあたって、その野菜の栽培における注意事項、特徴、基本情報などを掲載。

畝づくりイラスト
栽培に適した幅・高さ、株間（列間）、溝の深さと幅をイラストで示します。

コラム
栽培に役立つ方法やその野菜に関する豆知識などを写真やイラストを使ってわかりやすく解説。

難易度
その野菜の栽培における難易度を やさしい ふつう むずかしいの3段階に分けました。（やさしい）は失敗が少ない野菜、（ふつう）はややむずかしい野菜、（むずかしい）は栽培がむずかしく、失敗しやすい野菜です。

栽培カレンダー
栽培手順に沿った作業時期を12カ月のカレンダーで表記。カレンダーの時期は関東地方の露地栽培を基準としています。

栽培手順
野菜の栽培手順を数字と作業名で表記、その横（または下）に作業時期の目安、ポイントを示しています。作業は写真やイラストを使って解説。

ポイント
栽培中にポイントとなる作業を写真やイラストを使ってアドバイスします。

※本書で栽培したすべての野菜の種は、園芸店やネット通販などで購入できます。

食卓に欠かせない
葉もの茎もの野菜

1章
葉菜類の育て方

豆に似た味のがく片などを食用にする

アーティチョーク

キク科　難易度　ふつう

栽培のポイント

- 地中海地方原産。別名チョウセンアザミ。
- 栽培期間は長いが、育てやすいので難易度はふつう。
- ４～６年間、同じ場所で収穫し続けることができる。
- 植えつけから数年後、株が弱ってきたら、９月頃に出た子株を別の畑に植えつける。
- 収穫せずに花も観賞できる。

栽培カレンダー

作業＼月	1	2	3	4	5	6	7	8	9	10	11	12
種まき				■								
植えつけ				■	■							
追肥		翌年	■	■		■	■	追肥は毎年行う				
収穫						■	翌年から４～６年間収穫できる					

1 種まき

４月上旬～４月下旬、ポットに種をまいて育苗

1 ３号ポットの縁まで培養土《ばいようど》を入れ、指の第一関節の深さに窪みをつけて種を一粒まく。

▼

2 種をまいたらまわりの土をかけて埋め、手のひらで軽く押さえる。その後、水やりをする。

2 植えつけ

４月中旬～５月中旬、株間 100cm に植えつける

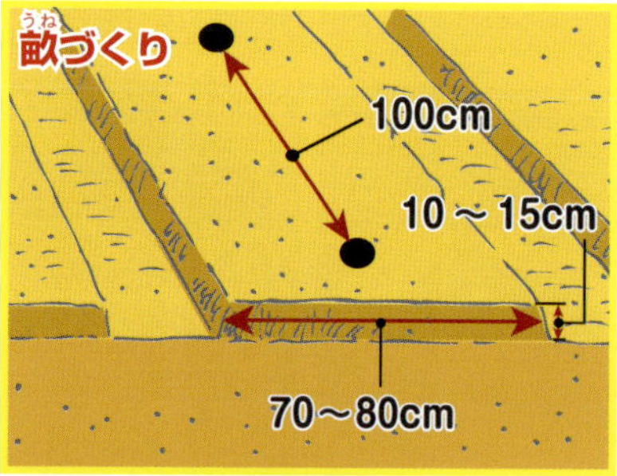

[植えつけ２週間前]
苦土石灰《くどせっかい》を 100g/m²まいてよく耕しておく。

[植えつけ１週間前]
堆肥《たいひ》 2kg/m²、化成肥料 100g/m²を施して畝をつくる。

1 本葉が４～５枚出たら、株間 100cm に植えつける。根鉢と同じ大きさの植え穴を掘り、根鉢を崩さないようにポットから取り出して植えつける。

▼

2 植えつけたら土を少しかぶせ、土と根が密着するように軽く押さえる。

▼

3 植えつけ後は土と根がよくなじむように、たっぷりと水やりをする。

3 追肥

6月中旬～7月下旬、翌年の3月中旬～4月中旬に1回ずつ毎年行う

1 生育が悪いようなら、葉の広がりに合わせて株元に軽く一握り(20g)の化成肥料をまく。

2 固くなった土の表面を軽くほぐしながら肥料と混ぜ合わせる。

3 肥料と土がよく混ざったら、株元に土を寄せて軽く押さえる。

4 収穫

翌年の6月上旬～6月下旬、4～6年間収穫できる

1 植えつけた翌年につぼみが大きくふくらんだら、首の部分をハサミで切って収穫する。冬は枯れた葉などを取り除いて、翌年に備える。

2 収穫せずにそのままにしておくと、アザミに似た紫色の花を観賞できる。

アーティチョークを食べよう！

収穫したアーティチョークは、がくの先端をハサミで切り取り、ふっとうしたお湯で15分ほどゆでる。

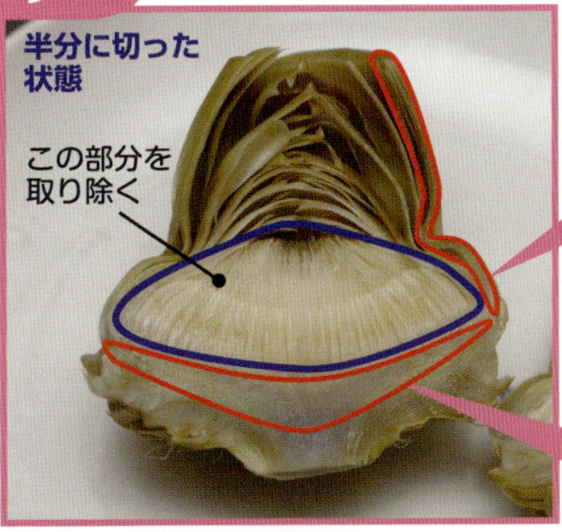

ゆでたらさめるのを待ってから、がく片を1枚ずつはがし、内側にある花になる部分をきれいに取り除く。

がくのつけ根にある肉厚な部分を歯でこそぎ落としながら食べる。マヨネーズによく合い、甘みがあり、豆類に似た味がする。

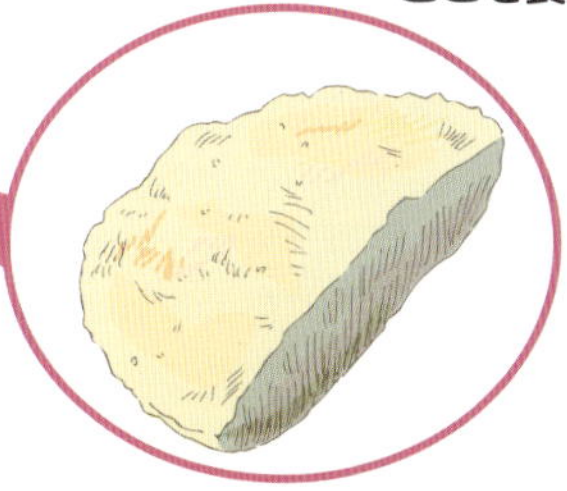

がく片をすべて取り外すと円形の花床部が残り、内側のやわらかい部分を取り出して食べる。

1度植えつけたら、10年間収穫できる

アスパラガス

ユリ科　難易度　ふつう

栽培のポイント

- 栽培期間は長いが、育てやすいので難易度はふつう。
- 植えつけた年の3年目から毎年収穫でき、10年ほど収穫し続けられる。
- 植えつけ後の翌年からの管理は追肥・支柱立て、冬越しのみ。

栽培カレンダー

作業＼月	1	2	3	4	5	6	7	8	9	10	11	12
種まき			■	■								
植えつけ				■	■							
追肥①					■	1カ月に1回行う						
追肥②						■	■					
支柱立て						■						
冬の管理											■	■
収穫				■	■	■ 植えつけから3年目以降						

1 種まき

3月中旬〜4月中旬、セルトレイに種まき

① 培養《ばいよう》土《ど》をセルトレイ（育苗用の連結ポット）に均一に入れて、指先で軽く窪みをつけ、種を2〜3粒ずつまく。

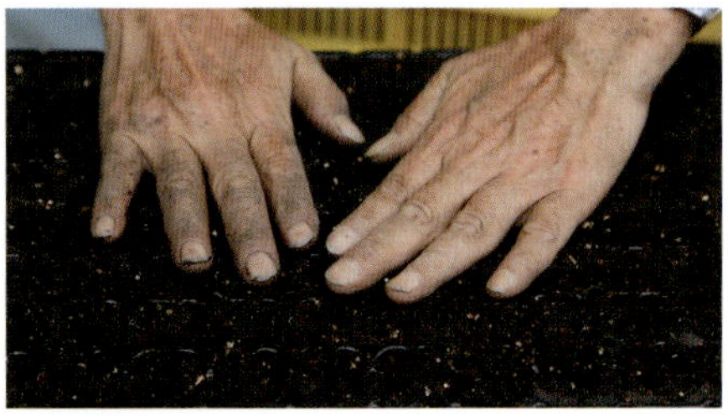

② 種が見えなくなるように培養土をかぶせて、種と土が密着するように軽く押さえる。

③ 種まき後は、土と種が密着するようにジョウロでたっぷりと水やりをする。

2 植えつけ

4月中旬〜5月中旬、株間30〜40cmに植えつける

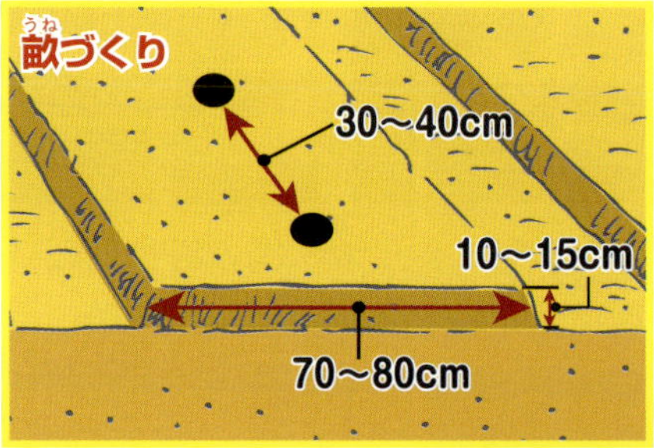

[植えつけ2週間前]
苦土石灰《くどせっかい》を100g/m^2まいてよく耕す。

[植えつけ1週間前]
堆肥《たいひ》2kg/m^2、化成肥料100g/m^2を施して畝をつくる。

① 本葉3〜4枚になったら、セルトレイから根鉢を崩さないように苗を取り出し、株間30〜40cmに植えつける。

② 植えつけたらまわりの土を寄せて、土と根が密着するように軽く押さえ、水やりをする。

3 追肥①　5月上旬～5月下旬、株の周囲に追肥する

① 株がしっかり根付いたら、一株あたり軽く一握り（20g）の化成肥料を施す。

② 表面の土と肥料をよく混ぜ、株が倒れないように株元に土寄せする。

4 追肥②　6月上旬～7月中旬、畝の肩に追肥する

① 株が生長したら、畝の脇に溝を掘り、一株あたり軽く一握りの化成肥料を溝に均一に施す。

② 肥料を施したら土と肥料をよく混ぜ、株元に寄せる。

5 支柱立て

6月上旬～6月下旬、株が生長したら支柱を立てる

株が大きく生長し始めたら風で倒れないように支柱を立てる。畝を囲うように支柱を立てて、ひもを張る。

6 冬の管理

11月中旬～12月下旬、枯れ始めたら刈り取る

① 茎葉が枯れ始めてきたら、翌年に備えて株元から刈り取る。

② 堆肥ふたつかみ（2kg/m^2）を畝の両脇に施し、堆肥と土を混ぜながら、株元が少し出るくらい土を畝に戻す。翌年は追肥、支柱立てをカレンダー通りに行う。

7 収穫　植えつけから3年目、4月上旬～6月上旬まで収穫

① 植えつけから3年目以降の春に、伸びてきた芽が25cmくらいになったらナイフで切り取り、収穫する。

② 収穫量が減り始めてきたら、太い芽を10～15本残して生長させ、来年のために養分を蓄えさせる。その後、追肥し、支柱を立てる。翌年も同様に作業する。

葉を軽くあぶると海苔のような食感

オカノリ

アオイ科　難易度　やさしい

栽培のポイント

- 中国原産といわれる。栽培期間が短いので難易度は低い。
- やわらかい葉を順次摘み取って収穫する。
- 生長すると 1m 以上になるので、先端を収穫した後、わき芽を収穫して株を小さくまとめる。
- 長期間収穫できるので葉もの野菜が少ない夏にぴったり。

栽培カレンダー

作業＼月	1	2	3	4	5	6	7	8	9	10	11	12
種まき				━	━	━	━					
間引き				━	━	━	━	━				
追肥	1～2カ月に1回ほど				━	━	━	━	━	━		
収穫		長期間収穫できる			━	━	━	━	━	━	━	

1 種まき

4月上旬～7月下旬、畑に直まきする

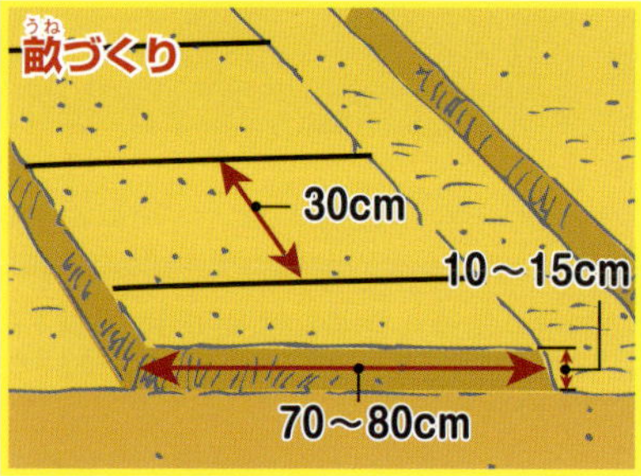

[種まき 2 週間前]
苦土石灰《くどせっかい》 100g/m²をまいてよく耕す。

[種まき 1 週間前]
堆肥《たいひ》 1kg/m²、化成肥料 100g/m²を全面にまいてよく耕し、畝をつくる。

1 木の板などで、条(列)間 30cm に浅い溝をつくり、種が重ならないようにまく。

2 種をまいたら土をかぶせて、たっぷりと水やりをする。

2 間引き

4月中旬～8月中旬、本葉が 2～3 枚出たら間引く

本葉2～3枚になったら生育の悪い株を間引く。間引き後は株元に土寄せをする。その後、株が込むたびに間引きをする。

3 追肥

5月上旬～10月中旬、1～2カ月に1回追肥する

1 生育が悪いようなら、1 列につき一握り(20～30g)の化成肥料を施す。

2 表面の土と肥料をよく混ぜ、風で倒れないよう株元に土を寄せる。

4 収穫

5月中旬～11月中旬、草丈 20cm 以上で収穫

1 草丈 20cm 以上になったら、先から 15cm ほどをハサミで切り取って収穫する。

2 収穫後、わき芽を伸ばしてさらに収穫できる。葉はおひたしなどに利用する。また、葉を軽くあぶると海苔のような歯ざわりがする。

海藻のヒジキに姿が似ている野菜

オカヒジキ

アカザ科　難易度　やさしい

栽培のポイント

- 栽培期間が短いので難易度は低い。日本の海岸に自生する。
- 酸性土壌に弱いので石灰をまいて弱アルカリ性にする。
- 暑さには強いが、暑い時期に種まきをすると花がつきやすくなる。
- 開花が始まると茎葉が固くなるのでその前に収穫を終える。

栽培カレンダー

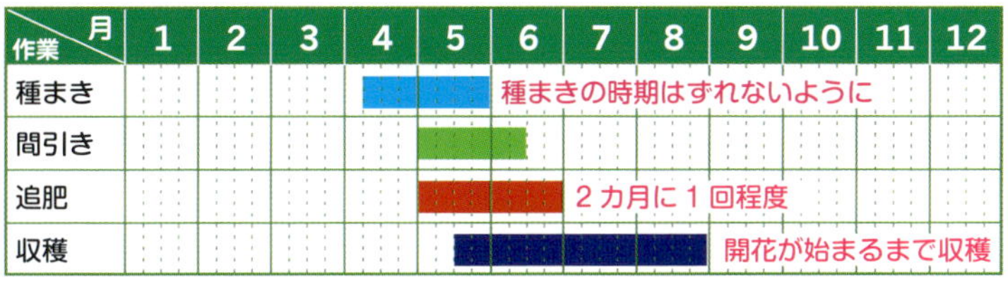

1 種まき

4月上旬～5月下旬、列間30cmにすじまき

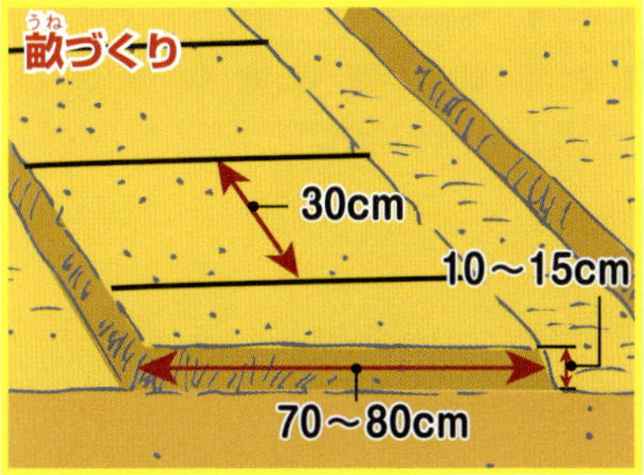

[種まき2週間前]
苦土石灰《くどせっかい》150～200g/m²をまいてよく耕す。

[種まき1週間前]
堆肥《たいひ》1kg/m²、化成肥料100g/m²を全面にまいて耕し、畝をつくる。

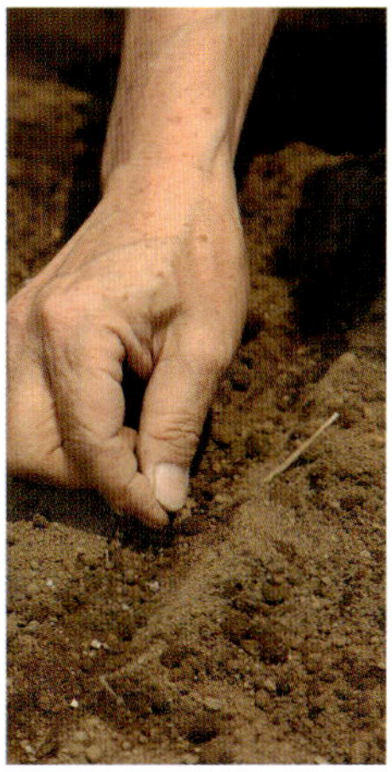

1. 木の板などで深さ1cm弱の溝をつくり、種が重ならないように均一にまく。
2. 種まき後は土をかぶせて軽く押さえ、たっぷりと水やりをする。

2 間引き

5月上旬～6月中旬、本葉が出始めたら間引く

本葉が出始めるようになったら間引きをする。間引き後は土寄せをする。

3 追肥

5月上旬～6月下旬、2カ月に1回程度行う

1. 草丈5cmほどになったら追肥をする。列の間に一握り（20～30g）の化成肥料を施す。
2. 表面の土と肥料を軽く混ぜて株元に土寄せする。

4 収穫

5月中旬～8月下旬、草丈15cmで収穫

1. 草丈15cmに育ったら、若い茎と葉を長さ10cmほどで収穫する。
2. 収穫後はわき芽がどんどん伸びるので、その都度収穫する。生育が悪くなったら追肥をする。

収穫したものはおひたしなどにする。しゃきしゃきした歯触りが楽しめる。

白い花蕾（からい）を食べる野菜

カリフラワー

アブラナ科　難易度　ふつう

栽培のポイント

- 栽培期間がやや長いので、難易度はふつう。
- 品種はつくりやすい晩生種（秋・冬どり種）を選ぶ。
- 植えつけは、葉が大きくなるのでまわりに植える野菜が陰にならないような場所を選ぶ。
- 花蕾を白く仕上げるために葉で光があたらないようにする。

栽培カレンダー

作業＼月	1	2	3	4	5	6	7	8	9	10	11	12
種まき							■	■				
間引き								■				
植えつけ				植えつけ後は寒冷紗で覆う				■	■			
追肥①									■			
追肥②										■		
花蕾の仕上げ						外葉で包んで白くさせる				■	■	
収穫											■	■

1 種まき

7月中旬～8月中旬、ポットに種まき

1 3号ポットの縁まで培養《ばいよう》土《ど》を入れ、指先で3カ所窪みをつける。

2 窪みに種を一粒ずつ、入れていく。

3 土をかぶせて平らにならし、表面を軽く押さえる。土と密着するようにジョウロでたっぷりと水やりをする。

2 間引き

8月上旬～8月下旬、本葉が2～3枚出たら間引く

1 本葉が2～3枚出たら、1本だけ残して間引きをする。

2 生育の悪い苗や虫食いのある苗をハサミで間引き、生育のよい苗を1本残す。

3 植えつけ

8月中旬～9月中旬、本葉4～6枚ついた苗を植えつける

1 本葉が4～6枚出たら、株間40cmに植えつける。

2 根鉢と同じ大きさの穴を掘り、根鉢を崩さないように苗を取り出す。

ポイント 害虫対策に寒冷紗《かんれいしゃ》をかける

4 植えつけ後は、虫が少なくなる時期まで寒冷紗《かんれいしゃ》で覆う。

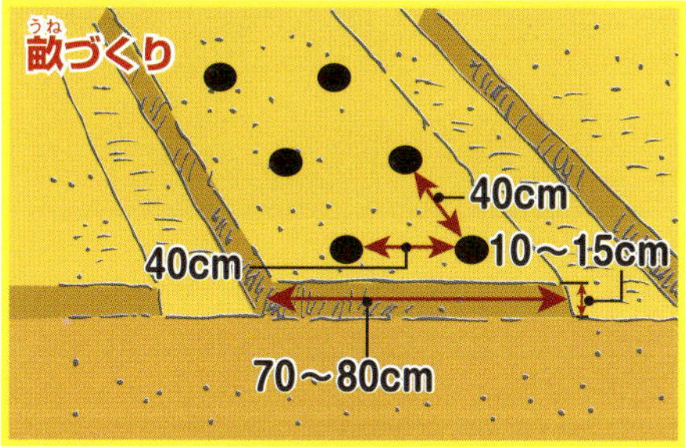

[植えつけ 2 週間前]
苦土石灰《くどせっかい》を100g/m^2を全面にまいて、よく耕す。

[植えつけ 1 週間前]
堆肥《たいひ》1kg/m^2、化成肥料100g/m^2を入れ、土を戻して畝をつくる。

3 苗を植えつけたら、株元に土を寄せて軽く押さえて水やりをする。

4 追肥①

9月上旬～9月下旬、植えつけから2週間後に1回目の追肥

1 寒冷紗の片側をはずし、葉の広がりに合わせて、一株につき10gの化成肥料を施す。

2 固くなった表面の土をほぐしながら、肥料と土をよく混ぜる。

3 倒れないように株元に土を寄せて軽く押さえ、寒冷紗を戻す。

5 追肥②

10月上旬～10月下旬、植えつけから5～6週間後に2回目の追肥

1 寒冷紗をすべてはずし、畝の両側に浅い溝を掘る。

2 溝に、1m^2あたり一握り（20～30g）の化成肥料を施す。

3 追肥後は畝に土を寄せ、畝の表面を軽くほぐしながら株元に土を寄せる。

6 花蕾《からい》の仕上げ

10月中旬～11月中旬、花蕾を葉で包む

1 花蕾が見え始めたら、外側の葉を包んで光が入らないようにする。

2 外側の葉を中心に束ねたらひもがほどけないように強めにしばる。

ポイント 外側の葉を切り取って包む

ひもでしばるのが面倒なときは外側の葉の一部を切り取って、花蕾を包むようにおくだけでよい。

7 収穫

11月上旬～12月下旬、直径15cmほどで収穫

1 直径 15cm ほどになったら、収穫する。

2 まわりの大きな葉をかきとり、花蕾の下に包丁を入れて切り取る。

花蕾の仕上げをしなかった場合

1 仕上げをしなかった花蕾。変色するだけでなく、霜や寒さで傷みやすくなるのでしっかりと外葉で包む。

2 仕上げをした花蕾。外葉で包んで育てると、花蕾の色が白く鮮やかになり、品質のよいものになる。

黄色い花蕾の品種

カリフラワーには色や形のちがうさまざまな品種がある。写真は花蕾が黄色になる品種。

耐寒性が強く、冬～春に収穫する野菜

キャベツ

アブラナ科　難易度 ふつう

栽培のポイント

- 栽培期間がやや長いので、難易度はふつう。
- 耐寒性は強いが、暑さに弱いので夏まき・秋まきで育てる。
- 夏まきの植えつけ後は、虫が出なくなる秋くらいまで寒《かん》冷紗《れいしゃ》で覆い、害虫対策をする。
- 秋まきでは秋まき用の品種を選ぶ。

栽培カレンダー

作業＼月	1	2	3	4	5	6	7	8	9	10	11	12
種まき			まく品種に注意			夏まき				秋まき		
間引き							夏まき				秋まき	
植えつけ		植えつけ後は寒冷紗で覆う					夏まき				秋まき	
追肥①								夏まき				秋まき
追肥②		翌年		秋まき							夏まき	
収穫		夏まき	翌年			秋まき	翌年			夏まき		

1 種まき

7月中旬～8月中旬（夏）、9月上旬～9月下旬（秋）にポットに種をまく

1 3号ポットの縁まで培養《ばいよう》土《ど》を入れ、指先で3カ所窪みをつける。

2 窪みに種を一粒ずつ、入れていく。秋まきの場合は秋まき用の種を選ぶ。

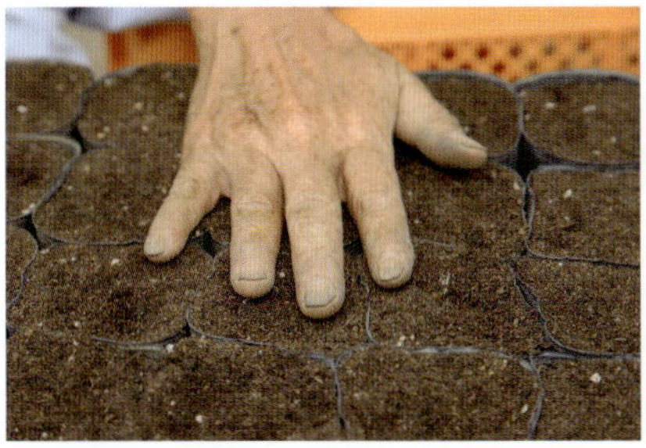

3 土をかぶせて表面を軽く押さえる。ジョウロでたっぷりと水やりをし、土と密着させる。

2 間引き

8月上旬～8月下旬（夏）、9月中旬～10月中旬（秋）、本葉1～2枚出たら間引く

1 本葉が1～2枚出た頃に間引きをして、1本にする。

2 生育の悪い苗を選んでハサミで切り取る。

③ 植えつけ

8月中旬～9月中旬(夏)、10月上旬～10月下旬(秋)、本葉が4～6枚出たら植えつけ

① 本葉が4～6枚出たら株間30～40cmの2列に植えつける。苗を購入する場合は、葉の緑が濃く、節が詰まったものを選ぶ。

② 根鉢と同じ大きさの穴を掘り、根鉢を崩さないようにポットから取り出し、植えつける。

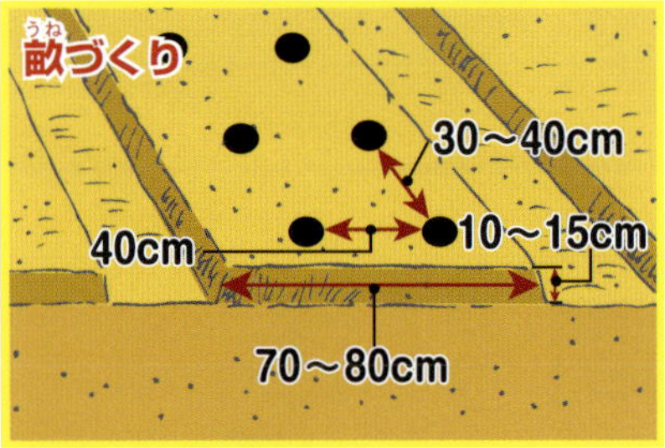

[植えつけ2週間前]
苦土石灰《くどせっかい》を100g/m^{2}まいてよく耕す。

[植えつけ1週間前]
堆肥《たいひ》1kg/m^2、化成肥料100g/m^{2}を入れて畝をつくる。

③ 植えつけたらまわりの土を株元に寄せて軽く押さえ、土と密着するように水やりをする。

Point ポイント 害虫対策に寒冷紗《かんれいしゃ》をかける

④ 夏まきの場合はアオムシが発生しやすいので寒冷紗をかけて被害を防ぐ。

④ 追肥 ①

9月上旬～9月下旬(夏)、10月中旬～11月中旬(秋)、植えつけ2～3週間後に追肥

① 植えつけから2～3週間後、一株につき10gの化成肥料を葉の広がりに施す

② 表面の土をほぐしながら肥料とよく混ぜる。

③ 土と肥料を混ぜたら倒れないように株元に土を寄せて安定させる。

5 追肥②

10月上旬～10月下旬(夏)、翌年3月上旬～3月下旬(秋)、結球《けっきゅう》し始める頃に追肥

① 結球し始めた頃に2回目の追肥をする。畝の両側に浅い溝を掘る。

② 溝の両側に、1m² あたり一握り(20～30g)の化成肥料を施す。

③ 追肥後は畝に土を寄せ、畝の表面を軽くほぐしながら株元に土を寄せる。

6 収穫

11月中旬～翌年1月下旬(夏)、翌年4月上旬～5月下旬(秋)、結球した部分が締まったら収穫

① 結球した部分を手で押さえて締まっていたら収穫する。

② 手で下葉を押し広げて、包丁で株元から切り取る。

アオムシからキャベツを守る

① キャベツはアオムシの大好物。葉を食べつくされてしまうこともある。

② モンシロチョウが飛んでいたらアオムシや卵を探して、見つけ次第取り除く。

③ 収穫までの期間、寒冷紗のトンネルで覆うか、ベタ掛けにして害虫を防ぐ。

青汁用の野菜として知られるが、調理するとおいしい

ケール

アブラナ科　難易度　ふつう

栽培のポイント

- 結球《けっきゅう》しないキャベツの仲間。ビタミンB、C、などが豊富。
- 栽培期間がやや長いので、難易度はふつう。
- 虫が出なくなる秋頃まで寒冷紗《かんれいしゃ》で覆って防虫対策をする。
- 青汁とするほか、おひたしなどにしてもおいしい。
- 長く楽しみたい場合は外葉を収穫する。

栽培カレンダー

作業＼月	1	2	3	4	5	6	7	8	9	10	11	12
種まき							■	■				
間引き								■				
植えつけ				植えつけ後は寒冷紗で覆う				■	■			
追肥①									■			
追肥②										■	■	
収穫					外葉を収穫すると長く楽しめる					■	■	■

1 種まき　7月中旬～8月中旬、ポットに3粒まく

1 3号ポットの縁まで培養土《ばいようど》を入れ、指先で3カ所窪みをつけて種をまく。

2 土を寄せて窪みをふさぎ、種と土が密着するように指先で軽く押さえる。

3 種まき後は土と種が密着するようにたっぷりと水やりをする。

2 間引き　8月上旬～8月下旬、本葉が2～3枚出たら間引きをする

1 本葉が2～3枚出てきたら、間引きをして1本にする。

2 生育の悪い苗を選び、残す株が抜けないように株元を押さえながら間引く。

3 植えつけ

8月中旬～9月中旬、本葉が4～6枚出たら植えつける

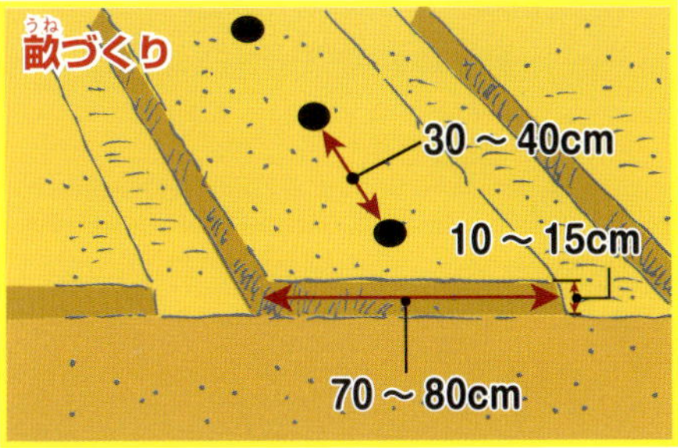

[植えつけ2週間前]
苦土石灰《くどせっかい》を100g/m²まいてよく耕す。

[植えつけ1週間前]
堆肥《たいひ》1kg/m²、化成肥料100g/m²を入れて畝をつくる。

1 本葉4～6枚の苗に仕上がったら株間30～40cmに植えつける。

2 根鉢と同じ大きさの穴を掘り、根鉢を崩さないようにポットから取り出して植えつける。

3 植えつけたら、まわりの土を株元に寄せて軽く押さえ、水やりをする。

Point ポイント 害虫対策に寒冷紗《かんれいしゃ》をかける

4 植えつけの時期は害虫の被害を受けやすいので、虫が出なくなる秋まで寒冷紗をかける。

4 追肥①

9月上旬～9月下旬、植えつけから2～3週間後に1回追肥する

1 植えつけから2～3週間後、一株につき軽く一握り(20g)の化成肥料を葉の広がりに施す。

2 固くなった土の表面を軽くほぐしながら肥料とよく混ぜ合わせる。

3 土と肥料を混ぜせたら、風で倒れないように株元に土を寄せて軽く押さえる。

5 追肥②

10月上旬～11月中旬、20～30日おきに1回追肥する

1 株の生育を見ながら2～3回ほど追肥をする。畝の方側に浅い溝を掘る。

2 1m²あたり一握り(20～30g)の化成肥料を溝に施す。

3 追肥後は畝に土を寄せ、株元に土寄せをする。

6 収穫

10月中旬～12月下旬、葉の長さ40～50cmで収穫

1 葉の長さが40～50cmになったら収穫する。

2 株元にハサミなどを入れて切り取る。

Point ポイント 外葉をかき取って長期間収穫

3 株が少なく、長期間収穫したい場合は、使う分だけ外葉をかき取る。

Memo おひたしなどにすると少し苦みがあるコマツナのよう。

しゃきしゃきした食感のレタスの仲間

ケルン

キク科　難易度 ふつう

栽培のポイント

- 別名「山クラゲ」「茎レタス」とも呼ばれる、茎を食べるレタスの仲間。
- 栽培期間がやや長いので、難易度はふつう。
- 葉は収穫前にかき取ると茎が固くなるので、収穫までそのままにする。

栽培カレンダー

作業＼月	1	2	3	4	5	6	7	8	9	10	11	12
種まき		春まき								秋まき		
間引き		春まき								秋まき		
植えつけ			春まき								秋まき	
追肥①			春まき								秋まき	
追肥②				春まき								秋まき
収穫	葉は収穫後にかき取る				春まき				秋まき			

葉は収穫後にかき取る

1 種まき　3月上旬～4月中旬(春)、8月上旬～9月中旬(秋)、ポットに3粒まく

1 3号ポットの縁まで培《ばい》養《よう》土《ど》を入れ、浅い窪みをつけて種を3粒まく。

2 土を薄くかぶせて、種と土が密着するように指先で軽く押さえる。

3 種まき後は土と種が密着するようにたっぷりと水やりをする。

2 間引き

3月中旬～4月下旬(春)、8月中旬～9月下旬(秋)、本葉2～3枚出たら間引く

本葉が2～3枚出たら生育の悪い苗を選び、株元から切り取り、1本にする。手で間引く場合は、ほかの株が抜けないように押さえながら抜き取る。

3 植えつけ

4月上旬～5月中旬(春)、9月上旬～10月中旬(秋)、本葉が4～6枚出たら植えつける

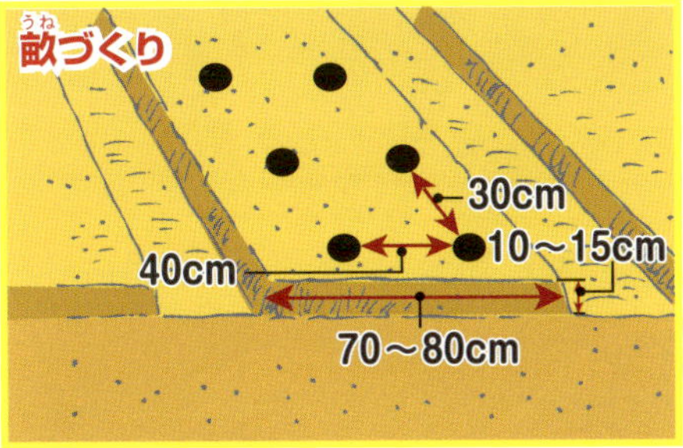

[植えつけ 2 週間前]
苦土石灰《くどせっかい》を 100g/m²まいてよく耕す。

[植えつけ 1 週間前]
堆肥《たいひ》 1kg/m²、化成肥料 100g/m²を畑の全面にまいてよく耕し、畝をつくる。

① 本葉が4～6枚出たら株間 30cm に植えつける。根鉢を崩さないようにポットからそっと抜き出す。

② 根鉢と同じ大きさの穴を掘り、苗を植えつける。

③ 植えつけたらまわりの土を株元に寄せ、土と密着するように軽く押さえて水やりをする。

4 追肥①

4月中旬～5月下旬(春)、9月中旬～10月下旬(秋)、植えつけ2～3週間後に追肥

① 植えつけ2～3週間後に1～2回追肥する。一株につき10gの化成肥料を葉の広がりに合わせて施す。

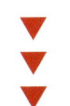

② 土の表面を軽くほぐしながら土と肥料を混ぜ合わせる。

③ 土と肥料を混ぜたら、風で倒れないように株元に土を寄せて軽く押さえる。

5 追肥②

5月中旬～6月中旬(春)、10月中旬～11月中旬(秋)、ようすを見て追肥

① 生育を見ながら1～2回追肥をする。葉の広がりに合わせて一株につき軽く一握りの化成肥料を施す。

② 土と肥料をよく混ぜ、株元に土を寄せて軽く押さえる。

6 収穫

6月中旬～7月下旬(春)、10月中旬～12月中旬(秋)、草丈30cmで収穫

① 草丈 30cm ほど、茎の直径3～5cm で収穫する。株元に包丁を入れて切り取る。

② 茎についている葉を手でかき取る。葉は捨てずに利用することもできる。

Memo 茎をサラダや炒め物に、ほろ苦い葉はサラダなどに。

球形にふくらんだ茎を食べるキャベツの仲間

コールラビ

アブラナ科　難易度　やさしい

栽培のポイント

- 地中海地方原産。育てやすいので難易度は低い。
- 涼しい気候を好むので、夏まきで育てる。
- 植えつけ後は虫が出なくなる秋くらいまで寒冷紗《かんれいしゃ》で覆う。
- 収穫が遅れると味が悪くなり、茎が割れることがある。

栽培カレンダー

作業＼月	1	2	3	4	5	6	7	8	9	10	11	12
種まき							■	■	■			
間引き								■	■			
植えつけ				植えつけ後は寒冷紗で覆う					■	■		
追肥									■	■		
土寄せ										■	■	
収穫				収穫時期が遅れないようにする						■	■	■

1 種まき　7月下旬～9月上旬、ポットに３粒まく

❶ ３号ポットの縁まで培《ばい》養《よう》土《ど》を入れ、指先で３カ所窪みをつけて種をまく。

❷ 土をかぶせて、種と土が密着するように指先で軽く押さえる。

❸ 種まき後は土と種がより密着するようにたっぷりと水やりをする。

2 間引き　8月上旬～9月下旬、本葉1～2枚出たら間引く

❶ 本葉が１～２枚出てきたら、間引きをして１本にする。

❷ 生育の悪い苗を選び、残す株が抜けないように株元を押さえながら間引く。

3 植えつけ

9月上旬～10月中旬、本葉4～6枚出たら植えつける

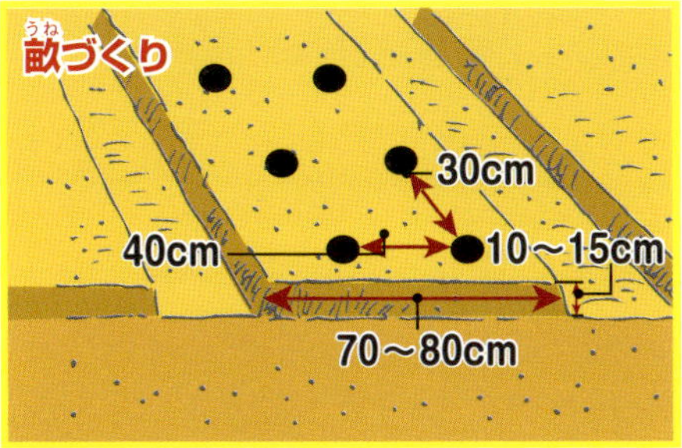

[植えつけ2週間前]
苦土石灰《くどせっかい》を100g/m²をまいてよく耕す。

[植えつけ1週間前]
堆肥《たいひ》2kg/m²、化成肥料100g/m²を畑の全面にまいてよく耕し、畝をつくる。

1 本葉4～6枚出たら株間30cmに植えつける。根鉢を崩さないようにポットから取り出す。

2 根鉢と同じ大きさの穴を掘り、苗を植えつける。

3 植えつけたら、土を株元に寄せて軽く押さえ、水やりをする。

4 害虫の被害を受けないように、9月下旬あたりまで寒冷紗で畝を覆う。

4 追肥

9月中旬～10月下旬、植えつけ2週間後に追肥開始

1 植えつけから2週間後に月1～2回追肥する。一株につき10gの化成肥料を葉の広がりに合わせて施す。

2 土の表面を軽くほぐしながら土と肥料を混ぜ合わせ、倒れないように株元に土寄せして軽く押さえる。

5 土寄せ

10月上旬～11月下旬、株元の胚軸《はいじく》が見えたら土寄せ

Point ポイント 胚軸が見えたら土寄せする

追肥後に限らず、胚軸が見え始めたら株が倒れないようにすぐに土寄せをする。

6 収穫

10月上旬～12月中旬、株元の茎が直径5～7cmで収穫

1 株元の茎が直径5～7cmになったら収穫する。

2 肥大した茎の下にハサミを入れて切り取る。

3 余分な葉とかたくなった茎の下部1cmくらいを切り取る。

Point ポイント 収穫時期を過ぎると形も味も劣る

茎は肥大しすぎるとかたくなり、割れてしまうと味も見た目も悪くなる。

Memo うすくスライスして、スープなどに利用する。

栽培期間が短く、栽培が容易な葉もの野菜

コマツナ

アブラナ科　難易度　やさしい

栽培のポイント

- 栽培期間が短く、育てやすいので難易度は低い。
- 寒さ暑さに強く、真冬以外ならいつでも栽培できる。
- 短期間で収穫することができるので、ほかの野菜との間作や混作もできる。
- 大きく育ちすぎると葉がかたくなり、味が落ちる。

栽培カレンダー

作業＼月	1	2	3	4	5	6	7	8	9	10	11	12
種まき		━	━	━	━	━	━	━	━	━		
間引き・追肥①			━	━	━	━	━	━	━	━	━	
間引き・追肥②			━	━	━	━	━	━	━	━	━	
収穫				━	━	━	━	━	━	━	━	━

1 種まき　2月下旬〜10月下旬、10〜15cm間隔にまく

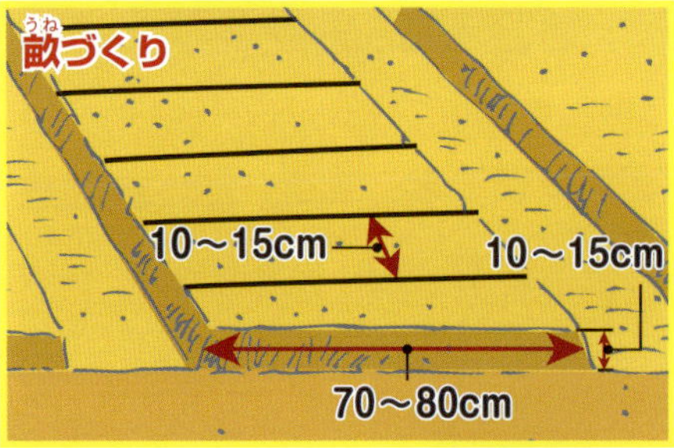

[種まき2週間前]
苦土石灰《くどせっかい》100g/m^2を畑の全面にまいてよく耕す。

[種まき1週間前]
堆肥《たいひ》1kg/m^2、化成肥料100g/m^2を畑の全面にまいてよく耕し、畝をつくる。

1. 木の板や支柱などを使い、畝に10〜15cm間隔に深さ1cm弱の溝をつけ、種が重ならないように均一にまく。

2. 土を寄せて溝を埋め、土と密着するように手のひらで軽く押さえる。

3. 種まき後は土と種が密着するようにたっぷりと水やりをする。

ポイント　セルトレイにまいて植えつける

1. セルトレイ(育苗用の連結ポット)で育苗・植えつけをすることも可能。セルトレイに培養《ばいよう》土《ど》を入れ、窪みをつけて1〜3粒の種をまく。

2. 土をかぶせて軽く押さえ、土と種が密着するようにたっぷりと水やりをする。

3. 本葉4〜6枚で植えつける。根鉢を崩さないようにセルトレイから抜き取って植えつけ、水やりをする。

2 間引き・追肥①

3月上旬～11月中旬、本葉が1～2枚出たら間引いて追肥

1 本葉が1～2枚出たら生育の悪い株を選び、株間3～4cmに間引きをする。

2 ほかの株が抜けないように押さえながら抜き取る。間引いた株は捨てずに料理に利用する。

3 間引き後に$1m^2$あたり一握り(20～30g)の化成肥料を列の間に沿って施す。

4 追肥後は、土の表面を軽くほぐしながら土と肥料を混ぜ合わせ、風で倒れないように株元に土を寄せて軽く押さえる。

3 間引き・追肥②

3月中旬～11月下旬、本葉4～5枚出たら間引いて追肥

1 本葉が4～5枚出たら株間5～7cmに間引く。

2 生育の悪い株を選び、ほかの株が抜けないように押さえながら抜き取る。

3 間引き後、$1m^2$あたり一握りの化成肥料を列の間に沿って施す。

4 土の表面を軽くほぐしながら土と肥料を混ぜ合わせ、株元に土を寄せて軽く押さえる。

4 収穫

4月上旬～12月下旬、草丈15～20cmで収穫

1 草丈15～20cmになったら収穫適期。

2 株元にハサミなどを入れて切り取り、枯れた葉を取り除く。

コマツナの菜花

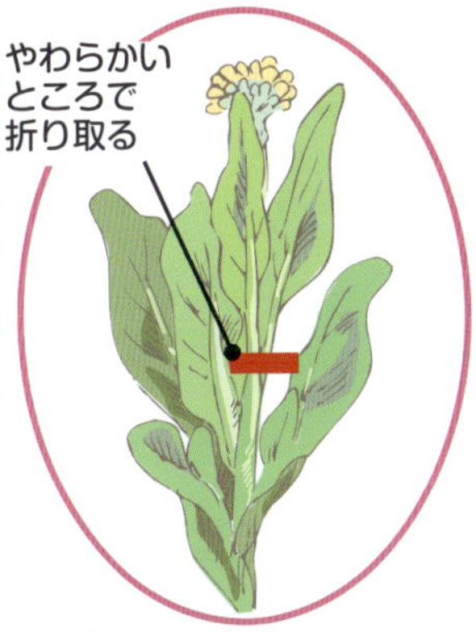

冬越しして暖かくなると、とう立ちを始める。花が咲く前に手で折り取れるやわらかいところを収穫する。

とう立ちしてしばらくすると、きれいな花が咲く。

Memo 花がつく茎を「とう(薹)」と呼び、とうが伸びることを「とう立ち」という。

ゆるく結球（けっきゅう）するレタスの仲間

サラダナ

キク科　難易度　やさしい

栽培のポイント

- 栽培期間が短く、育てやすいので難易度は低い。
- サラダナは結球する品種と結球しない品種の中間、半結球の品種。バターヘッドタイプとも呼ばれる。
- 種は光がないと発芽しにくいので、種まき後はごく薄く土をかぶせる。

栽培カレンダー

作業＼月	1	2	3	4	5	6	7	8	9	10	11	12
種まき		春まき				種まき後はごく薄く土をかぶせる				秋まき		
間引き①		春まき								秋まき		
間引き②			春まき								秋まき	
追肥			春まき								秋まき	
間引き③			春まき								秋まき	
収穫				春まき				少量のみ利用する場合は下葉をかき取る				秋まき

1 種まき

3月上旬～4月中旬（春）、8月中旬～9月中旬（秋）、すじまきにする

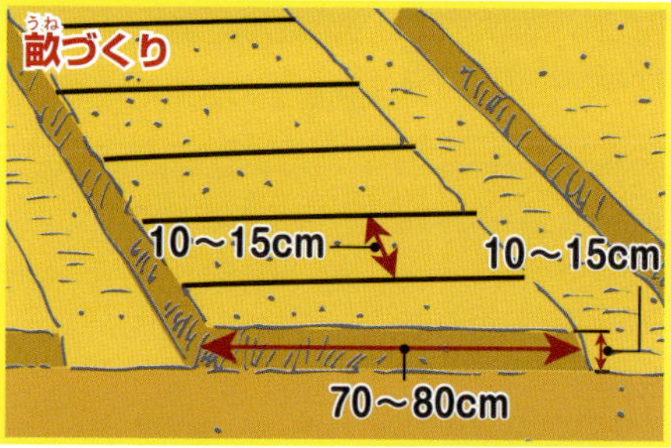

［種まき 2 週間前］
苦土石灰《くどせっかい》 100g/m²をまいてよく耕す。

［種まき 1 週間前］
堆肥《たいひ》 1kg/m²、化成肥料 100g/m²を畑の全面にまいてよく耕し、畝をつくる。

❶ 木の板などで 15～20cm 間隔にごく浅い溝をつけ、その溝に 10cm 間隔で種を 4～7 粒まく。

❷ ごく薄く土をかぶせて、手のひらで押さえて種と土を密着させる。

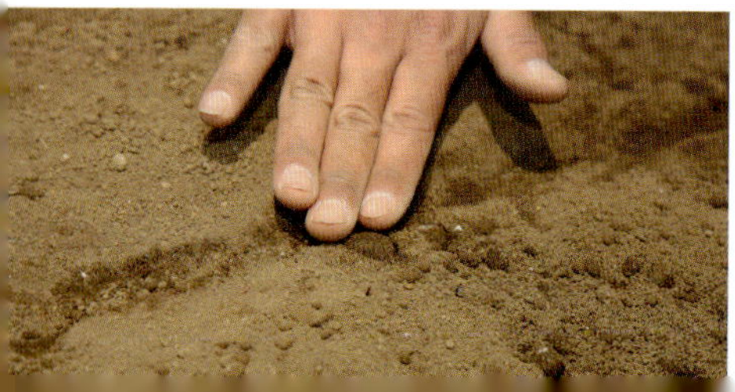

❸ 種まき後は、土と種が密着するように水やりをする。

ポイント　気温が高い場合はセルトレイを使う

❶ 気温が高いと発芽しにくいので、セルトレイ（育苗用の連結ポット）で育苗、植えつけをする。セルトレイに培養土を入れ、窪みをつけて 3 粒ほど種をまく。

❷ ごく薄く土をかぶせて軽く押さえ、水やりをする。

❸ 本葉が 1 枚出たら間引いて 1 本にし、本葉が 4～5 枚出たものを畝に植えつける。

② 間引き①

3月中旬~4月下旬(春)、9月上旬~9月下旬(秋)、ふた葉が出たら間引き

ふた葉が出たら間引きをする。ほかの株が抜けないよう、株元を押さえながら生育の悪い株を抜き取り、2～3株残す。

③ 間引き②

4月上旬~5月中旬(春)、9月中旬~10月中旬(秋)、本葉4～5枚出たら間引き

① 本葉が4～5枚出たら間引いて1本にする。

② 生育の悪い株を選んでハサミで切り取り1本にする。手で抜く場合は株元を押さえて抜き取る。

④ 追肥

4月上旬~5月下旬(春)、9月中旬~10月下旬(秋)、2回目の間引き後に追肥

① 2回目の間引き後に1m²あたり一握り(20～30g)の化成肥料を列の間に沿って施す。

② 追肥後は、土の表面を軽くほぐしながら土と肥料を混ぜ合わせる。

③ 株元に土を寄せて軽く押さえる。このあと株の状態を見ながら1～2回追肥する。

⑤ 間引き③

4月中旬~5月下旬(春)、10月上旬~10月下旬(秋)、本葉7～9枚出たら間引き

本葉7～9枚出たら間引きをして株間15cm間隔にする。株元にハサミを入れて生育の悪い株を間引く。間引いた株は料理に利用する。

⑥ 収穫

5月上旬~6月中旬(春)、10月中旬~11月下旬(秋)、直径20～30cmで収穫

① 葉の広がりが直径20～30cmになったら収穫する。

② 株元からハサミや包丁で切り取って収穫する。

Point ポイント 少量使う場合は外葉をかき取る

少量を使う場合は外葉をかき取って収穫する。また、株が少ないときにこの方法を行うと長期間収穫できる。

結球（けっきゅう）しない大型のハクサイの一種

サントウサイ

アブラナ科　難易度　ふつう

栽培のポイント

- サントウナとも呼ばれる半結球のハクサイの仲間で、漬け菜として栽培されている。
- 栽培期間がやや長いので難易度はふつう。
- 大きく育ちすぎると葉がかたくなるので収穫時期を逃さないようにする。

栽培カレンダー

作業＼月	1	2	3	4	5	6	7	8	9	10	11	12
種まき		春まき								秋まき		
間引き		春まき								秋まき		
植えつけ			春まき			寒冷紗で覆う					秋まき	
追肥①			春まき								秋まき	
追肥②				春まき								秋まき
収穫	収穫時期が遅れると葉がかたくなる						春まき					秋まき

1 種まき

3月上旬～4月中旬（春）、8月上旬～9月中旬（秋）、ポットに種まき

1 3号ポットの縁まで培養土《ばいようど》を入れ、指先で3カ所窪みをつける。

2 種がこぼれないように注意しながら、窪みに一粒ずつ種をまく。

3 種をまいたらまわりの土を寄せて、種と土が密着するように手のひらで軽く押さえる。

4 種まき後、さらに種と土が密着するようにたっぷりと水やりをする。

2 間引き

3月中旬～4月下旬（春）、8月中旬～9月下旬（秋）、本葉3～4枚出たら間引き

1 本葉が3～4枚出たら間引きをして、1本にする。

2 生育の悪い株を選び、ハサミで間引く。

3 植えつけ

4月上旬～5月中旬(春)、9月上旬～10月中旬(秋)、本葉5～6枚出たら植えつけ

1 本葉が5～6枚出たら植えつける。畝に根鉢と同じ大きさの穴を掘り、根鉢が崩れないようにポットから取り出す。

2 植え穴に株を入れて、株元に土を寄せる。

3 土を寄せたら土と根鉢が密着するように株元を押さえ、水やりをする。春まきは寒《かん》冷紗《れいしゃ》で覆う。

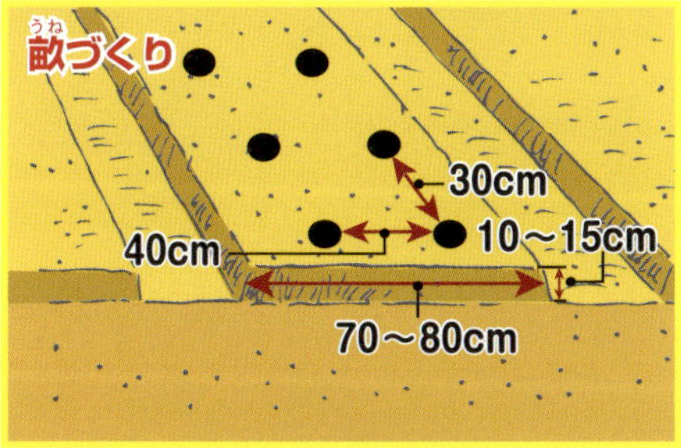

[植えつけ2週間前]
苦土石灰《くどせっかい》を100g/m²をまいてよく耕す。

[植えつけ1週間前]
堆肥《たいひ》1kg/m²、化成肥料100g/m²を畑の全面にまいてよく耕し、畝をつくる。

4 追肥①

4月中旬～5月下旬(春)、9月中旬～10月下旬(秋)、植えつけから2週間後に追肥

1 植えつけから2週間後、葉の広がりに合わせて一株につき軽く一握り(10～20g)の化成肥料を施す。

2 土の表面を軽くほぐしながら肥料と混ぜ合わせ、株元に土を寄せて軽く押さえる。

5 追肥②

5月上旬～6月中旬(春)、10月上旬～11月中旬(秋)、1回目の追肥の20日前後

1 1回目の追肥から20日前後たったら、2回目の追肥をする。葉の広がりに合わせて一株につき軽く一握りの化成肥料を施す。

2 土の表面を軽くほぐしながら肥料とよく混ぜ合わせ、株元に土を寄せて軽く押さえる。

6 収穫

5月中旬～6月下旬(春)、10月中旬～11月下旬(秋)、草丈40～50cmで収穫

草丈40～50cmになったら、株の根本に包丁を入れて収穫する。品種によっては小ぶりのものもある。収穫時期が遅れると葉がかたくなる。

古くから日本で栽培されていた香り野菜

シ ソ

シソ科　難易度　やさしい

栽培のポイント

- 育てやすいので難易度は低い。
- 種は光を好むので、土はごく薄くかぶせる。
- 夏場に乾燥しすぎる場合はしきわらや水やりをする。
- 霜には弱いので、霜が降りる前に収穫する。

栽培カレンダー

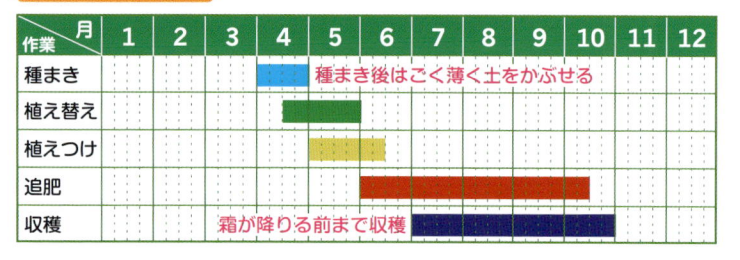

作業＼月	1	2	3	4	5	6	7	8	9	10	11	12
種まき					種まき後はごく薄く土をかぶせる							
植え替え												
植えつけ												
追肥												
収穫			霜が降りる前まで収穫									

1 種まき　4月上旬～4月下旬、セルトレイに種まき

❶ セルトレイ（育苗用の連結ポット）に培養土《ばいようど》を均一に入れて、種を2～3粒ずつまく。

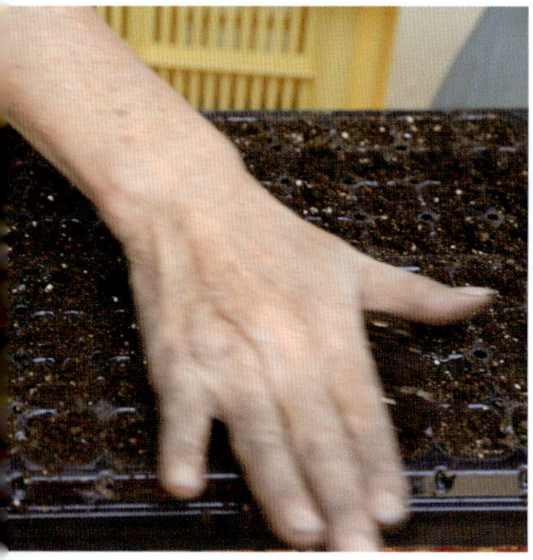

❷ 種まき後はごく薄く土をかぶせて、土と種が密着するように水やりをする。

2 植え替え

４月中旬～５月下旬、本葉２～４枚出たら植え替え

❶ 本葉が２～４枚出たら植え替えをする。根鉢を崩さないようにセルトレイからそっと取り出す。

❷ 生育のよい苗１本を残して間引き、培養土を縁まで入れた３号ポットに植え替える。

ポイント　草の茎などを詰めて水量を調整

❸ 植え替え後は、土と種が密着するようにやさしく水やりをする。ジョウロの先端に草の茎などを詰めて水がそっと出るように調整する。

3 植えつけ 5月上旬～6月中旬、本葉5～7枚出たら植えつけ

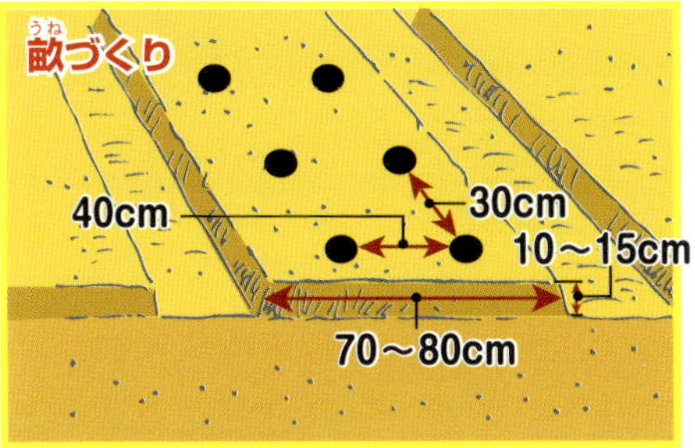

[植えつけ 2 週間前]
苦土石灰《くどせっかい》 100g/m^2をまいてよく耕す。

[植えつけ 1 週間前]
堆肥《たいひ》 1kg/m^2、化成肥料 100g/m^2を畑の全面にまいてよく耕し、畝をつくる。

1 本葉が5～7枚出たら株間30cmの2列に植えつける。

2 根鉢を崩さないようにポットから取り出し、根鉢と同じ大きさの穴を掘り、植えつける。

3 株元に土を寄せて、手のひらで軽く押さえ、土と根鉢が密着するようにたっぷりと水やりをする。

4 追肥 6月上旬～10月中旬、1カ月に1～2回追肥

1m^2 あたり一握り(20～30g)の化成肥料を株間に施し、土と肥料をよく混ぜて株元に土を寄せる。

5 収穫 7月上旬～10月下旬、草丈30cmほどで収穫

1 草丈30cmほどになったら、開いたばかりの柔らかい葉を指先で摘み取って収穫する。

もうひとつの楽しみ「花穂ジソ」と「穂ジソ」

9月下旬に穂が伸びて花をつけたものを「花穂ジソ」として利用できる。花軸《かじく》のつぼみが30～50%開花したら刺身のつまなどに利用する。

10月上旬に上部の花が少し残り、下部の実がふくらみ始めたら「穂ジソ」として収穫する。天ぷらや漬け物などに利用できる。

Point ポイント わき芽を伸ばして収穫量を増やす

2 先端の葉や開いたばかりの葉を収穫すると、わき芽が伸び出してその後、次々と収穫することができる。

冬の鍋に欠かせない葉もの野菜

シュンギク

キク科　難易度　やさしい

栽培のポイント

- 栽培期間が短く、育てやすいので難易度は低い。
- 乾燥したり害虫がつきやすい春まきでは寒冷紗《かんれいしゃ》をかける。
- 春まきではとう立ちするので一度に株ごと刈り取って収穫する。秋まきでは株元を少し残して収穫し、わき芽を伸ばして収穫量を上げる。

栽培カレンダー

作業＼月	1	2	3	4	5	6	7	8	9	10	11	12
種まき		春まき		寒冷紗をかけて栽培する						秋まき		
間引き①			春まき								秋まき	
追肥①			春まき								秋まき	
間引き②			春まき								秋まき	
追肥②			春まき								秋まき	
収穫	株ごと刈り取る			春まき		株元を残して収穫			秋まき			

1 種まき

3月中旬〜4月中旬(春)、9月上旬〜10月中旬(秋)、15cm間隔にすじまき

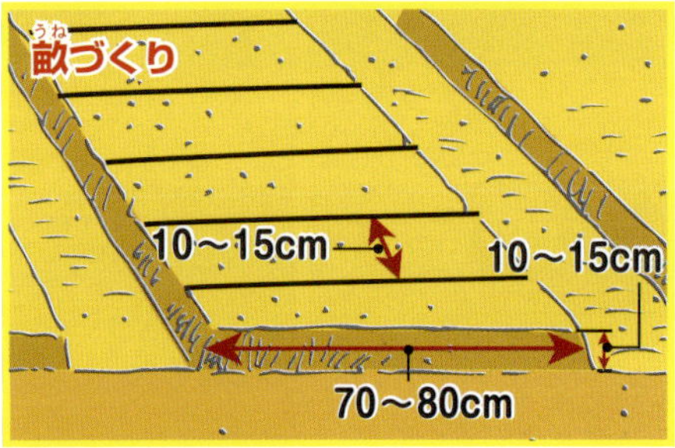

[種まき2週間前]
苦土石灰《くどせっかい》 100g/m²をまいてよく耕す。

[種まき1週間前]
堆肥《たいひ》 1kg/m²、化成肥料 100g/m²を畑の全面にまいてよく耕し、畝をつくる。

❶ 木の板などで幅15cm間隔に溝をつけ、種が重ならないようにすじまきにする。

❷ 種をまいたら土をかぶせ、手のひらで軽く押さえて種と土を密着させる。

❸ 種まき後はたっぷりと水やりをして種と土を密着させる。

2 間引き①

4月上旬〜4月下旬(春)、9月中旬〜10月下旬(秋)、本葉が2〜3枚出たら1回目の間引き

本葉が2〜3枚出たら間引きをする。生育の悪い株を選んで間引き、株間3〜5cmになるようにする。

3 追肥 ①

4月上旬～4月下旬(春)、9月中旬～10月下旬(秋)、間引き後に追肥する

1 1回目の間引き後、1m²あたり一握り(20～30g)の化成肥料を列の間に施す。

2 土の表面をほぐしながら肥料とよく混ぜて、株が倒れないように株元に土を寄せる。

4 間引き ②

4月中旬～5月中旬(春)、10月上旬～11月中旬(秋)、草丈4～5cmで間引く

1 草丈4～5cmで2回目の間引きをし、株間10～15cmにする。

2 残す株が抜けないように押さえながら生育の悪い株を間引く。

5 追肥 ②

4月中旬～5月中旬(春)、10月上旬～11月中旬(秋)、2回目の間引き後に追肥

1 2回目の間引き後、1m²あたり一握りの化成肥料を列の間に施す。

2 土の表面をほぐして肥料と混ぜ、株が倒れないように株元に土を寄せる。

6 収穫

5月中旬～6月中旬(春)、11月上旬～12月下旬(秋)、草丈15cmほどで収穫

1 草丈15cmほどになったらハサミなどで収穫する。

Point ポイント 秋まきは長期間収穫を楽しめる

2 春まきでは株ごと、秋まきでは下葉3～4枚ほどを残して収穫する。秋まきでは残った下葉からわき芽が出るので、わき芽も下葉3～4枚を残して再度収穫すれば、長期間収穫を楽しめる。

花も美しい野菜

ヨーロッパでは観賞用の花として栽培されるシュンギク。春まきでは数株ほど残してとう立ちさせれば、マーガレットやキクによく似た黄色い花を観賞することができる。

赤、白、黄色など色彩豊かなホウレンソウの仲間

スイスチャード

アカザ科　難易度　やさしい

栽培のポイント

- 夏場に少なくなるホウレンソウの代用として栽培される。
- 和名はフダンソウ（不断草）。この名前の通り長い期間栽培が可能。
- 栽培期間が短く、育てやすいので難易度は低い。
- ホウレンソウと同じく酸性土壌を嫌うので石灰は多めにまく。

栽培カレンダー

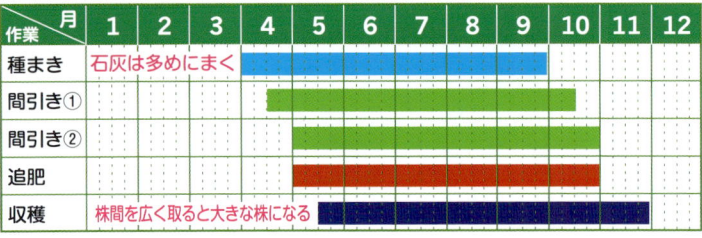

作業＼月	1	2	3	4	5	6	7	8	9	10	11	12
種まき	石灰は多めにまく											
間引き①												
間引き②												
追肥												
収穫	株間を広く取ると大きな株になる											

1 種まき

4月上旬〜9月下旬、10〜15cm間隔の列にすじまき

1 木の板などで列の間隔10〜15cmに浅い溝をつけ、種が重ならないようにすじまきにする。

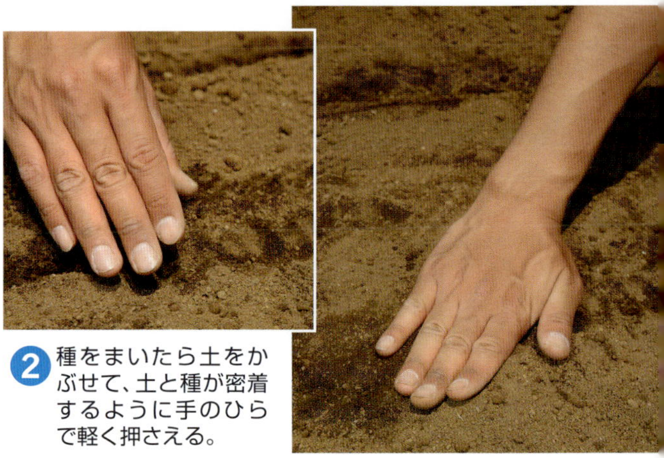

2 種をまいたら土をかぶせて、土と種が密着するように手のひらで軽く押さえる。

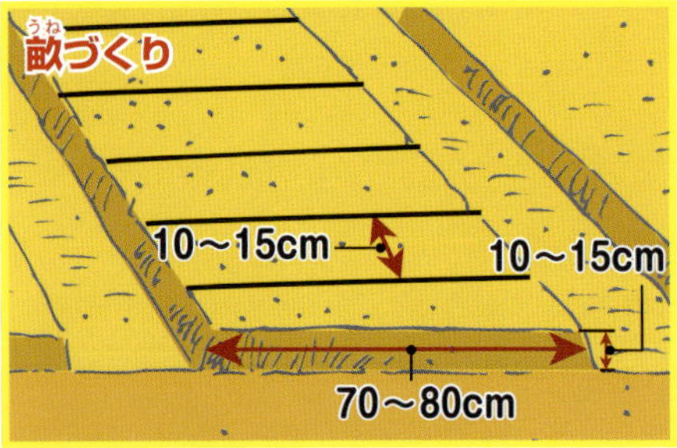

[種まき2週間前]

苦土石灰《くどせっかい》200g/m²をまいてよく耕す。

[種まき1週間前]

堆肥《たいひ》1kg/m²、化成肥料100g/m²を畑の全面にまいてよく耕し、畝をつくる。

3 種まき後、土と種がより密着するようにたっぷりと水やりをする。

Point ポイント

気温が低い年の春は セルトレイに種まき

ふだんより気温が低い年の春には、セルトレイ（育苗用の連結ポット）で種まきをして育苗する。セルトレイに培養土《ばいようど》を入れて種をまき、土をかぶせて水やりをする。その後、本葉2〜3枚出たら植えつける。

2 間引き①

4月中旬〜10月中旬、本葉2〜3枚出たら間引く

❶ 本葉が2〜3枚出たら、株間2〜3cmに1本になるように間引きをする。

❷ 生育の悪い株を選び、残す株が抜けないように株元を押さえながら抜き取る。間引き後は土の表面をほぐして株元に土を寄せる。

3 間引き②

5月上旬〜10月下旬、草丈7〜8cmになったら間引く

❶ 草丈7〜8cmになったら株間5〜6cmに1本になるように間引く。

❷ 残す株が抜けないように株元を押さえながら生育の悪い株を抜き取る。

❸ 間引き後はかたくなった表面の土をほぐして株元に土を寄せる。

Point ポイント 間引いた株も利用する

間引いた株は捨てずにベビーリーフとしてサラダなどに利用するとよい。

4 追肥

5月上旬〜10月下旬、生育の状況を見ながら追肥

❶ 追肥の必要はあまりないが、生育が悪い場合は追肥をする。列の間に1m²あたり一握り（20〜30g）の化成肥料を施す。

❷ 土と肥料をよく混ぜて、株が倒れないように株元に土を寄せる。

5 収穫

5月中旬〜11月下旬、草丈15〜20cmで収穫

❶ 草丈15〜20cmになったら収穫する。大きく育てたい場合は間引いて株間を15〜20cmにする。

❷ ハサミで株元を切り取り収穫する。鮮やかな葉の軸が特徴的。

乾燥と高温に気をつけて育てる

セルリー（セロリ）

セリ科　難易度　むずかしい

栽培のポイント

- 気温などの影響を受けやすいので難易度は高い。
- 生育適温は16～21℃と涼しい気候を好むが、寒さに弱い。
- 25℃以上の高温では生育が悪くなり、乾燥にも弱いのでしきわらと水やりをする。
- 畑に元肥《もとごえ》を施したあと１カ月に１～２回追肥する。

栽培カレンダー

作業＼月	1	2	3	4	5	6	7	8	9	10	11	12
種まき					■	■						
植え替え						■	■					
植えつけ							■	■				
下葉かき							黄色く変色した下葉は取り除く	■	■	■	■	■
追肥							月１～２回	■	■	■		
しきわら						乾燥しやすい場合	■	■	■			
収穫											■	■

1 種まき

5月中旬～6月下旬、セルトレイに種まき

1 セルトレイ（育苗用の連結ポット）に培養《ばいよう》土《ど》を均一に入れ、数粒ずつ種をまく。

2 ごく薄く土をかぶせて、指先で土を軽く押さえる。

3 種まき後は水やりをし、発芽までは風通しのよい明るい日陰で乾燥させないように管理する。

2 植え替え

6月上旬～7月中旬、本葉が１枚出たら植え替える

1 本葉が１枚出たら植え替えをする。竹串など細い棒を使って苗をそっと取り出す。

2 ３号ポットの縁まで培養土を入れ、指の第一関節くらいまで穴をあけて苗を植える。

ポイント　ジョウロの先に詰め物をして水量を調整

3 植え替え後は、土と種が密着しやすいようにやさしく水やりをする。ジョウロの先端に雑草の茎などを詰めて水がそっと出るように調整する。

3 植えつけ

7月中旬～8月下旬、本葉7～8枚出たら植えつける

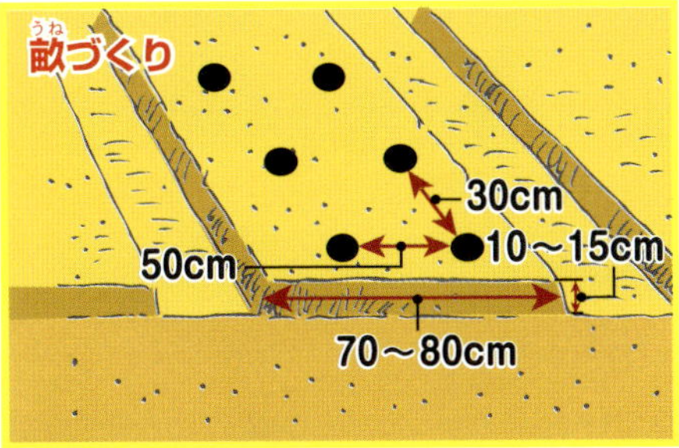

[植えつけ2週間前]
苦土石灰《くどせっかい》100g/m²をまいてよく耕す。

[植えつけ1週間前]
堆肥《たいひ》2kg/m²、化成肥料100g/m²を畑の全面にまいてよく耕し、畝をつくる。

1 本葉が7～8枚出たら株間30cmの2列に植えつける。ポットから苗をそっと取り出し、根鉢と同じ大きさの穴を掘って植えつける。

▼

2 土をかぶせて土と根鉢が密着するように株元を押さえ、水やりをする。植えつけ後は寒冷紗《かんれいしゃ》で覆って暑さと害虫対策をする。

4 下葉かき

8月上旬～12月中旬、下葉が黄色く変色していたらかき取る

下葉が黄色く変色していたら株を押さえながら傷んだ葉をかき取る。下葉かきは日頃からチェックして収穫前まで行う。

5 追肥

8月上旬～10月下旬、1カ月に1～2回追肥する

1 植えつけ2週間後から1カ月に1～2回追肥する。一株につき10gの化成肥料を葉の広がりに合わせて施す。

▼

2 追肥後は土と肥料をよく混ぜて株元に寄せ、手のひらで軽く押さえる。

3 株が大きくなったら畝の側面に溝を掘り、溝に一株につき一握りの化成肥料を施し、掘った土と肥料を株元に土を寄せる。

6 しきわら

7月中旬～9月下旬、夏の晴天が続くようならしきわらをする

夏の晴天が続く場合はわらで畝の表面を覆ってマルチングをする。植えつけ時にポリマルチでマルチングしておいてもよい。

7 収穫

11月上旬～12月下旬、草丈40cmくらいになったら収穫

▼

1 植えつけからおよそ4カ月後、草丈40cmほどになったら収穫する。

2 株元に包丁を入れて切り取り、傷んだ下葉などを取り除く。

新聞紙をまいて軟白化させる

ふつうは家庭菜園で収穫したセルリーは株元まで緑色になる。これは株間が広く取られているため、日光が株の根本まであたることによる。軟白化させたい場合は、収穫の1カ月くらい前に新聞紙を株元に巻きつける。

多くの料理に利用できる万能野菜

タマネギ

ユリ科　難易度　ふつう

栽培のポイント

- 栽培期間は長いが、育てやすいので難易度はふつう。
- 種まき時期が早すぎると株が大きくなりすぎて春にとう立ちする株が増える。
- 苗の株元が鉛筆くらいの太さになったら植えつける。

栽培カレンダー

作業＼月	1	2	3	4	5	6	7	8	9	10	11	12
種まき						時期をずらさない			■			
間引き										■		
追肥①										■		
畝づくり										■	■	
植えつけ							苗の株元は鉛筆ほどの太さ				■	
追肥②		翌年	■									■
収穫				翌年	■	■	茎葉が倒れたら収穫					

1 種まき

9月上旬～9月下旬、10～15cm間隔のすじまきにするか、1～1.5cm間隔のばらまきにする

A.すじまき

1 木の板などで10～15cm間隔に浅い溝をつくる。種と種が重ならないようにすじまきにする。

2 種をまいたらまわりの土を寄せて埋め、手のひらで軽く押さえる。

3 種まき後は土と種が密着するようにたっぷりと水やりをする。

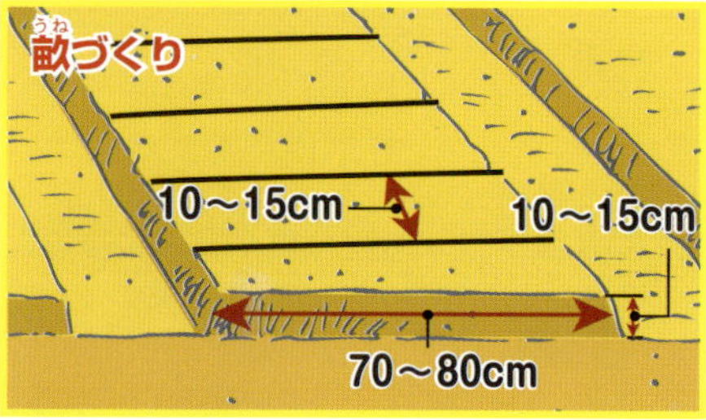

[種まき2週間前]
苦土石灰《くどせっかい》100g/m²をまいてよく耕す。

[種まき1週間前]
堆肥《たいひ》1kg/m²、化成肥料100g/m²を畑の全面にまいてよく耕し、畝をつくる。

B.ばらまき

1 木の板などで平らにならした畝に、種が重ならないように1～1.5cm間隔にばらまきにする。

2 種をまいたらふるいを使い、種が見えなくなるくらい均一に土をかぶせ、たっぷりと水やりをする。

3 水やり後は雨や風から守るためにわらや寒冷紗《かんれいしゃ》などで覆い、とばないように重しをのせる。

2 間引き

10月上旬～10月下旬、本葉2～3枚ほどで株間2～3cmに間引く

A.すじまき

1 本葉が2～3枚ほど開いたら間引きをする。株間2～3cmになるように、生育の悪い株を選んで間引く。

B.ばらまき

1 本葉が2～3枚ほど開いたら株間2～3cmほどに間引きをする。

2 生育の悪い株を選んで間引く。間引き後の株は薬味やサラダなどに利用できる。

3 追肥①

10月上旬～10月下旬、間引き後に追肥する

A.すじまき

1 間引き後に1m²あたり一握り（20～30g）の化成肥料を列の間に施す。

2 表面の土をほぐしながら肥料とよく混ぜ、株元に寄せる。

B.ばらまき

1 間引き後に1m²あたり一握りの化成肥料を株と株の間に入るように上からふりかける。

2 追肥後はふるいを使って土を均一にかぶせる。使う土は細かく砕いておく。

4 畝《うね》づくり

10月中旬～11月中旬、幅70～80cmの畝をつくりマルチングする

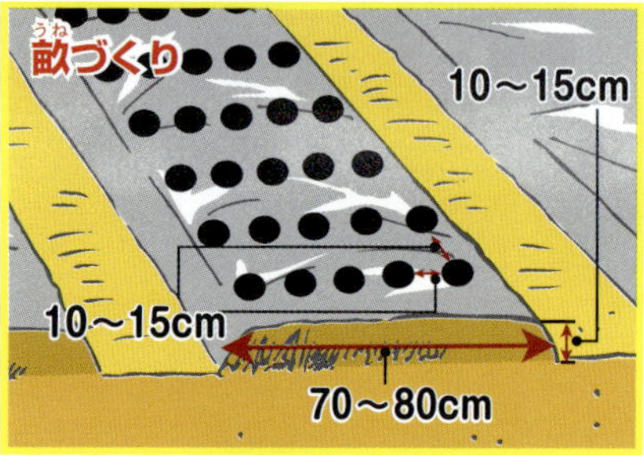

[植えつけ 2 週間前]
苦土石灰《くどせっかい》100g/m^2をまいてよく耕す。

[植えつけ 1 週間前]
堆肥《たいひ》1kg/m^2、化成肥料 100g/m^2、ヨウリン 50g/m^2を畑の全面にまいてよく耕す。畝をつくり、穴あきのマルチを張る。

1 植えつけの1週間前に堆肥1kg/m^2、化成肥料100g/m^2、ヨウリン50g/m^2を畑の全面にまく。

2 土と肥料がよく混ざるようにスコップを深く入れてよく耕し、幅70～80cmの畝をつくる。

3 1週間後の植えつけ前、穴あきのマルチを張る。マルチが畝の真ん中になるように両側をそろえ、端を土に埋める。

4 マルチを転がしながら、しわのないようにピンと張る。ふたりで作業すると効率がよい。

5 畝の側面に土をかけてしっかり押さえる。もう一方の端をハサミで切り取り土に埋める。

5 植えつけ

11月上旬～11月下旬、株元が鉛筆ほどの太さになったら植えつける

1 植えつけ直前に苗を掘り起こす。土を少し掘り、手で苗を持って掘り出す。

苗の株元が鉛筆ほどの太さになっていたら植えつけ適期

2 マルチの穴のまん中に指の第二関節くらいの穴を開け、苗を植えつける。植えつけ後は穴に土を戻し、株元を軽く押さえる。

6 追肥 ②

12月中旬～12月下旬、翌年3月上旬～3月下旬、株の休眠前後に追肥する

1 株の休眠前後に1回ずつ追肥をする。一株につき軽く一つまみ（2～5g）の化成肥料を株元に施す。

2 土と肥料を軽く混ぜ株元に土を寄せて、軽く押さえる。

7 収穫

翌年5月中旬～6月下旬、茎葉が倒れたら収穫する

ポイント **茎葉が倒れたら収穫の合図**

1 茎葉が、全体の8割ほど倒れたら天気のよい日に収穫する。また、とう立ちし始めている株が数本出ている状態も収穫の目安となる。

2 肥大した球の先をしっかりと持って引き抜く。収穫後は4～6日畑に放置して葉を乾燥させる。

収穫後の保存

1 収穫後は風通しのよい場所で乾かす。株をいくつかまとめて、ひもで縛る。

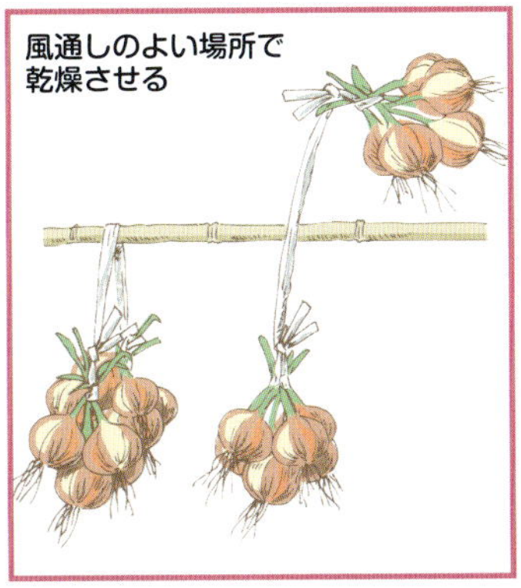

2 風通しのよい軒下などに棒を横に渡し、ひもを棒に引っかける。

3 吊した状態にして、およそ1カ月ほど乾燥させ、風通しのよい冷暗所で保存する。

Memo 新タマネギは収穫したてのタマネギのことではなく、新タマネギ用の品種としてつくられたもの。

ほろ苦い味はサラダにぴったり

チコリ

キク科　難易度　むずかしい

栽培のポイント

- 軟化栽培（光をあてない栽培）で育てるため難易度は高い。
- 株が育ったら葉を刈り取って掘り上げる。
- 植え替え後はビニールシートとわらをかぶせて保温する。

栽培カレンダー

作業＼月	1	2	3	4	5	6	7	8	9	10	11	12
種まき						■	■					
畝づくり							■	■				
植えつけ							■	■				
追肥								■	■			
株の掘り上げ									掘る前に葉を刈り取る	■	■	
植え替え準備										■	■	
植え替え									ビニールシートとわらをかぶせる	■	■	
収穫											■	■

1 種まき　6月中旬～7月下旬、土は薄くかぶせる

1 培養土《ばいようど》をセルトレイ（育苗用の連結ポット）に均一に入れて、指先で軽く窪みをつける。

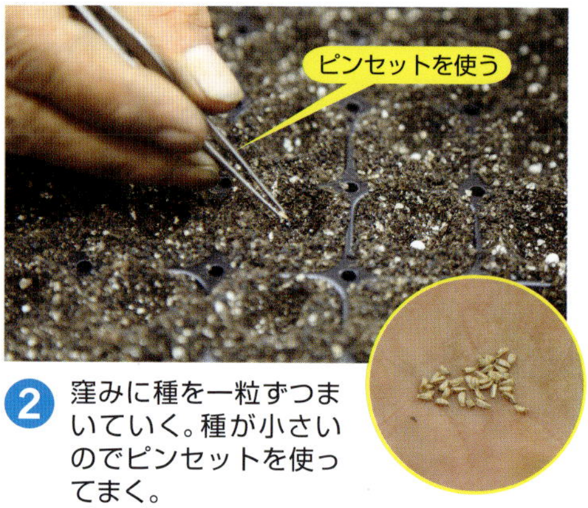

2 窪みに種を一粒ずつまいていく。種が小さいのでピンセットを使ってまく。

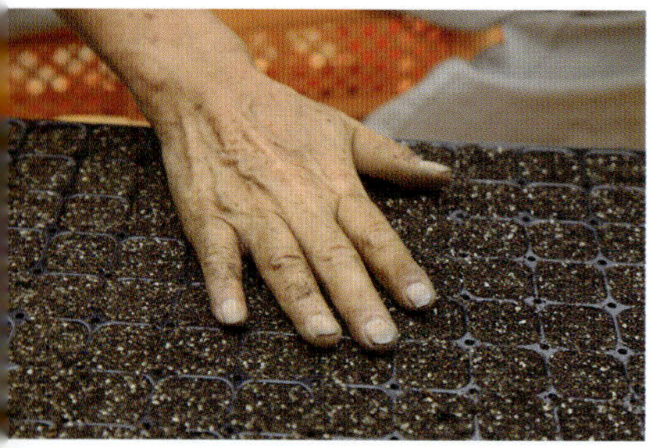

3 培養土をごく薄くかぶせて、種と土が密着するように軽く押さえる。

4 種まき後は、土と種が密着するようにジョウロでたっぷりと水やりをする。

2 畝《うね》づくり

7月中旬～8月下旬、全面に肥料を施す

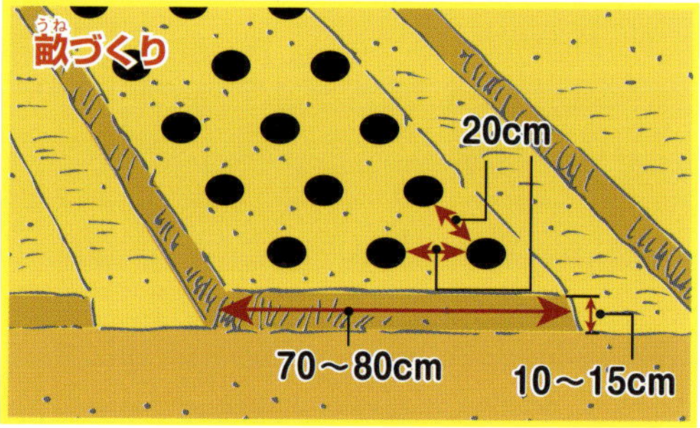

[植えつけ 2 週間前]
苦土石灰《くどせっかい》を 100g/m²をまいてよく耕す。

[植えつけ 1 週間前]
堆肥《たいひ》 1kg/m²、化成肥料 100g/m²を畑の全面にまいてよく耕し、畝をつくる。

2 週間前に苦土石灰をまいて耕した畑に、堆肥 1kg/m²化成肥料 100g/m²を全面にまいて耕し、幅 70 ～ 80cm の畝をつくる。

3 植えつけ 7月中旬～8月下旬、株間20cmに植えつける

❶ 本葉が5～7枚出たら、植えつけ時期。

❷ セルトレイから根鉢を崩さないように苗を取り出す。株間20cmの3列に植えつける。

❸ 植えつけたらまわりの土を寄せて、土と根が密着するように軽く押さえ、水やりをする。

❹ 植えつけ後は害虫よけのために寒冷紗《かんれいしゃ》のトンネルで覆う。トンネル用の支柱を1m間隔に立て、寒冷紗で覆う。

4 追肥 8月中旬～9月下旬、植えつけ後に1回追肥する

❶ 株が生長したら、およそ1カ月後に1回追肥をする。

❷ 葉の広がりに合わせて、一株あたり3～5gの化成肥料を施す。

❸ 表面の土と肥料をよく混ぜ、株が倒れないように株元に土を寄せる。

5 株の掘り上げ

10月中旬～11月中旬、霜が降り始める頃に掘り上げる

1 株が生長して、霜が降り始める頃に根を掘り上げる。

2 地面から5cmほど残して葉を刈り取る。葉は苦みが強いので食べられない。

3 葉をすべて刈り取ったら、根を傷つけないように株から離れた場所にスコップを入れて深く掘り上げる。

6 植え替え準備

10月中旬～11月中旬、深さ50～60cmの穴を掘る

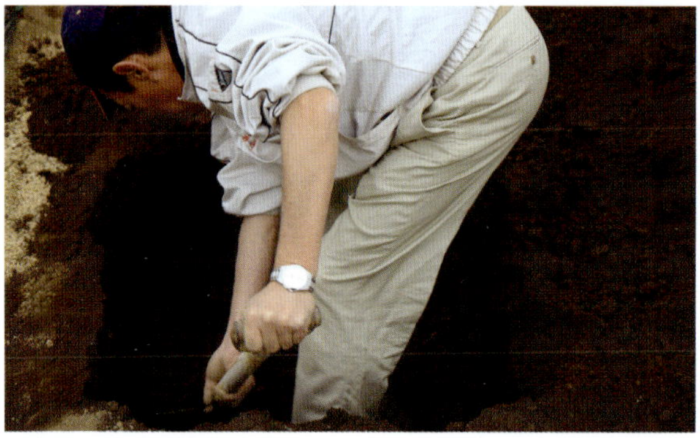

1 畑の空いているスペースに幅・深さ50～60cmの穴を掘り、植え穴の準備をする。

2 穴を掘ったら、底にわらをしき詰める。

3 しき詰めたわらの上に掘り上げた土を10～20cmほど戻す。

7 植え替え

10月中旬～11月中旬、すべての株を同じ高さにする

1 株を植え替えるときは、手で押さえながら土を戻して株の先端が地表から10～15cm低くなるように固定する。

2 すべての株を同じ高さになるように調整しながら土を戻したら、株元の土を軽く押さえる。

Point ポイント

株元の高さを同じにする

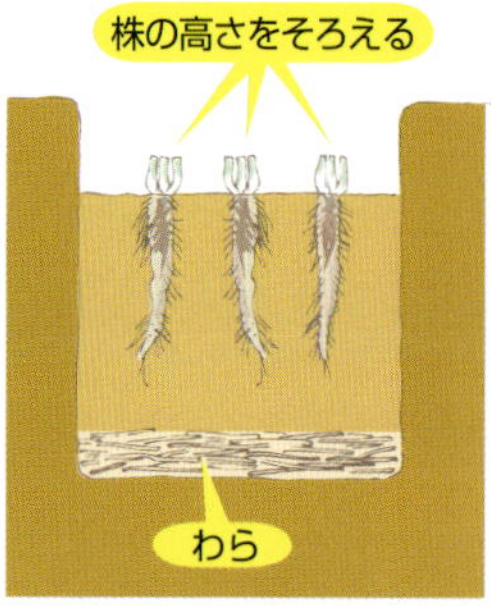

穴に植え替える際は、すべての株元が同じ高さになるようにする。

植え替えると株の中心から株が伸び始める。

3 株を植え替えたら、地表より 10cm くらい盛り上がるようにもみ殻や川砂を入れる。

4 もみ殻を入れたら、保温のためにシートをかける。

5 わらをシートの上に乗せ、さらにシートをかけて光が入らないようにまわりを土で固定する。

8 収穫 11 月中旬～ 12 月中旬、植え替えから 3 ～ 4 週間後に収穫

1 植え替えから 3 ～ 4 週間たったら収穫適期。シートを取り除く。

2 もみ殻を取り除き、葉を傷つけないように株元をしっかり持って根ごと引き抜く。

3 収穫したら根を切り取り、まわりの葉が傷んでいたら取り除いてきれいにする。

植え替えないでそのまま育てる方法

1 畑にスペースがある場合は植え替えずに栽培できる。まず地面から 5cm ほど残して葉を刈り取る。

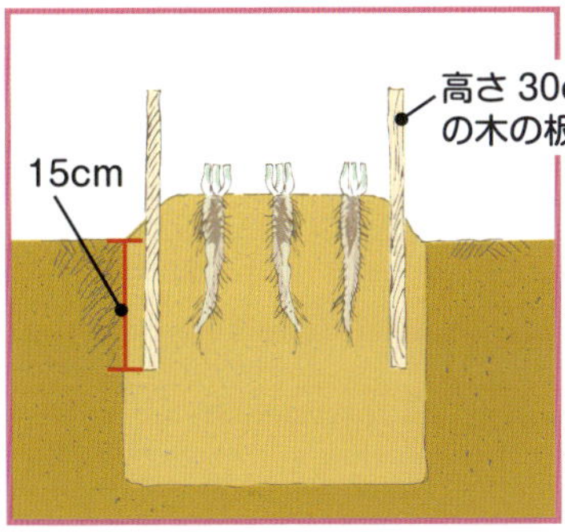

2 畝の両脇に 15cm ほどの溝を掘り、高さ 30cm の木の板を立てて土をかけて固定する。

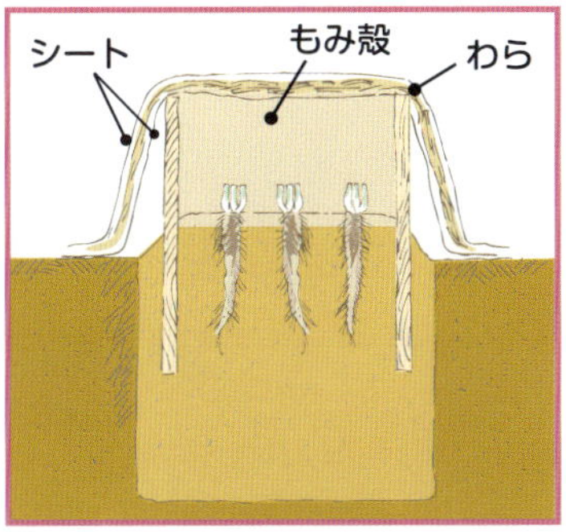

3 畝の中にもみ殻や川砂などを入れ、シートとわらを上からかけて土で固定する。3 ～ 4 週間後に収穫する。

Memo ほんのりと苦みのあるチコリは生のままサラダなどに利用する。

強い香りと栄養が豊富な野菜

ニラ

ユリ科　難易度　やさしい

栽培のポイント

- 丈夫で、育てやすいので難易度は低い。
- 多年草なので数年収穫できる。収量が落ちたら掘り上げて数株に分けて植えつける。
- 刈り取って収穫すれば、年に２～３回収穫することができる。
- 収穫後は追肥をして軽く一握りの肥料を与える。

栽培カレンダー

作業＼月	1	2	3	4	5	6	7	8	9	10	11	12
種まき			■									
植えつけ					■（中旬～）	■（～中旬）						
追肥						■（中旬～）	■	■	■			
収穫					収穫後は追肥する		■（中旬～）	■	■	■	■	
収穫(翌年~)	年に２～３回収穫可能			■（中旬～）	■	■	■	■	■			

1 種まき　3月上旬～3月下旬、セルトレイに種まき

1 セルトレイ(育苗用の連結ポット)に培養土《ばいようど》を均一に入れ、指先で軽く窪みをつけ、種を４～５粒ずつまく。

2 種が見えなくなるくらい培養土をかぶせて、種と土が密着するように軽く押さえる。

3 種まき後は、種と土が密着するようにジョウロでたっぷりと水やりをする。

2 植えつけ

5月中旬～6月中旬、草丈20cmほどで植えつける

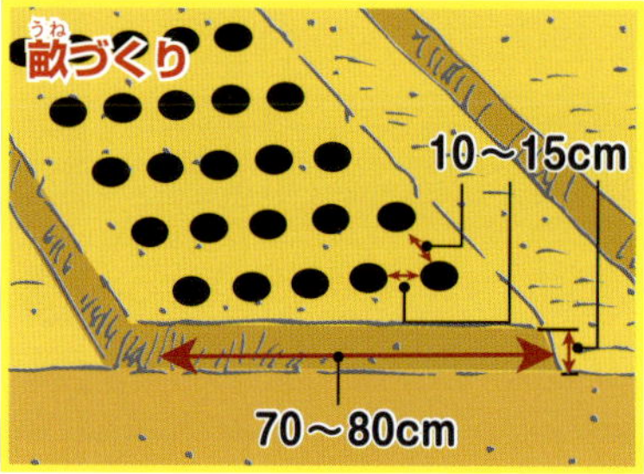

[植えつけ２週間前]
苦土石灰《くどせっかい》 100g/m²をまいてよく耕す。

[植えつけ１週間前]
堆肥《たいひ》 1kg/m²、化成肥料100g/m²を畑の全面にまいてよく耕し、畝をつくる。

1 草丈が20cmほどになったら、セルトレイから根鉢を崩さないように苗を取り出し、株間30～40cmに植えつける。

2 植えつけたらまわりの土を株元に寄せて、土と根が密着するように軽く押さえ、水やりをする。

3 追肥

6月中旬～9月下旬、植えつけ1カ月後から追肥

1 植えつけの1カ月後から月に2～3回追肥をする。1m^{2}あたり一握り（20～30g）の化成肥料を株間に施す。

2 表面の土と肥料をよく混ぜ、株が倒れないように株元に土寄せする。

4 収穫

7月中旬～11月上旬、翌年から4月中旬～9月下旬に収穫

1 草丈20～25cmほどに伸びたら収穫する。

2 ハサミなどで3～4cmほど株を残して収穫する。収穫後は一列につき10gほどの化成肥料を与える。

ポイント 花ニラも収穫できる

7～8月頃、花芽が伸びてきたら株が疲れないように、花が咲く前に茎を折って収穫する。

やわらかい黄ニラをつくろう！

1 涼しい季節に光をさえぎった状態で栽培すると黄ニラをつくることができる。まず、3～4cmほど株を残して刈り取る。

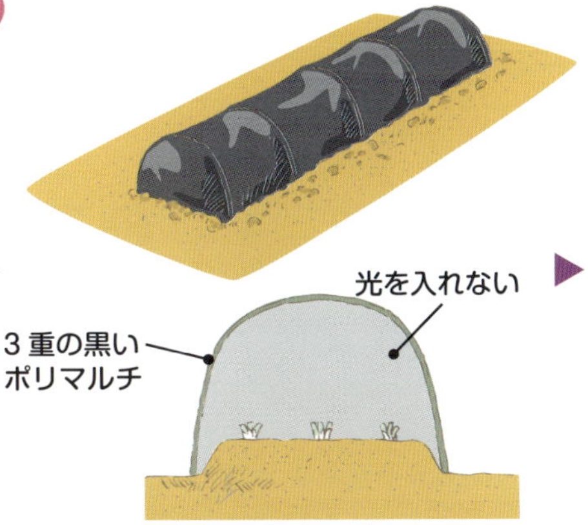

2 トンネル用の支柱を立てて、黒いポリマルチを3重にして覆い、完全に光が入らないようにする。

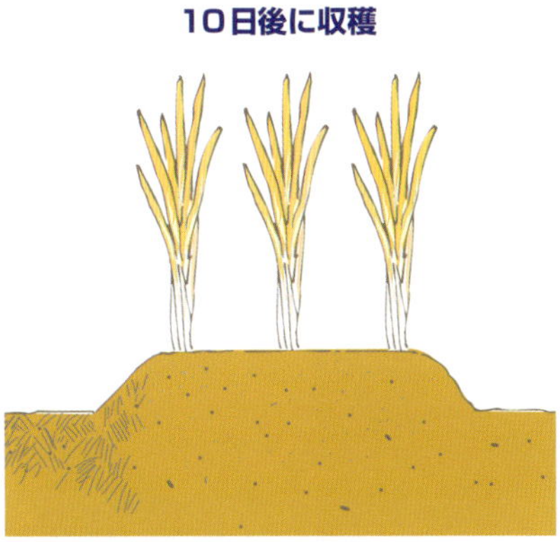

3 刈り取りから10日ほどで収穫できる。トンネルをはずして、3～4cmほど株を残して刈り取る。

香りも栄養も満点の野菜

ニンニク

ユリ科　難易度　ふつう

栽培のポイント

- 栽培期間は長いが、育てやすいので難易度はふつう。
- 株が生長する植えつけから 1 カ月後に 1 回、春先の休眠からさめる時期に 1 回追肥する。
- 花芽は株の生育を悪くするので、ある程度伸びたら摘み取る。花芽は料理に利用できる。

栽培カレンダー

作業＼月	1	2	3	4	5	6	7	8	9	10	11	12
植えつけ			芽が上を向くように植えつける						■			
追肥			■	翌年						■	■	
芽かき										■	■	
しきわら										■	■	
花芽摘み				■	■ 翌年							
収穫				翌年	■	■	茎と葉が 3 分の 2 ほど枯れたら					

1 植えつけ

9 月上旬～ 9 月下旬、株間 15 ～ 20cm に植えつける

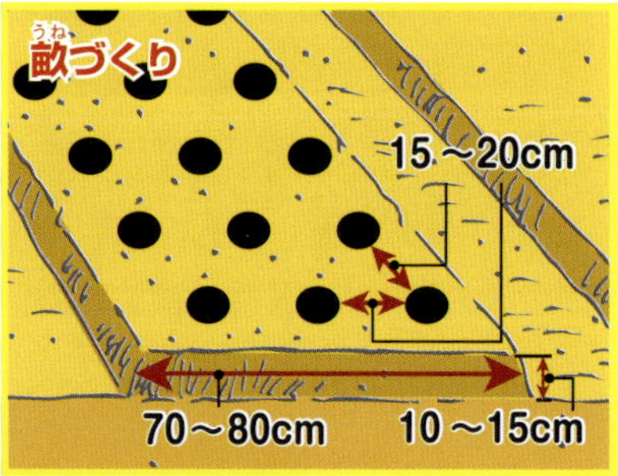

[植えつけ 2 週間前]
苦土石灰《くどせっかい》 100g/m^2をまいてよく耕す。

[植えつけ 1 週間前]
堆肥《たいひ》 1kg/m^2、化成肥料100g/m^2を畑の全面にまいてよく耕し、畝をつくる。

1. 種球《たねきゅう》を1片ずつ分球《ぶんきゅう》に分けて株間15～20cmに植えつける。芽のついているほうを上にして土に植えつける。

2. 分球の先端が土に 1 ～ 2cm 埋まるように植えつけ、まわりの土を寄せて手のひらで軽く押さえる。植えつけ後に水やりをする。

2 追肥

10 月上旬～ 11 月中旬、翌年 3 月上旬～ 3 月下旬、追肥する

1. 植えつけた年の秋と翌年の春に 1 回ずつ追肥する。1m^2あたり軽く一握り（20g）の化成肥料を葉の広がりに合わせて施す。

2. 追肥後は土と肥料をよく混ぜて株元に寄せ、手のひらで軽く押さえる。

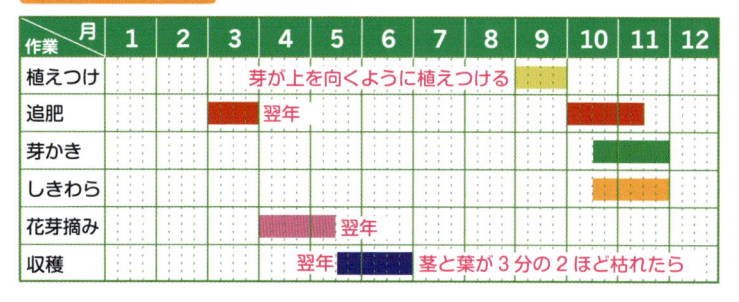

③ 芽かき

10月中旬〜11月下旬、わき芽を摘み取る

分球して芽が２本伸びた株は、株を生長させるために小さい芽をハサミなどで切り取る。

④ しきわら

10月中旬〜11月下旬、乾燥しないようにわらをしく

乾燥しやすいところではわらで畝の表面を覆ってマルチングをする。植えつけ時にポリマルチでマルチングしておいてもよい。

⑤ 花芽摘み

翌年４月上旬〜５月中旬、根の生育をよくするために花芽を摘む

① 春にとう立ちして伸び始めたら、早めに手で折って花芽を摘み取る。

② 摘み取った茎は「ニンニクの芽」として炒め物などに利用する。

収穫後の保存

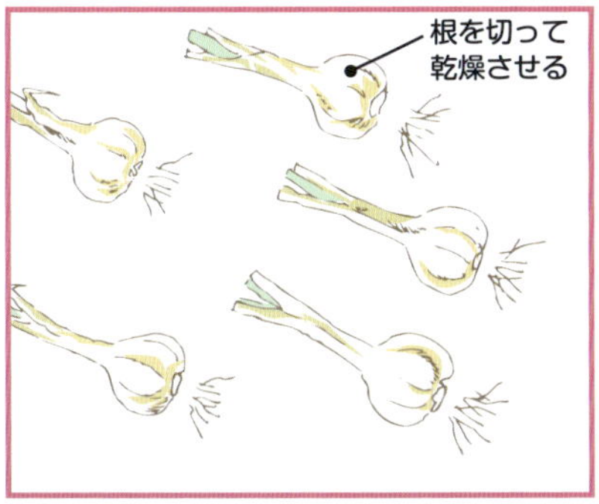

① 収穫後はすぐに根を切り、畑で２〜３日乾燥させる。

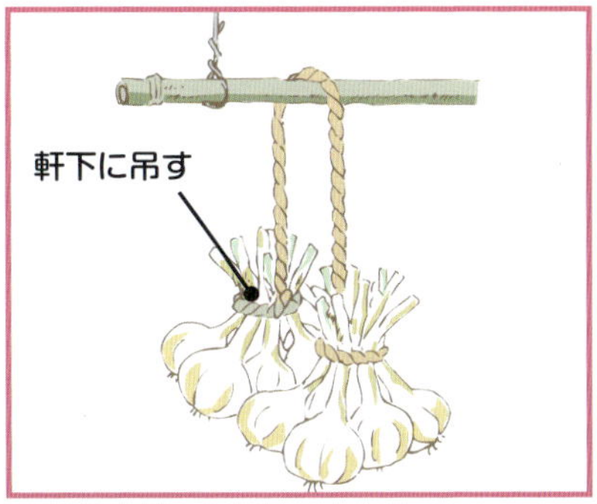

② いくつか束ねて軒下などに吊して保存する。

⑥ 収穫

翌年５月中旬〜６月下旬、茎葉が枯れたら収穫

Point ポイント　茎葉が枯れたら収穫

① 茎や葉が３分の２ほど枯れたら収穫適期。晴れた日を選んで収穫する。

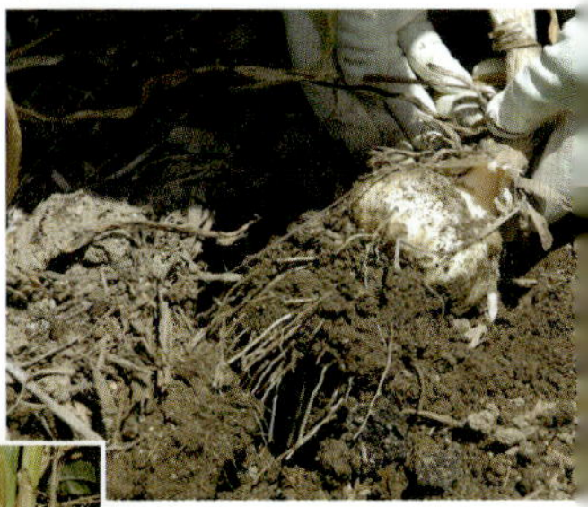

② 株元を持って抜き取り、根を切り取る。そのまま畑で２〜３日乾かし、軒下に吊して保存する。

薬味や鍋物など用途は多彩

ネギ

ユリ科　難易度　むずかしい

栽培のポイント

- 栽培期間が長く、追肥・土寄せ作業を数回行うため難易度は高い。
- 白く長いネギにするために追肥・土寄せはしっかり行う。
- とう立ちすると味が落ちるのでその前に収穫する。

栽培カレンダー

作業＼月	1	2	3	4	5	6	7	8	9	10	11	12
種まき			■	■								
追肥				■	■							
植えつけ準備							■	■				
植えつけ							■	■				
追肥・土寄せ①			追肥・土寄せはしっかり行う					■	■			
追肥・土寄せ②									■	■		
追肥・土寄せ③										■	■	
収穫	■	■	■ 翌年　とう立ちする前に収穫									■

1 種まき　3月中旬～4月下旬、15cm間隔にすじまきする

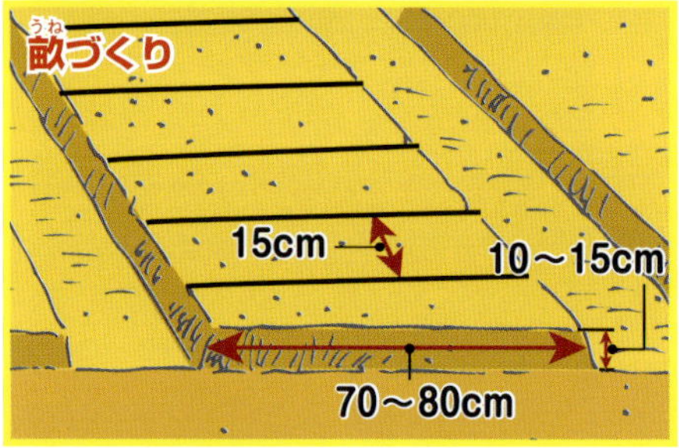

[種まき2週間前]
苦土石灰《くどせっかい》100g/m²をまいてよく耕す。

[種まき1週間前]
堆肥《たいひ》2kg/m²、化成肥料100g/m²、ヨウリン50g/m²を畑の全面にまいてよく耕し、畝をつくる。

1. 平らにした畝に、木の板や支柱などで15cm間隔に深さ1cmほどの浅い溝をつける。

2. 種と種が重ならないように溝に均一にすじまきにする。

3. 種をまいたら溝の両脇の土を戻して種にかぶせ、種と土が密着するように表面を手のひらで軽く押さえる。

4. 種まき後は土と種が密着するようにたっぷりと水やりをする。

2 追肥

4月中旬～5月下旬、1～2回追肥する

1. 種まきの1カ月後から、1～2カ月に1回追肥する。1m²あたり一握り（20～30g）の化成肥料を列の間に施す。

2. 土の表面を軽くほぐしながら、肥料と土を混ぜ合わせ、株が倒れないように、混ぜ合わせた土を株元に寄せる。葉が込み合っている場合は株間2～3cmに間引く。

③ 植えつけ準備

7月上旬～8月中旬、深さ 15cm の溝を掘る

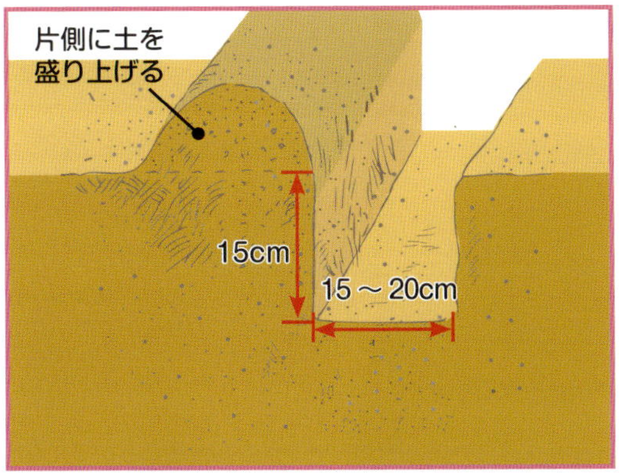

① 幅15～20cm、深さ15cmの溝をきちんと掘り、片側に掘り出した土を盛り上げる。

② クワで溝を掘って植え溝をつくる。事前に耕したり、元肥を施す必要はない。

④ 植えつけ

7月上旬～8月中旬、株間 5cm に植えつける

① 草丈 30cm、株元が鉛筆ほどの太さになったら、苗を掘り起こす。

ポイント　苗は鉛筆ほどの太さに

株元の太さが鉛筆ほどの太さになったら植えつける。

② 苗を掘り起こしたら、枯れた葉や変色した葉を取り除く。

③ 株間を 5cm ほどにして、土を盛り上げた側に苗をまっすぐ立てかける。根が少し隠れる程度に土を 1 ～ 2cm かぶせる。

④ 苗を植えつけたら通気性をよくするためにわらまたは腐葉土などを 5 ～10cm ほど溝に入れる。

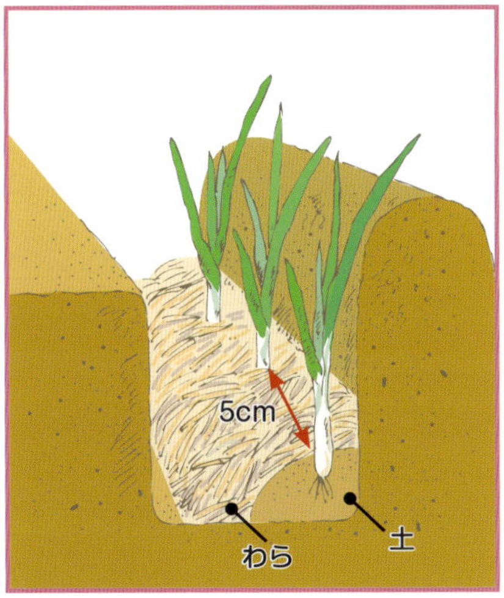

株間 5cm に植えつけ、根に土をかぶせてわらを入れる。

5 追肥・土寄せ①

8月上旬～9月中旬、植えつけ１カ月後に１回目の追肥・土寄せ

❶ 植えつけから１カ月後に１回目の追肥・土寄せをする。

❷ 1m²あたり一握り（20～30g）の化成肥料を溝に施す。

❸ 追肥後は盛り上げた土とは反対側の土を溝に埋める。土は葉の分かれめのあたりまで戻す。

6 追肥・土寄せ②

9月上旬～10月中旬、土寄せはしっかり行う

❶ １回目の追肥から１カ月後に２回目の追肥・土寄せをする。

❷ 1m²あたり一握りの化成肥料を株の両側に施す。追肥後は両脇の土を葉の分かれめまで戻す。

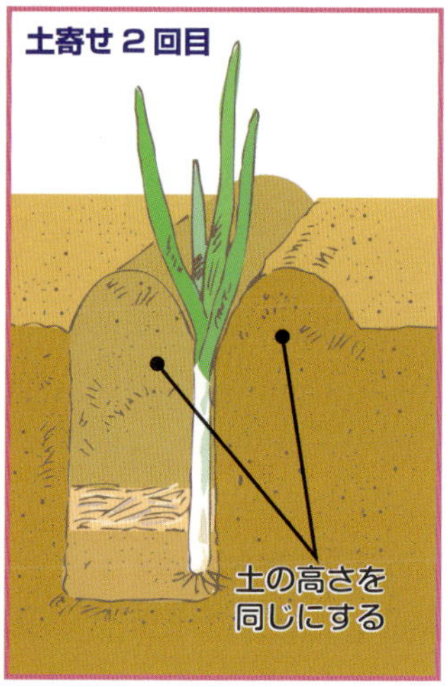
土寄せ２回目
土の高さを同じにする

❸ ２回目以降の土寄せは両側の土の高さが同じになるように行う。

7 追肥・土寄せ③

10月上旬～11月中旬、白いネギにするための土寄せ

❶ ２回目の追肥から１カ月後に３回目の追肥・土寄せをする。1m²あたり一握りの化成肥料を株の両側に施す。

❷ 追肥後は、葉の分かれめまで両側の土を株元に寄せる。

土寄せ３回目
両側の土を株元に寄せる

❸ ３回目の追肥・土寄せで白くて長いネギになる。

8 収穫 12月上旬〜翌年3月中旬、片側を掘って収穫

① 12月上旬あたりから収穫できる。必要な分だけ掘り出して収穫する。とう立ちするまでに収穫を終わらせる。

② 株を傷めないように注意しながら、植えつけ時に溝があったところを掘る。

③ 溝の底まで掘ったら、手でしっかりと株を持って引き抜く。

花をつけて種を取る

① ネギの品種によっては種を取ることもできる。春にネギの花が咲いたらしばらくそのままにする。

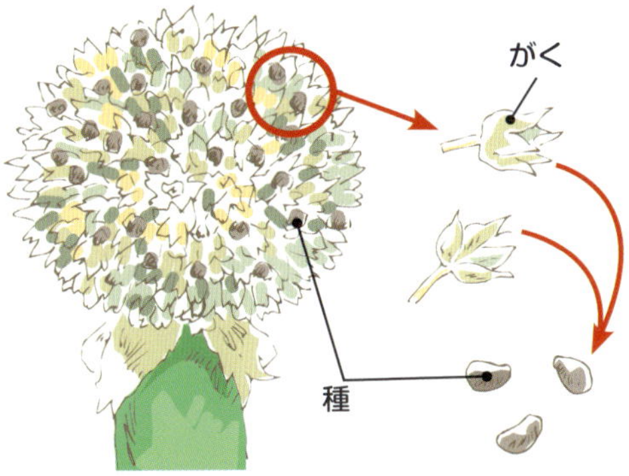

② 花の中に黒い種が見えてきたら先端を切り取り、日陰に置いて種がこぼれるまで乾燥させてから種を取り出す。

ネギの病害虫

アブラムシ
黒い虫が群生して葉の汁を吸う。ウイルスを媒介して病気を発生させる。指でつぶすか、新聞紙の上に筆で払って処分する。

ネギアザミウマ
小さな虫が葉を食べて傷つけ、被害を受けた葉は白いかすり模様になる。雑草を取り去り、風通しをよくして被害を防ぐ。

さび病
葉に円形や楕円形に膨らんだ橙色の小さい粒が現れる。水はけの悪い土壌で発生する。発生したら株ごと引き抜いて処分する。

鍋物にぴったりの冬野菜の代表

ハクサイ

アブラナ科　難易度　ふつう

栽培のポイント

- 冷涼な気候を好むので種まきの適期を守り、病虫害を予防する。株を大きく結球《けっきゅう》させるため、難易度はふつう。
- 植えつけ後は寒冷紗《かんれいしゃ》で覆って病虫害を予防する。
- 3年くらいアブラナ科の野菜を植えていない土地が好ましい。

栽培カレンダー

作業＼月	1	2	3	4	5	6	7	8	9	10	11	12
種まき				決められた時期にまく								
間引き												
植えつけ												
追肥①												
追肥②												
収穫		翌年							寒冷紗で覆う			

1 種まき

8月中旬〜9月中旬、ポットに3粒種をまく

1 3号ポットの縁まで培《ばい》養土《ようど》を入れ、指先で3カ所窪みをつける。

2 種がこぼれないように注意しながら、窪みに種を一粒ずつまく。

3 まわりの培養土をかけて埋め、手のひらで軽く押さえる。そのあと、種と土が密着するようにジョウロでたっぷりと水やりをする。

2 間引き

9月上旬〜9月下旬、本葉が4〜5枚出たら間引いて1本にする

1 本葉が4〜5枚出たら間引きをする。

2 生育の悪いもの、葉が変色したものや虫食いがあるものを選んで、ハサミで切り1本にする。

3 植えつけ

9月上旬～ 10月上旬、株間 30 ～ 40cm に植えつける

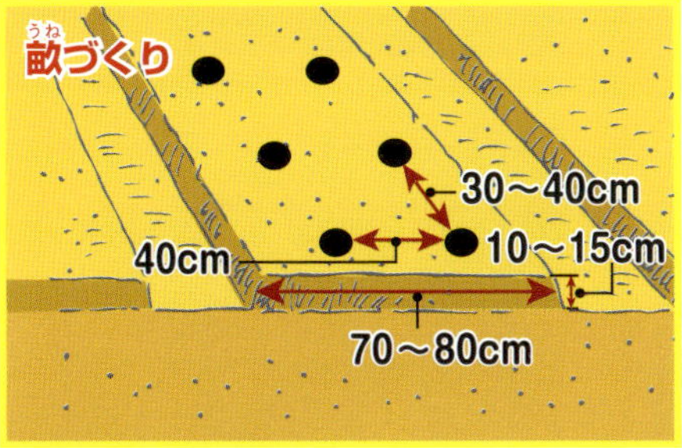

[植えつけ 2 週間前]
苦土石灰《くどせっかい》 100g/m²を全面にまいて、よく耕す。

[植えつけ 1 週間前]
堆肥《たいひ》2kg/m²、化成肥料 100g/m²を畑の全面にまいてよく耕し、畝をつくる。

1 本葉が 6 ～ 7 枚出たら植えつける。根鉢を崩さないようにポットから苗を取り出す。

2 根鉢と同じ大きさの植え穴を掘り、苗を植える。

3 植えつけたら土を少しかぶせ、株元を軽く手で押さえる。根鉢と土が密着するようにたっぷりと水やりをする。

4 植えつけ後は、虫が少なくなる時期まで寒冷紗で覆う。

4 追肥 ①

9月中旬～ 10月中旬、1回目の追肥を施す

1 本葉が 7 ～ 8 枚くらいに生長したら寒冷紗の片側をはずし、1m²あたり 30～ 50g の化成肥料を施す。

2 表面の土を軽くほぐしながら、肥料と土をよく混ぜる。

3 株元に土を寄せて軽く手で押さえ、株を安定させる。寒冷紗を元に戻す。

5 追肥②

10月上旬～ 10月下旬、2回目の追肥は 1 回目の 2 週間後

1 1 回目の追肥の 2 週間後ぐらいに 2 回目の追肥を行う。1m²あたり化成肥料 30～50g を葉の広がりに合わせてまく。

2 肥料を施したら、土をほぐしながら肥料とよく混ぜる。

3 株が倒れないように、株元に土を寄せて軽く押さえる。10 月下旬ごろになったら寒冷紗をはずす。

6 収穫

11 月上旬～翌年 1 月下旬、株の先端がしまっていたら収穫適期

1 品種にもよるが、種まきから 75 日前後が収穫の目安。

ポイント

株の先がしまっていたら収穫

先端がかたくしまっていたら収穫

ハクサイの収穫適期を知るには、ハクサイの頭を手で軽く押さえ、かたくしまっているようなら収穫できる。

2 株を斜めにして外葉を押し下げ、株と外葉との間に包丁を入れて切り取る。

葉を縛って畑で貯蔵させる

1 ハクサイを保存する場合は、霜が降りる前に外葉を縛る。

2 株の外葉を束ねて麻ひもなどでしっかりと縛っておく。

3 縛った状態だと寒さや霜によく耐え、1 月頃まで収穫できる。

暖かくなるととう立ちする

1 収穫期がすぎ、暖かくなるととう立ちして株が割れる。

2 数株残してハクサイの花を観賞してみるのもよい。

ハクサイの黒い粒

黒い粒は栄養過多による

ハクサイの白い部分によく見られる黒い粒は、栄養過多によってできたもの。食べても問題はない。

通年栽培でき、短期間で収穫できる

葉ダイコン

アブラナ科　難易度　やさしい

栽培のポイント

- 生育期間はおよそ 1 カ月と短く、管理も容易なため難易度は低い。
- ほかの葉もの野菜と同様におひたしや炒め物などに利用する。
- 小さいながらも根がある。根には辛みがあり、ダイコンおろしや煮物などに利用できる。

栽培カレンダー

作業＼月	1	2	3	4	5	6	7	8	9	10	11	12
種まき		春まき						秋まき				
間引き①			春まき					秋まき				
間引き②			春まき						秋まき			
収穫			春まき						秋まき			

1 種まき

3 月中旬～ 6 月中旬（春）、9 月上旬～10 月中旬（秋）、すじまきに

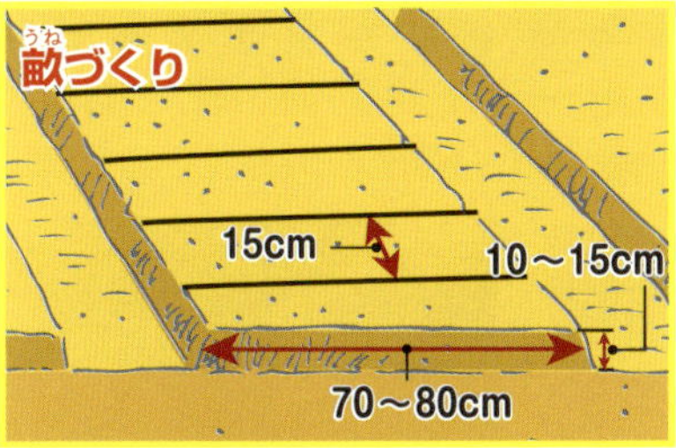

[種まき 2 週間前]
苦土石灰《くどせっかい》 100g/m²をまいてよく耕す。

[種まき 1 週間前]
堆肥《たいひ》 1kg/m²、化成肥料 100g/m²を畑の全面にまいてよく耕し、畝をつくる。

畝に浅い溝をつくり、種が重ならないようにまく。その後、土を戻して軽く押さえ、たっぷりと水やりをする。

2 間引き①

4 月上旬～ 6 月中旬（春）、9 月中旬～10 月中旬（秋）、1 回目の間引き

草丈 5 ～ 7 cm になったら、生育が悪いものなどを選び、株間 2 ～ 3 cm に間引く。間引いたら中耕し、間引いた株は料理に利用する。

3 間引き②

4 月中旬～ 6 月下旬（春）、10月上旬～10月下旬（秋）、2 回目の間引き

1. 草丈～ 15cm になったら株間 5 ～ 8cm に間引く。生育の悪い株を選び、手で引き抜く。
2. 間引き後は土を軽くほぐし、間引いた株は捨てずに料理などに利用する。

4 収穫

4 月中旬～ 7 月中旬（春）、10 月上旬～11 月中旬（秋）、草丈 20cm 前後で収穫

草丈 20cm 前後になったら収穫する。株元にハサミを入れて収穫するか、根が太くなっているものは引き抜いて収穫する。

空いたスペースに数株あると便利

葉ネギ

ユリ科　難易度　やさしい

栽培のポイント

- 栽培にはそれほど手間がかからないので難易度は低い。
- 夏場の中耕《ちゅうこう》・雑草取りをこまめに行う。
- 株元を残して収穫すれば、若い芽が伸びて２～３回収穫することができる。

栽培カレンダー

作業＼月	1	2	3	4	5	6	7	8	9	10	11	12
種まき				━	━	━	━	━	━			
中耕				━	━	━	━	━	━	━		
追肥				━	━	━	━	━	━	━		
収穫			2～3回収穫可能			━	━	━	━	━	━	

1 種まき

4月上旬～9月中旬、15cm間隔にすじまきする

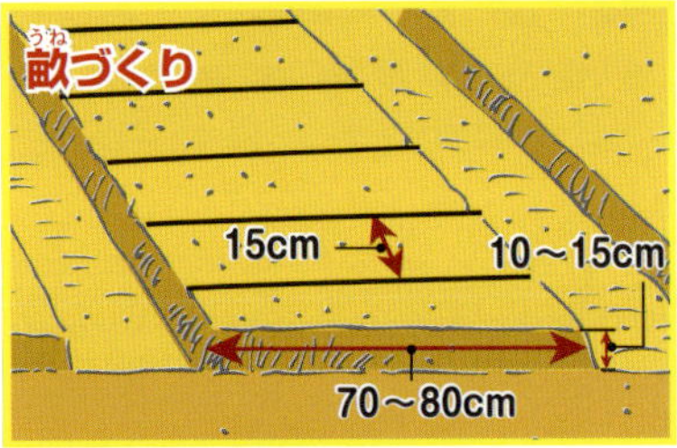

[種まき２週間前]
苦土石灰《くどせっかい》 100g/m²をまいてよく耕す。

[種まき１週間前]
堆肥《たいひ》2kg/m²、化成肥料 100g/m²を畑の全面にまいてよく耕し、畝をつくる。

1. 平らにした畝に、15cm間隔に深さ1cmほどの浅い溝をつけ、種と種が重ならないようにすじまきする。
2. 溝に土を戻して表面を手のひらで軽く押さえる。種まき後は土と種が密着するようにたっぷりと水やりをする。

2 中耕《ちゅうこう》

4月中旬～10月下旬、週1回は除草を兼ねて中耕

週１回は除草を兼ねて中耕をする。雑草は小さいうちに摘み取り、その後かたくなった土を軽くほぐす。

3 追肥

4月中旬～10月下旬、1カ月に1回追肥する

1. 種まきの１カ月後から、１カ月に１回追肥する。1m²あたり一握り（20～30g）の化成肥料を列の間に施す
2. 肥料と土を混ぜ合わせ、混ぜ合わせた土を株元に寄せる。葉が込み合っている場合は株間2～3cmに間引く。

4 収穫

6月上旬～11月中旬、草丈20cmほどで収穫

草丈20cmほどになったら収穫する。株元を１～2cm残してハサミで切り取る。収穫後は追肥をすれば、切り取った後からまた芽が伸びて２～３回収穫することができる。

葉菜の若葉を収穫する

ベビーリーフ

キク科、アブラナ科など

難易度 やさしい

栽培のポイント

- ベビーリーフは、レタス、ミズナ、ホウレンソウなどの若い葉菜の総称。葉が柔らかいのでサラダに向く。
- 発芽から 20～30 日程度で収穫でき、管理も手間がかからないので難易度は低い。
- 株元を残して収穫すれば再度収穫が可能。収穫後は葉の生育を促すため追肥する。

栽培カレンダー

作業＼月	1	2	3	4	5	6	7	8	9	10	11	12
種まき				■	■	■	■	■	■	■		
中耕				■	■	■	■	■	■	■		
収穫				■	■	■	■	■	■	■	■	
追肥		収穫後に追肥		■	■	■	■	■	■	■	■	

1 種まき

4 月上旬～ 10 月中旬、15cm 間隔にすじまきする

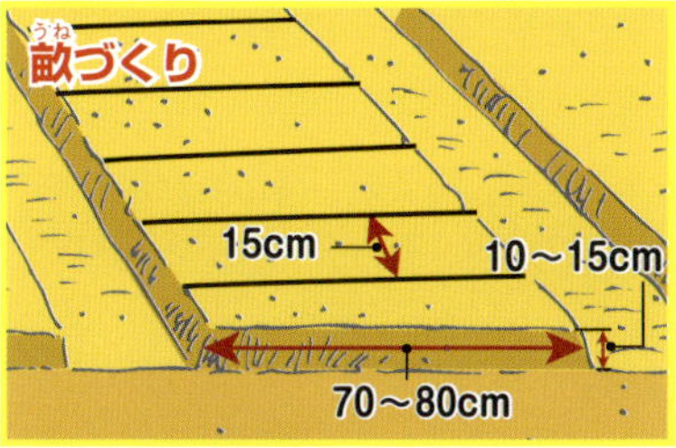

[種まき 2 週間前]
苦土石灰《くどせっかい》 100g/m²をまいてよく耕す。

[種まき 1 週間前]
堆肥《たいひ》2kg/m²、化成肥料 100g/m²を畑の全面にまいてよく耕し、畝をつくる。

1 15cm 間隔にごく浅い溝をつくり、種が重ならないよう均一に種をまく。

2 種をまいたらごく薄く土をかぶせ、手のひらで軽く押さえて水やりをする。

2 中耕《ちゅうこう》

4 月中旬～ 10 月下旬、週 1 回は除草・中耕

週 1 回は除草を兼ねて中《ちゅう》耕《こう》をする。雑草を摘み取り、列の間の土を軽くほぐす。

3 収穫

4 月中旬～11 月下旬、草丈 10～15cm で収穫

草丈 10～15cm になったら収穫する。

4 追肥

4 月中旬～ 11 月中旬、収穫後に追肥する

1 収穫後、1 m²あたり一握り（20 ～ 30g）の化成肥料を列の間に施す。

2 追肥から 2 週間後の株。株元を 1 ～ 2cm 残してハサミで切り取り再度収穫する。

ビタミンCが豊富なおなじみの野菜

ブロッコリー

アブラナ科　難易度　ふつう

栽培のポイント

- 栽培期間がやや長いので、難易度はふつう。
- 水はけが悪いようなら畝《うね》は高めにする。
- 花蕾《からい》(つぼみ)が直径 15cm ほどになったら収穫する。
- 収穫後に側花蕾《そくからい》(わきから出るつぼみ)が出るので育てて収穫する。

栽培カレンダー

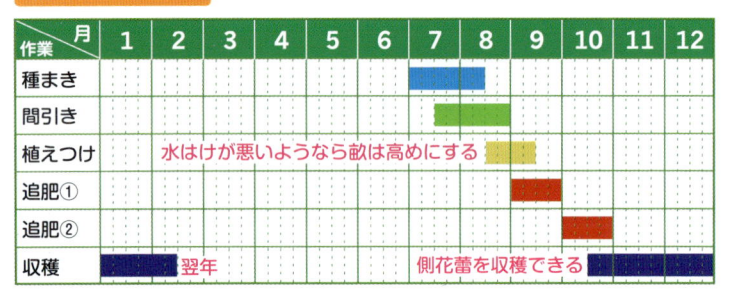

作業＼月	1	2	3	4	5	6	7	8	9	10	11	12
種まき												
間引き												
植えつけ		水はけが悪いようなら畝は高めにする										
追肥①												
追肥②												
収穫		翌年					側花蕾を収穫できる					

1 種まき　7月上旬～8月中旬、ポットに3粒まく

1 3号ポットの縁まで培《ばい》養土《ようど》を入れ、指先で3カ所窪みをつける。

2 窪みに種を一粒ずつまく。写真の種は薬剤処理されているので色がついている。

3 まわりの土をかぶせ、種と土が密着するように指先で軽く押さえる。

4 種まき後は、種と土が密着するようにジョウロでたっぷりと水やりをする。

2 間引き

7月中旬～8月下旬、本葉が2枚出たら間引く

本葉が2枚出たら間引いて1本にする。生育の悪い苗を選んでハサミで切り取る。

3 植えつけ

8月中旬～9月中旬、本葉が4～6枚出たら植えつける

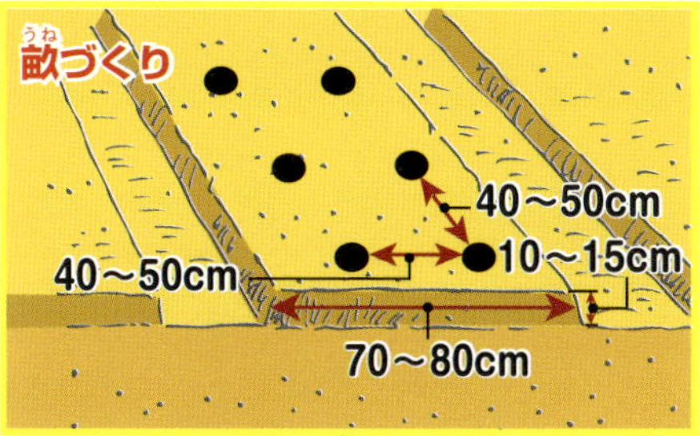

［植えつけ2週間前］
苦土石灰《くどせっかい》100g/m²をまいてよく耕す。

［植えつけ1週間前］
堆肥《たいひ》2kg/m²、化成肥料100g/m²を畑の全面にまいてよく耕し、畝をつくる。水はけが悪いようなら畝は高めにする。

1 本葉が4～6枚出たら植えつけ適期。根鉢を崩さないようにそっと取り出す。

2 根鉢と同じ大きさの植え穴を掘り、苗を植えつける。

3 株元に土を寄せて軽く押さえる。その後、土と根が密着するように水やりをする。

Point ポイント 寒冷紗《かんれいしゃ》で虫を防ぐ

4 植えつけ時期はまだ虫害を受けやすいので寒冷紗で覆う。

4 追肥①

9月上旬～9月下旬、植えつけから3週間後に1回目の追肥

1 植えつけから3週間ほどしたら、寒冷紗の片側をはずし、1m²あたり20～30gの化成肥料を葉の広がりに合わせてまく。

2 土の表面をほぐしながら肥料と土を軽く混ぜ、株元に土を寄せる。寒冷紗を元に戻す。

5 追肥②

10月上旬～10月下旬、1回目の追肥から3週間後に2回目の追肥

1 1回目の追肥から3週間ほどしたら2回目の追肥をする。畝の両脇に溝を掘る。

2 1m²あたり一握り（20～30g）の化成肥料を溝に施す。

3 溝に土をかぶせながら肥料と土を混ぜ、株元に土を寄せる。

6 収穫

10月中旬～翌年2月中旬、花蕾《からい》の直径が15cmほどで収穫

1 花蕾の直径が15cmくらいになったら収穫適期。

2 花蕾の下の茎を包丁などで切り取って収穫する。

側花蕾《そくからい》で長期間収穫を楽しむ

1 収穫後に出る側花蕾は、直径3～5cmほどになるまで育ててからハサミで収穫する。

2 側花蕾を少し残してとう立ちさせれば菜花として利用できる。柔らかい部分を手で摘み取る。

Memo 菜花はおひたしなどに利用できる。

冬が旬、栄養野菜の代表格

ホウレンソウ

アカザ科　難易度　やさしい

栽培のポイント

- 栽培は比較的容易なため難易度は低い。
- 耐寒性が強く冬でも育てられる一方、夏の暑さには弱い。
- 酸性の土壌に弱いので、石灰を多めにまく。
- 春まきではとう立ちすることが多いため、春まき用の品種を選ぶ。

栽培カレンダー

作業＼月	1	2	3	4	5	6	7	8	9	10	11	12
種まき			春まき		春まき用の品種を選ぶ						秋まき	
間引き①			春まき								秋まき	
間引き②・追肥①			春まき								秋まき	
間引き③・追肥②			春まき						秋まき			
収穫				春まき					秋まき			

1 種まき

3月中旬～4月中旬（春）、9月上旬～10月下旬（秋）、15cm間隔

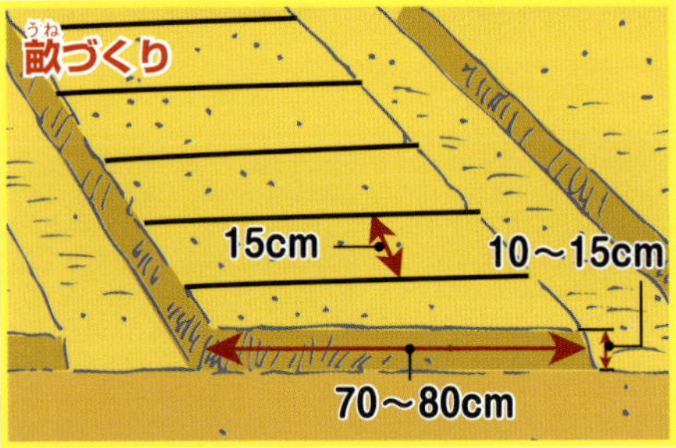

[種まき2週間前]
苦土石灰《くどせっかい》200g/m^{2}をまいてよく耕す。

[種まき1週間前]
堆肥《たいひ》2kg/m^2、化成肥料100g/m^{2}を畑の全面にまいてよく耕し、畝をつくる。

1 畝の表面に木の板や支柱などを使い、15cm間隔に浅い溝をつくる。種と種が重ならないように溝に均一にまく。

2 種をまいたら溝の両脇の土を戻して種に土をかぶせる。その後種と土が密着するように表面を手のひらで軽く押さえる。

3 種まき後は土と種が密着するようにたっぷりと水やりをする。

2 間引き①

3月下旬～4月下旬（春）、9月上旬～11月上旬（秋）、本葉が1～2枚出たら間引く

1 本葉が1～2枚出たら間引く。生育の悪い株を選び、株間2～3cmになるように間引きをする。

2 残す株が抜けないように株元を押さえながら、指で抜き取る。

3 間引き後は土の表面を軽く中耕し、株元に土寄せをする。

3 間引き②・追肥①

4月上旬～4月下旬（春）、9月中旬～11月中旬（秋）、草丈が5～6cmになったら間引きと追肥

1 草丈が5～7cmになったら2回目の間引きをする。

2 株間が5～6cmになるように、残す株の株元を押さえて手で抜き取る。

3 間引き後に、1m^2あたり一握り（20～30g）の化成肥料を列の間に施す。

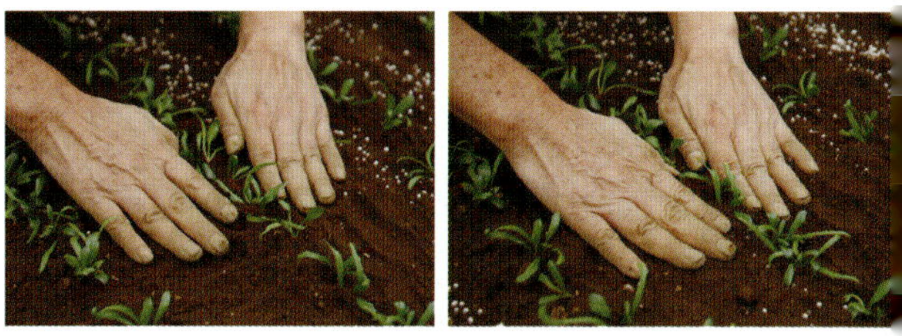

4 追肥後は土を軽くほぐしながら肥料と混ぜたあと、株元に土寄せして株を安定させる。

4 間引き③・追肥②

4月中旬～5月中旬（春）、10月上旬～11月下旬（秋）、草丈8cmほどで間引きと追肥

1 草丈が8cmほどになったら3回目の間引きをする。生育の悪い株を選び、株間8～10cm間隔に間引く。

2 間引き後は2回目の追肥をする。1m^2あたり一握りの化成肥料を列の間に施す。

3 土の表面を軽くほぐしながら、肥料と土を混ぜ合わせる。株が倒れないように、混ぜ合わせた土を株元に寄せる。

5 収穫

5月上旬～5月下旬（春）、10月上旬～12月下旬（秋）、草丈20～25cmほどで収穫する

1 草丈が20～25cmほどに育ったら随時必要な分を収穫する。

2 株元にハサミを入れて切り取る。収穫後に傷んだ葉や根を切り取る。

西洋種と東洋種の葉

1 ホウレンソウには、葉がギザギザしている東洋種（写真左）と、葉がまるい西洋種（写真右）がある。東洋種は味はよいが、とう立ちしやすく、西洋種はとう立ちしにくい。ふつう売っている種子は交配種が多く、東洋種、西洋種両方の葉が出ることがある。

和食に欠かせない日本古来の香味野菜

ミツバ

セリ科

難易度 やさしい

栽培のポイント

- 半日陰でもよく育ち、あまり手がかからないため難易度は低い。
- 夏の強い日光、高温下ではやや育ちが悪くなる。
- ミツバの種は発芽に光を必要とするので、種まき後は土をごく薄くかぶせる。

栽培カレンダー

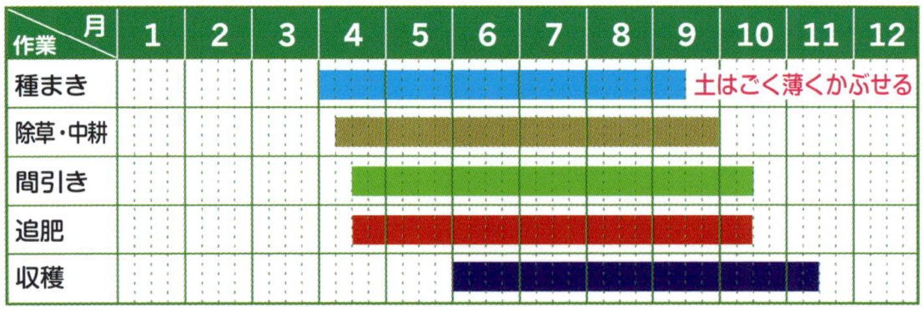

1 種まき　4月上旬～9月中旬、幅 15cm の溝にばらまく

1 畝を平らにならしたら、クワの背を使い、畝に幅 15cm、深さ 0.5cm ほどのごく浅い溝を2列つける。

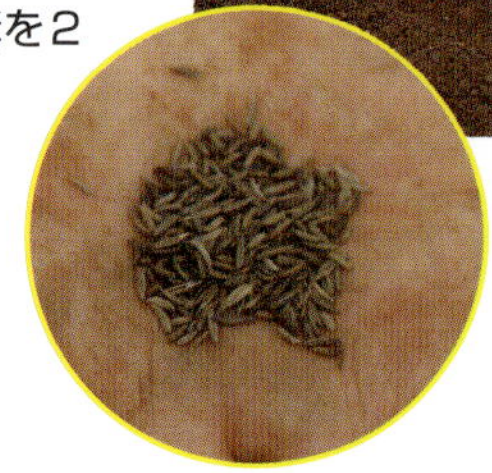

2 種と種が重ならないように溝全体に均一にばらまく。

3 種をまいたら土のかたまりがないように、手のひらでこすりながらごく薄く土をかぶせる。

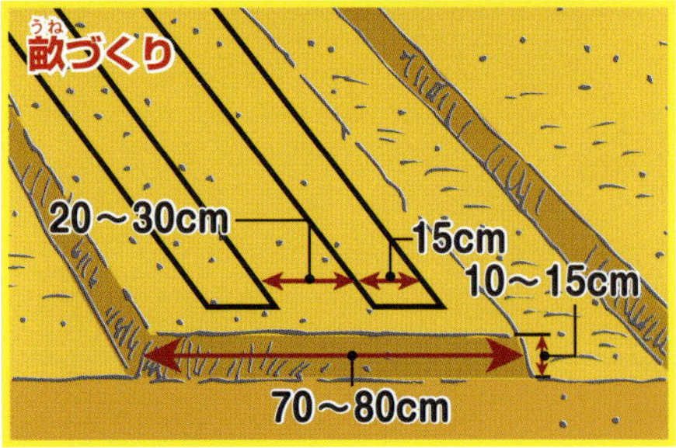

[種まき 2 週間前]
苦土石灰《くどせっかい》 100g/m²をまいてよく耕す。

[種まき 1 週間前]
堆肥《たいひ》 1kg/m²、化成肥料 100g/m²を畑の全面にまいてよく耕し、畝をつくる。

4 土をかぶせたら種と土が密着するように表面を手のひらで軽くおさえ、その後たっぷりと水やりをする。

Point ポイント　すじまきにしてもよい

すじまきする場合は畝に 15cm 間隔に深さ 0.5cm の溝をつくり、種を多めにまく。ごく薄く土をかぶせて軽く押さえて水やりをする。

② 除草・中耕《ちゅうこう》

4月上旬～9月下旬、雑草は早めに取る

① ミツバは初期の育ちが遅いので雑草が生えがち。こまめに除草を行う。

② 除草後は中耕《ちゅうこう》する。かたくなった土の表面を手で軽くほぐしておく。

③ 間引き

4月中旬～10月中旬、本葉が3～5枚出たら間引く

本葉が3～5枚出たら生育の悪い株を選び、株間2～3cm間隔になるように間引きをする。間引いた株は捨てずに料理に利用できる。

④ 追肥

4月中旬～10月中旬、草丈10cmほどで追肥

① 草丈10cmほどで追肥をする。1m²あたり一握り（20～30g）の化成肥料を列の間に施す。

② 追肥後は土の表面を軽くほぐしながら、土と肥料を混ぜる。

⑤ 収穫

6月上旬～11月中旬、草丈が20～25cmで収穫

草丈が20～25cmほどになったら収穫をする。株元にハサミを入れて切り取る。このあと1m²あたり一握りの化成肥料を列の間に施せば、新しい葉が伸びて再度収穫できる。

茎が白い根ミツバを育てる

① 収穫後、売っている根ミツバのように白く育てることもできる。

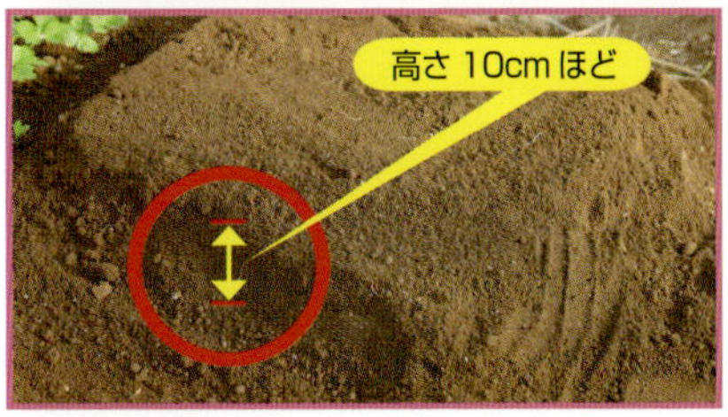

② 収穫後の株に、高さ10cmほどの土をかぶせる。

③ 葉がある程度そろって出たら株ごと引き抜いて収穫する。

特有の香りが魅力の手間がかからない野菜

ミョウガ

ショウガ科　難易度 ふつう

栽培のポイント

- 栽培はむずかしくないが、栽培期間が長いので難易度はふつう。
- 多年性で一度植えると何年も収穫できる。地上部が枯れたら追肥して翌年に備える。
- 育てる環境は半日陰が最適。強光や乾燥を嫌うので、夏にはしきわらをするとよい。

栽培カレンダー

作業＼月	1	2	3	4	5	6	7	8	9	10	11	12
畝づくり			■	■								
植えつけ			■	■	半日陰が最適							
追肥					■	■	翌年のために追肥			■	■	
しきわら					■	■						
収穫									■	■		

1 畝《うね》づくり

3月上旬～4月中旬、幅70～80cmの畝をつくる

1 1週間前に苦土石灰《くどせっかい》をまいた場所に、堆肥《たいひ》2kg/m²、化成肥料100g/m²を畑の全面に均一にまく。

2 クワで土と肥料をよく混ぜ、幅70～80cm、高さ10～15cmの畝をつくる。

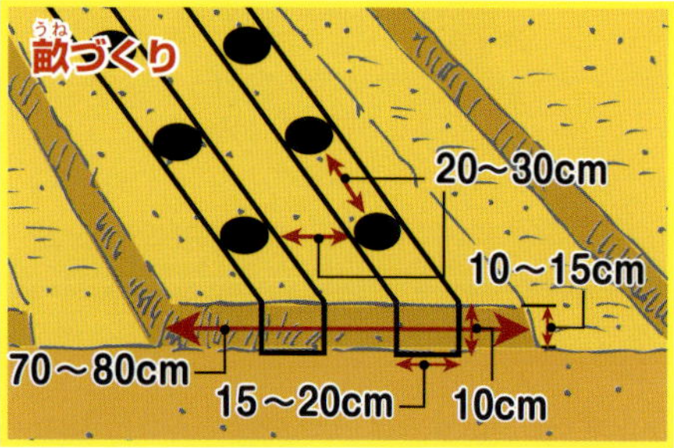

[植えつけ2週間前]
苦土石灰《くどせっかい》100g/m²をまいてよく耕す。

[植えつけ1週間前]
堆肥《たいひ》2kg/m²、化成肥料100g/m²を畑の全面にまいてよく耕し、畝をつくる。

2 植えつけ

3月中旬～4月下旬、株間20～30cmに植えつける

1 畝に15～20cm、深さ10cmほどの溝を20～30cm間隔に2列掘る。

2 芽のついた充実した根を2～3個まとめて、20～30cm間隔に溝に置く。

3 根を置いたら土をかぶせて畝の表面を平らにならす。その後、たっぷりと水やりをする。

3 追肥 5月中旬～6月中旬、10月下旬～11月中旬、草丈 20 ～ 30cm に伸びたら追肥

1 草丈 20 ～ 30cm に伸びたら追肥をする。$1m^2$あたり一握り（20 ～ 30g）の化成肥料を株元に施す。

2 追肥後、畝の表面を軽くほぐしながら土と肥料をよく混ぜ、株元に土を寄せる。

4 しきわら

5 月上旬～ 6 月中旬、しきわらをして乾燥を防ぐ

気温が上がるころ、株間にわらをしいて乾燥と雑草を防ぐ。地面が見えなくなるほどわらをしく。わらがない場合は腐葉土でも代用できる。

5 収穫 9 月上旬～ 10 月中旬、株元から出てきたつぼみを収穫

収穫が遅れて咲いた花

1 株元からつぼみが出てきたら随時収穫する。収穫が遅れると花がついてしまい味が落ちる。

2 つぼみをハサミで切り取るか、手で折り取って収穫する。

ミョウガタケのつくり方

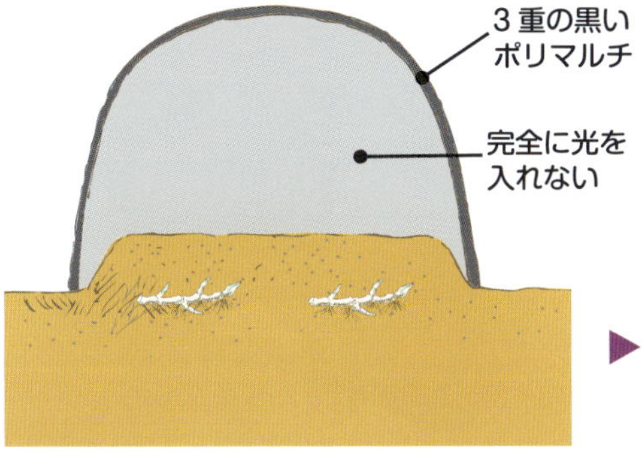
3 重の黒いポリマルチ
完全に光を入れない

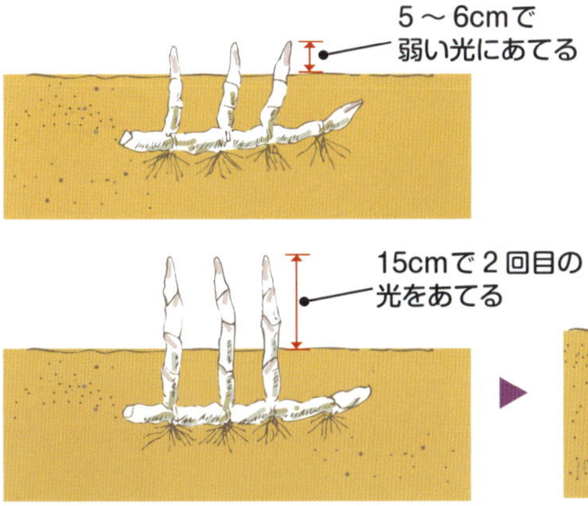
5 ～ 6cmで弱い光にあてる
15cmで 2 回目の光をあてる

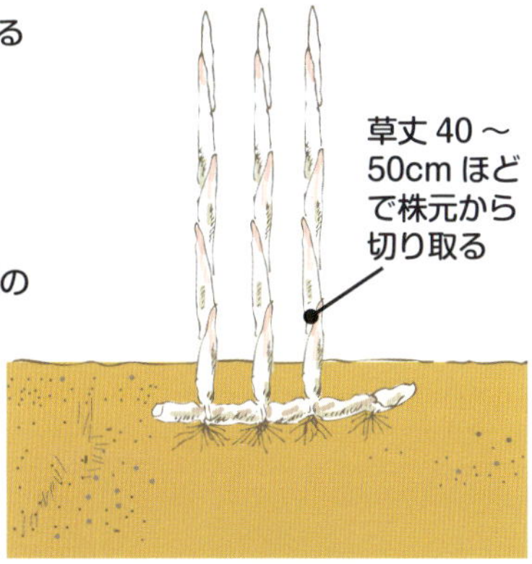
草丈 40 ～ 50cm ほどで株元から切り取る

1 軟化栽培（光をあてないで栽培）をすると、白くてやわらかいミョウガタケができる。まず、根を植えたら、黒いポリマルチを 3 重にして覆う。

2 栽培開始して、芽が 5 ～ 6cm ほどのころと、15cm ほど伸びたころの 2 度、各二日間ほどマルチの裾を 10cm めくり、弱い光にあてる。

3 草丈 40 ～ 50cm ほどになったら株元からハサミで切り取り収穫する。葉っぱと茎を生のまま料理に利用する。くせがなくさっぱりと食べられる。

きざむとねばりが出る、栄養価の高い野菜

モロヘイヤ

シナノキ科　難易度 やさしい

栽培のポイント

- 夏場に貴重な葉ものの野菜。虫がつきにくく、丈夫なので難易度は低い。
- 熱帯原産の高温を好む野菜。種まきは十分に暖かくなってからすること。
- 生育がおう盛なので、草丈を一定に保つように収穫し続ける。

栽培カレンダー

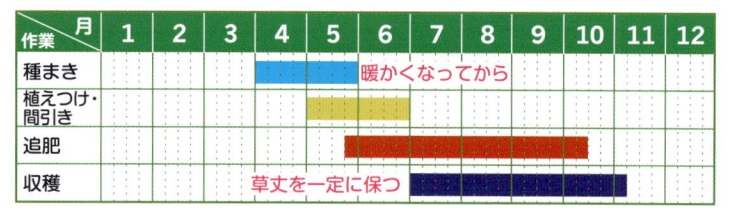

作業＼月	1	2	3	4	5	6	7	8	9	10	11	12
種まき						暖かくなってから						
植えつけ・間引き												
追肥												
収穫				草丈を一定に保つ								

1 種まき　4月上旬～5月下旬、セルトレイに2～3粒まく

1 セルトレイ（育苗用の連結ポット）に培養土《ばいようど》を均一に入れ、指先で軽く窪みをつけて、種を2～3粒ずつまく。

2 種をまいたら培養土をかぶせ、表面を手で軽く押さえる。

3 種まき後は、種と土が密着するようにジョウロでたっぷりと水やりをし、暖かい場所で管理する。

2 植えつけ・間引き

5月上旬～6月下旬、本葉が2～3枚出たら植えつける

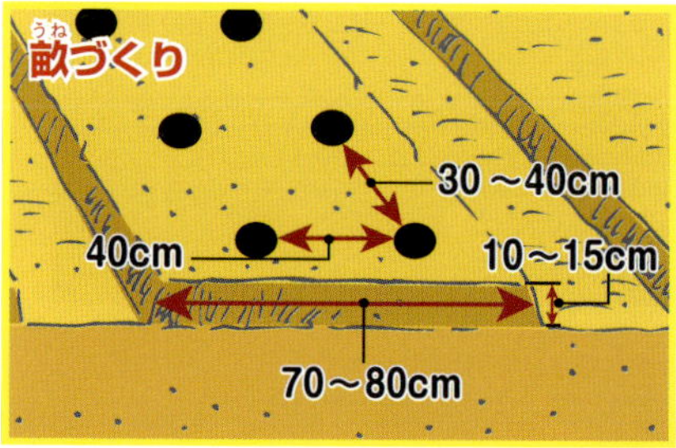

[植えつけ2週間前]
苦土石灰《くどせっかい》100g/m²をまいてよく耕す。

[植えつけ1週間前]
堆肥《たいひ》2kg/m²、化成肥料100g/m²を畑の全面にまいてよく耕し、畝をつくる。

1 気温が上がり、本葉が2～3枚出たら株間30～40cmに植えつける。根鉢を崩さないように苗を取り出し、根鉢と同じ大きさの穴を掘り、株を植えつける。

②まわりの土を株元に寄せて、土と根鉢が密着するように軽く押さえる。

③植えつけたら、生育の悪い株を選び、２本残してほかは間引く。

④土と根がしっかりと密着するようにたっぷりと水やりをし、寒冷紗のトンネルをかけて虫を防ぐ。

③ 追肥

5月下旬～10月中旬、植えつけ後20日くらいから、１カ月に１～２回追肥

①植えつけ後20日ほどたったら追肥をする。1m^{2}あたり一握り（20～30g）の化成肥料を株のまわりに施す。

②除草を兼ねて、土の表面を軽くほぐしながら肥料と混ぜる。株が安定するように株元に土を寄せる。

④ 収穫

7月上旬～11月上旬、草丈が40～50cmほどで収穫開始

①草丈が40～50cmほどになったら、葉先を15～20cmの長さに収穫する。草丈を一定に保つように数日おきに収穫をする。

②葉先のやわからかいところをハサミで切り取る。その後、わき芽が伸びて収量が増える。

Point ポイント

花が咲いたら収穫を終える

モロヘイヤの種は毒をもっているので、花が咲いたら念のため収穫を終える。写真上花。写真下実。

ポロネギとも呼ばれる西洋のネギ

リーキ

ユリ科　難易度　むずかしい

栽培のポイント

- ネギと同じく、栽培期間が長く追肥・土寄せ作業を数回行うため、難易度は高い。
- 冷涼な気候を好むが、強健で暑さにも強い。
- 日本ネギにくらべてアルカリ性を好むので、石灰は多めにまく。
- 葉のあいだに土が入りやすいので、土寄せのときなどは注意する。

栽培カレンダー

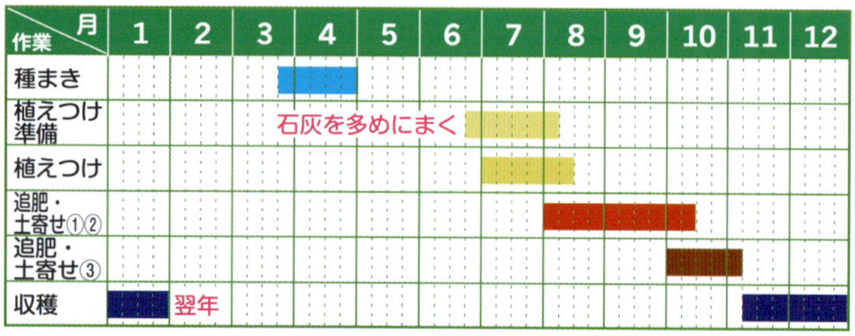

1 種まき　3月下旬～4月下旬、セルトレイにまく

1 セルトレイ（育苗用の連結ポット）に培養土《ばいようど》を均一に入れ、指先で窪みをつけて種を一粒ずつまく。

2 培養土をかぶせて窪みを埋めて平らにならし、手のひらで軽く押さえる。

3 種まき後は、種と土が密着するようにジョウロでたっぷりと水やりをする。

2 植えつけ準備

6月下旬～8月上旬、無肥料で育てる

1 植えつけ1週間前に深さ15cm幅15～20cmの溝を掘り、底の土に苦土石灰《くどせっかい》150～200gをまいて土と混ぜる。

2 掘り出した土は溝の片側に上げておく。

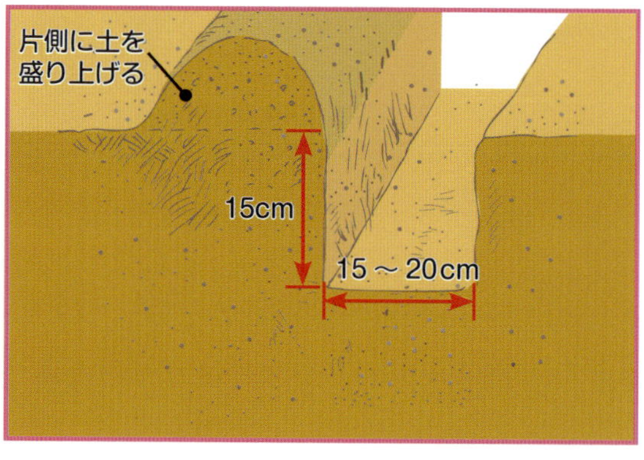

3 植えつけ

7月上旬～8月中旬、株間10cmほどに植えつける

1 苗が鉛筆ほどの太さになったら植えつける。根鉢を崩さないようにそっと取り出し、土を盛り上げた側に苗をまっすぐ立てかける。

株間 10cm ほど

2 株間10cmほどに立てかけ、根が少し隠れる程度に土を1～2cmかぶせる。

3 植えつけ後は乾燥を防ぐためにわらまたは腐葉土を高さ5～10cmになるように溝に入れる。

4 追肥・土寄せ①②

8月上旬～10月中旬、片側に追肥して土寄せ

1回目

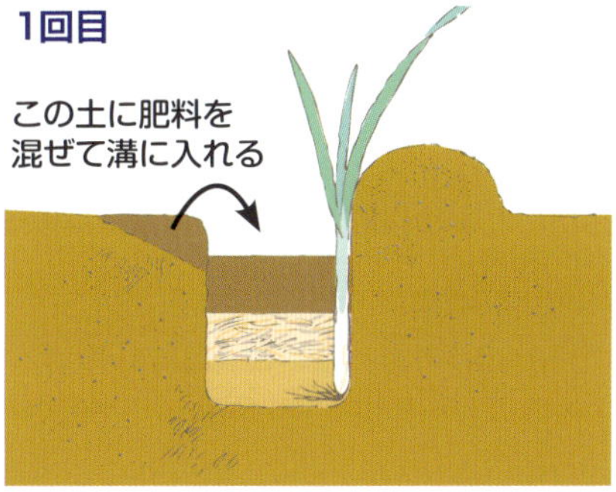
この土に肥料を
混ぜて溝に入れる

1 1回目の追肥は植えつけの1カ月後、土を盛り上げた側の反対に1m^2あたり一握り（20～30g）の化成肥料をまき、土と混ぜて溝に入れる。

2 1回目の追肥から1カ月後に2回目の追肥。1回目と同じ側に1m^2あたり一握りの化成肥料をまき、土と混ぜる。

2回目

この土に肥料を
混ぜて株元に寄せる

3 土を混ぜたら株元に土を寄せる。盛り上げた土も少し崩して株元に寄せる。

5 追肥・土寄せ③

10月上旬～11月上旬、葉に土が入らないように追肥・土寄せ

1 株の両側に1m^2あたり一握りの化成肥料をまき、土と混ぜる。混ぜた土を株元に寄せる。

2 リーキは葉の間に土が入りやすいので、土寄せするときは葉のつけ根より上に土を盛らないようにする。

6 収穫

11月上旬～翌年1月下旬、土を崩して収穫する

1 株を傷つけないように片側の土を崩し、直径3～5cmになっていたら収穫する。

2 植えつけ時の溝まで掘り下げ、手でしっかりと持って引き抜く。ポトフなどの煮込み料理などに利用する。

つくりやすい非結球レタス

リーフレタス

キク科　難易度　やさしい

栽培のポイント

- 種まきから約２カ月で収穫でき、育てやすいので難易度は低い。
- 長く光りがあたっているととう立ちしやすいので、植えつけ場所は外灯の光などの当たらない場所を選ぶ。
- 少量利用する場合は外葉をかき取ると長期間収穫できる。

栽培カレンダー

作業＼月	1	2	3	4	5	6	7	8	9	10	11	12
種まき		春まき	■	■			秋まき	■	■			
植えつけ			春まき	■	■			秋まき	■	■		
追肥			春まき	■	■			秋まき	■	■		
収穫				春まき	■	■			秋まき	■	■	■

（春・秋とも）外葉をかき取れば収穫を長く楽しめる

1 種まき

３月中旬～４月中旬（春）、８月中旬～９月中旬（秋）、ペレットシードが便利

ポイント　ペレットシードが便利

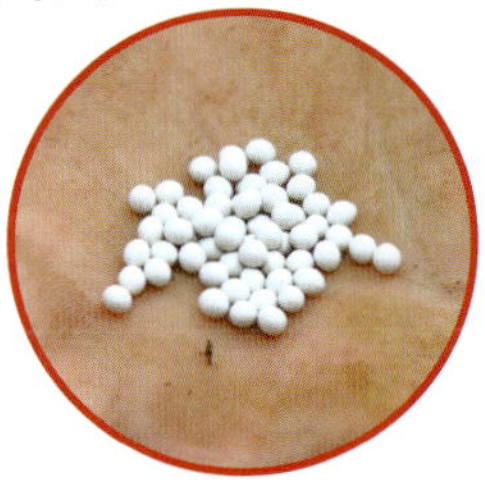

レタス類の種（写真右）は小さく、一粒ずつまくことはむずかしいが、種にコーティングを施したペレットシード（写真左）は粒が大きく、一粒ずつまくことができる。

1. セルトレイ（育苗用の連結ポット）に種をまく。緑まで培養《ばいよう》土《ど》を均一に入れ、表面を平らにならす。

2. 培養土の表面に、指先で窪みをつける。ふつうの種をまく場合は浅く窪みをつける。

3. ペレットシードの種を窪みに一粒ずつまく。ふつうの種は数粒まく。

4. 種が見えなくなるように培養土をかぶせ、表面を平らにならして軽く押さえる。

5. 種まき後は、種と土が密着するようにジョウロで水やりをする。

② 植えつけ

4月中旬～5月中旬(春)、9月中旬～10月下旬(秋)、本葉が4～5枚出たら植えつけ

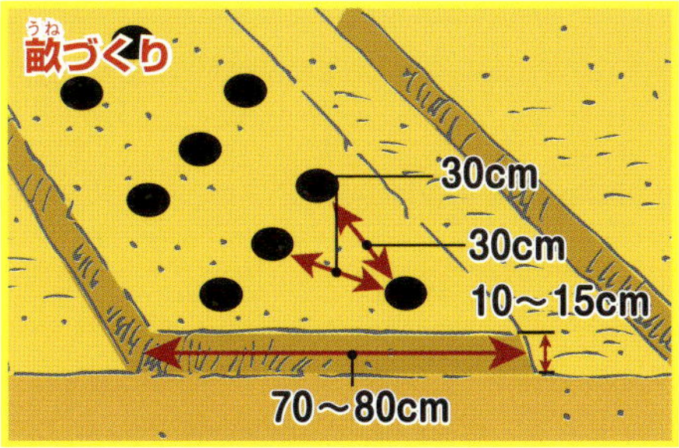

[植えつけ 2 週間前]
苦土石灰《くどせっかい》 100g/m^2をまいてよく耕す。

[植えつけ 1 週間前]
堆肥《たいひ》 2kg/m^2、化成肥料 100g/m^2を畑の全面にまいてよく耕し、畝をつくる。

① 本葉が4～5枚出たら株間30cm間隔に植えつける。根鉢が崩れないようにそっと取り出し、根鉢と同じ大きさの植え穴を掘る。

② 株を植えつけ、まわりの土を株元に寄せる。株元に土を寄せたら、土と根が密着するように軽く押さえ、その後たっぷりと水やりをする。

③ 虫よけと日よけのために、虫が減って日が短くなる秋頃まで寒冷紗のトンネルで覆う。

③ 追肥

4月下旬～5月下旬(春)、9月下旬～10月下旬(秋)、追肥は植えつけから2週間後

① 植えつけ後2週間ぐらいたったら、追肥をする。一株あたり3～5gを葉の広がりに合わせて施す。

② 土の表面を軽くほぐしながら肥料と土を混ぜ合わせ、株元に土寄せをする。

④ 収穫

5月上旬～6月上旬(春)、10月下旬～12月上旬(秋)、株の直径が25～30cmになったら収穫

① 株の直径が25～30cmの大きさになったら収穫する。

② 外葉を倒し、株元に包丁やハサミを入れて切り取る。

ポイント 長く楽しむなら外葉をかき取る

少量利用する場合は外側の葉を数枚かき取ると長期間収穫することができる。

ゴマのような香りのサラダ向きの野菜

ルッコラ

アブラナ科　難易度　やさしい

栽培のポイント

- 生育が早く、育てやすいので難易度は低い。
- 寒さには比較的強いが暑さに弱いため、夏には遮光する。
- 雨に弱いため、長雨の時期には雨よけをするほうがよい。
- 風で葉や葉柄が折れやすいので、風が強い場所では風よけをする。

栽培カレンダー

作業＼月	1	2	3	4	5	6	7	8	9	10	11	12
畝づくり		春まき	■	■	■	■		■	■	秋まき		
種まき		春まき		■	■	■	■		■	■	秋まき	
間引き①			春まき	■	■	■	■		■	■	秋まき	
間引き②			春まき	■	■	■	■		■	■	秋まき	
収穫			春まき		■	■	■	■	秋まき	■	■	■

1 畝《うね》づくり

種まきの2週間前には準備する

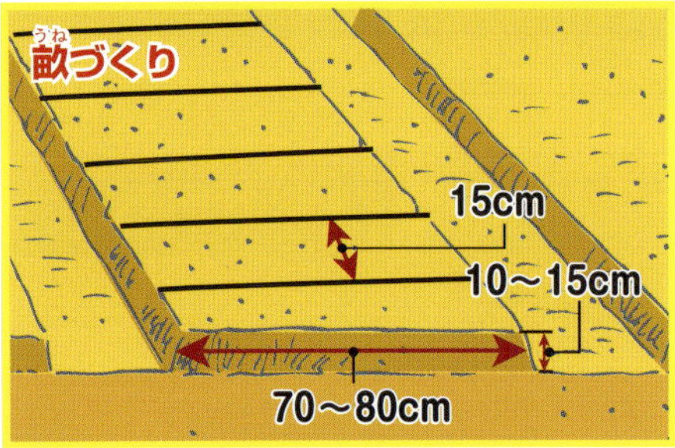

[種まき 2 週間前]
苦土石灰《くどせっかい》 100g/1m²をまいてよく耕す。

[種まき 1 週間前]
堆肥《たいひ》 2kg/m²、化成肥料 100g/m²を畑の全面にまいてよく耕し、畝をつくる。

1 畝をつくる場所に完熟した堆肥 2kg/m ²を全体にまく。

2 堆肥をまいた上に、化成肥料 100g/m²を均一にまいて耕し、畝をつくる。

2 種まき

4月上旬～7月中旬(春)、9月上旬～10月下旬(秋)、15cm 間隔ですじまきする

1 畝の表面を平らにならし、木の板や支柱などを使って深さ 1cm ほどの溝を 15cm 間隔でつくる。

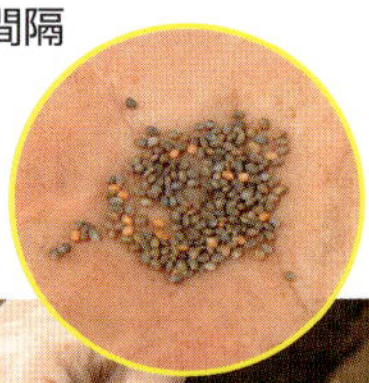

2 種と種が重ならないように、指先をひねるようにしながら溝に均一に種をまく。

3 1cm ほど土をかぶせ、手のひらで押さえるようにしながら落ち着かせ、たっぷりと水をまく。

3 間引き ①

4月上旬～7月下旬(春)、9月上旬～11月上旬(秋)、本葉が2～3枚になったら間引き開始

1 本葉が２～３枚になったら１回目の間引きをする。生育の悪いものや葉が傷んだものなどを抜き取る。

2 残す株が抜けないように株元を指先で押さえ、株間２～3cmに間引く。間引いた株は料理に利用する。

3 間引き後は除草を兼ねて、かたくなった土の表面を中耕《ちゅうこう》する。

4 間引き ②

4月中旬～7月下旬(春)、9月中旬～11月中旬(秋)、本葉3～4枚で2回目の間引き

1 本葉が４～５枚になって、隣どうしの葉が重なり合うようになったら２回目の間引き。

2 株間が４～５cmになるように、生育の悪いものなどを間引いていく。

3 間引き後、指先を使って土をやわらかくほぐして株元に寄せる。

5 収穫

5月上旬～8月中旬(春)、10月上旬～12月下旬(秋)、15cmほどに育ったら収穫

1 葉の長さが15cm以上に育てば収穫する。

2 株元をハサミで切って収穫し、根をハサミで切り取る。株ごと引き抜いて収穫してもよい。

強い酸味がある葉柄をサラダや砂糖で煮てジャムにする

ルバーブ

タデ科　難易度　ふつう

栽培のポイント

- シベリア南部原産。丈夫で、一度植えれば何年も楽しめる。栽培期間が長いので難易度はふつう。
- 苗の生育が悪いので、セルトレイなどでていねいに育苗する。種はネット通販だと入手しやすい。
- 寒さには強いが暑さに弱いので、しききわらなどで株元の温度上昇を防ぐ。

栽培カレンダー

作業＼月	1	2	3	4	5	6	7	8	9	10	11	12
種まき			■	■	セルトレイで育苗							
植えつけ						■	■					
追肥①							■					
追肥②								■				
しきわら								■				
収穫					■	■	翌年から収穫					

1 種まき　3月下旬～4月下旬、セルトレイに種をまいて育苗

❶ セルトレイ（育苗用の連結ポット）に培養土《ばいようど》を均一に入れ、指先で浅い窪みをつける。

❷ それぞれの窪みに一粒ずつ種をまく。

❸ 種の上から土をかぶせて軽く押さえ、たっぷりと水やりをする。

2 植えつけ　6月中旬～7月中旬、株間40～50cmで植えつける

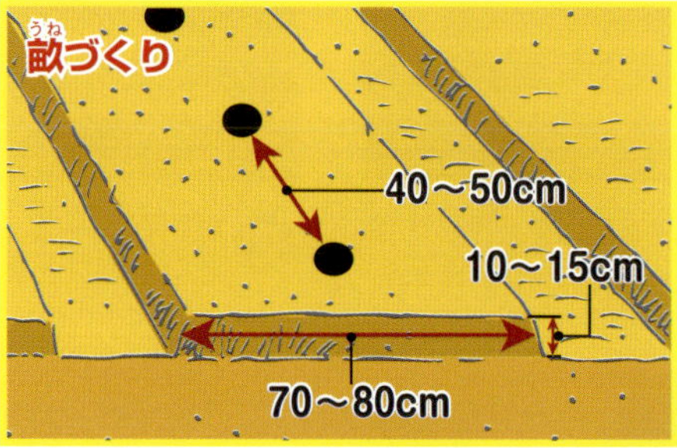

[植えつけ２週間前]
苦土石灰《くどせっかい》 100g/m²をまいてよく耕す。

[植えつけ１週間前]
堆肥《たいひ》 2kg/m²、化成肥料 100g/m²を畑の全面にまいてよく耕し、畝をつくる。

❶ 本葉が３～４枚出たら、畝の中央に40～50cm間隔で植穴を開け、苗を植える。

❷ 苗の株元を軽く押さえて植えつけ、土と密着するようにたっぷりと水やりをする。

3 追肥 ①

7月中旬～8月中旬、植えつけから3週間後 1回目の追肥をする

❶ 一株につき軽く一握り(20g)の化成肥料を、葉の広がりの下にまく。

❷ 指先で土の表面をほぐしながら、土と肥料をよく混ぜる。

❸ 株を安定させるために株元に土を寄せて、軽く押さえる。

4 追肥 ②

8月中旬～9月中旬にかけて、最初の追肥以降1カ月に1回追肥

❶ 一株につき軽く一握りの化成肥料を、株元の葉の広がりの下にまく。

❷ かたくなった土をほぐしながら、肥料と土をよく混ぜ、株元に土を寄せて押さえる。

5 しきわら

8月上旬～8月下旬、暑さ除けにわらをしく

暑さから株を守るために、株元にわらをしいて、土の温度が上がらないようにする。

6 収穫

5月上旬～6月下旬、冬越しした翌年に収穫

❶ 植えつけた翌年の5月上旬～6月下旬、草丈30～50cmほどに育った葉から順次収穫。

❷ 葉柄の根元からハサミで切り取る。葉にはシュウ酸が多く含まれ食用に適さないので、葉の下で切り取り、赤紫色の葉柄の部分を利用する。

Memo 葉柄は酸味があり、ジャムなどに加工して食べる。

パリッとした歯切れと甘みの定番サラダ野菜

レタス

キク科　難易度　やさしい

栽培のポイント

- 比較的つくりやすいので難易度は低い。
- 涼しい気候を好み栽培初期は寒さに強いが、結球《けっきゅう》後は凍害をうけやすい。
- 肥料が不足すると結球が小さくなるので、追肥が大切。

栽培カレンダー

作業＼月	1	2	3	4	5	6	7	8	9	10	11	12
種まき	春まき	■	■	■			秋まき	■	■			
植えつけ		春まき	■					秋まき	■			
追肥			春まき	■	■			秋まき	■	■		
収穫				春まき	■	■			秋まき	■	■	

1 種まき

2月下旬〜4月上旬（春）、8月上旬〜9月中旬（秋）、セルトレイあるいはポットに種をまいて育苗する

1 セルトレイ（育苗用の連結ポット）に入れた培養土《ばいようど》に、指先で浅い窪みをつくる。

2 種の表面をコーティングしたペレットシードをまく場合、それぞれの窪みに一粒ずつ種をまく。

3 種をまいた上からごく薄く土をかけ、手のひらで軽く押さえる。

4 種まき後、ジョウロでたっぷりと水やりをする。

ポイント　ふつうの種はポットにばらまき

ふつうの種を使う場合は、3号ポットに培養土を入れて種をばらまきにし、ごく薄く土をかぶせる。発芽後間引きをしながら本葉4〜5枚の苗に仕上げる。

2 植えつけ

3月中旬～4月中旬（春）、9月上旬～9月下旬（秋）、本葉が4～5枚出たら植えつける

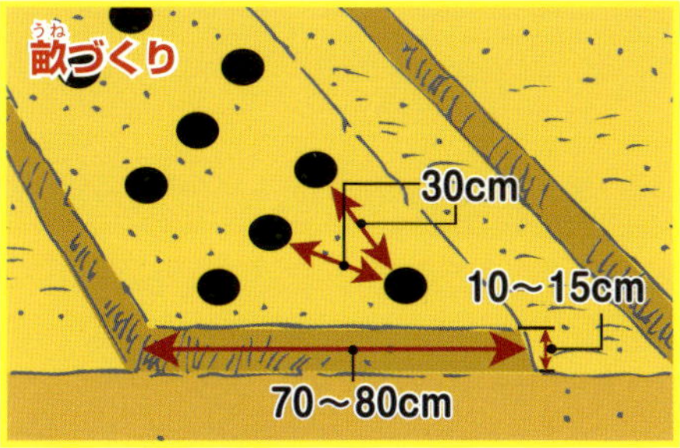

[植えつけ 2 週間前]
苦土石灰《くどせっかい》 100g/m²をまいてよく耕す。

[植えつけ 1 週間前]
堆肥《たいひ》 2kg/m²、化成肥料 100g/m²を畑の全面にまいてよく耕し、畝をつくる。

1 本葉が4～5出たら植えつける。根鉢が崩れないように苗を取り出す。畝に根鉢と同じ大きさの穴をほる。

2 株元に土を寄せ、土と根が密着するように株元を軽く押さえ、たっぷりと水やりをする。

ポイント 日よけのために寒冷紗《かんれいしゃ》を

3 日よけや保温、害虫よけのために寒冷紗のトンネルで覆う。

3 追肥

4月上旬～5月中旬（春）、9月中旬～10月下旬（秋）、株の周囲に追肥

1 植えつけから2～3週間後、一株につき3～5gの化成肥料を、株の周囲、葉の広がりの下にばらまく。

2 肥料と土が混ざるように指先で軽く耕したあと、株元に土を寄せて押さえる。

4 収穫

5月中旬～6月下旬（春）、10月下旬～11月下旬（秋）、かたくしまっていたら収穫

1 結球し、頂部を手で軽く押さえてみて、かたくしまっていたら収穫する。

2 外葉を数枚残して、株を倒してから株元に包丁を入れて収穫する。

レタスの名前の由来

レタス類は「萵苣（ちしゃ）」と呼ばれる。株の切り口などからは、白い液がにじみ出るため、古くは「乳草（ちちくさ）」といい、それが「ちしゃ（萵苣）」になったともいわれる。

薬味として重宝する上品な香りの野菜

ワケギ

ユリ科　難易度　やさしい

栽培のポイント

- あまり手間のかからない野菜なので難易度は低い。
- ネギにくらべて暑さや寒さに弱く、関東より西の温暖地が栽培に適している。
- 地ぎわを残して切り取って収穫すると再び生育し、3～4回収穫できる。
- 再生を促すために、収穫後には追肥する。

栽培カレンダー

作業＼月	1	2	3	4	5	6	7	8	9	10	11	12
植えつけ							■	■	■			
追肥									■	■	■	
収穫	植えつけの翌年		■	■	地ぎわを残せば3～4回収穫可能					■	■	■

1 植えつけ

7月下旬～9月下旬、種球《たねきゅう》を15cm間隔で植えつける

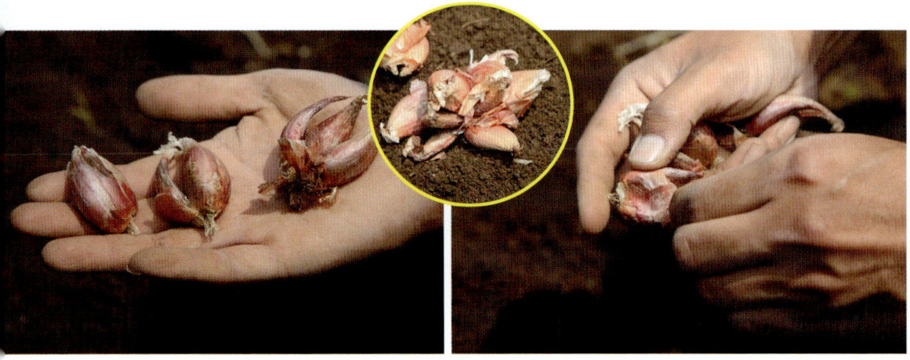

1 種球を2～3球ずつにわけ、外側の枯れた皮を取り除く。

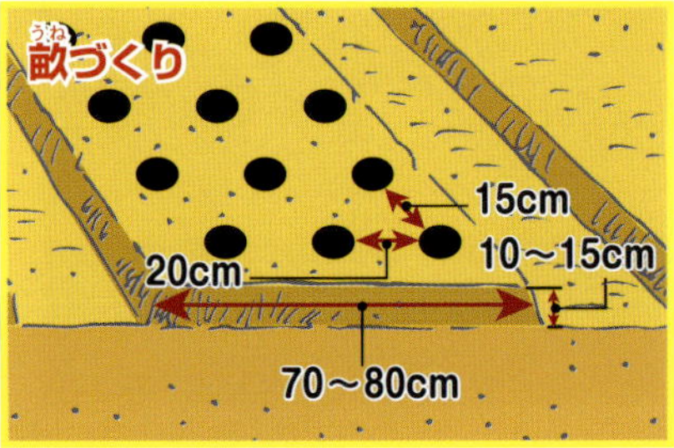

[植えつけ2週間前]
苦土石灰《くどせっかい》100g/m²をまいてよく耕す。

[植えつけ1週間前]
堆肥《たいひ》2kg/m²、化成肥料100g/m²を畑の全面にまいてよく耕し、畝をつくる。

2 種球の葉先を上にして指先で持ち、土に差し込むようにして15cm間隔で植えつけていく。このとき、葉先がわずかに地上に出るくらいの深さに植える。

3 土を寄せて軽く押さえ、たっぷりと水やりをする。植えつけが深すぎても浅すぎてもその後の生育に影響が出るため、適正な深さに植えつけることが大切。

② 追肥　9月中旬～ 11 月上旬、草丈 15cm で追肥する

① 草丈が15cm ほどに伸びたら、$1m^2$あたり軽く一握り（20g）の化成肥料を、株の周囲に輪を描くようにまく。

② 指先で土を耕すようにしながら肥料をよくまぜ、株元に土を寄せて軽く押さえる。

③ 収穫　10 月上旬～ 12 月上旬、翌年 3 月中旬～ 5 月上旬、株元から切り取り収穫する

① 草丈が 20cm ほどの高さに育ったら収穫する。

② 株ごと抜き取って収穫してもよいが、ハサミなどを使って株元を３～4cm ほど残して切り取って収穫すると、切り取ったあとから新芽が伸び出て、再び収穫できるようになる。

種球を掘り上げて株をわける

翌年の５月中旬、葉が枯れたら
掘り上げる

① 株を増やしたい場合は掘り上げて別の畑に植えつける。植えつけた翌年の５月中旬、葉が枯れたら掘り上げる。

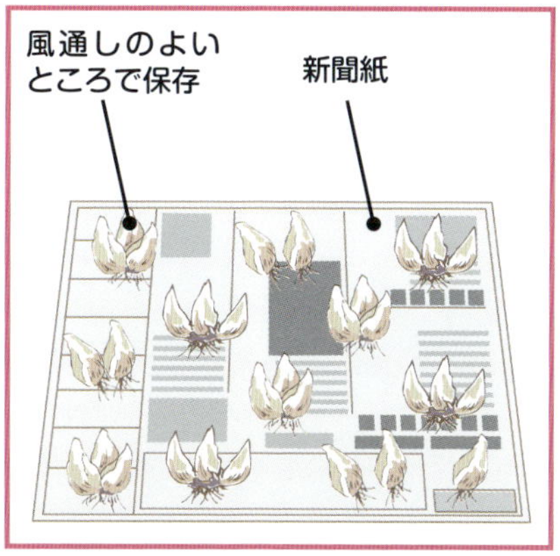
風通しのよい
ところで保存
新聞紙

② 枯れた葉を取り、新聞紙などの上に種球を置いて、日のあまりあたらない風通しのよいところで、７月ごろまで保存する。

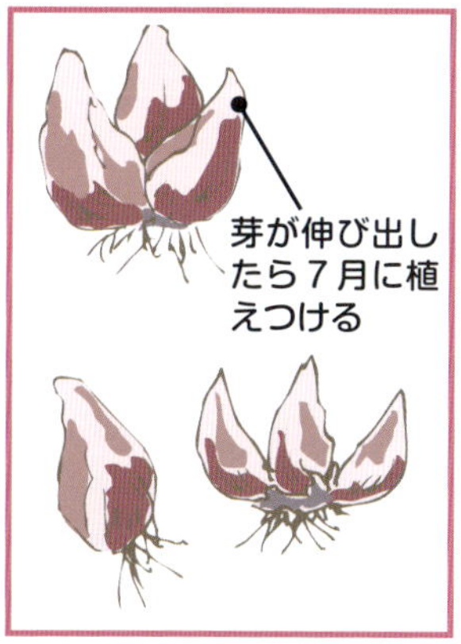
芽が伸び出し
たら７月に植
えつける

③ ７月ごろ、芽が伸び出したら薄皮を取り去り、前年と同様に畑に植えつけ、栽培する。

わき芽が鈴なりに結球するキャベツの変種

メキャベツ

アブラナ科　難易度 ふつう

栽培のポイント

- 栽培期間がやや長いため、難易度はふつう。肥料が切れないようにしっかりと追肥する。
- 茎の太さ4～5cm以上、葉の数が40枚以上にならないとよい球をつけない。

栽培カレンダー

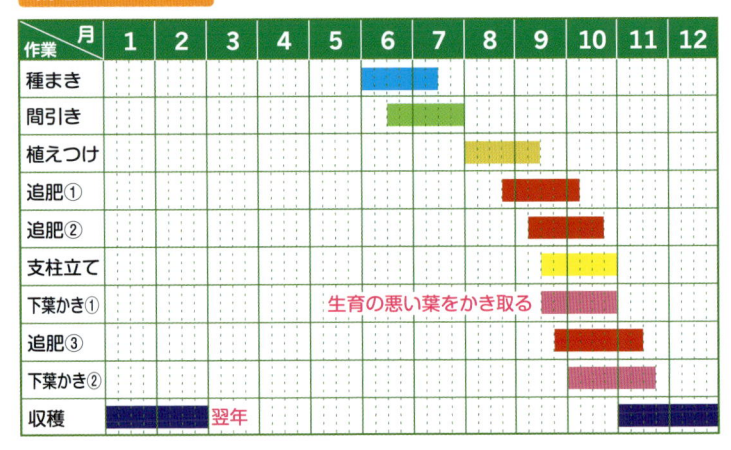

作業＼月	1	2	3	4	5	6	7	8	9	10	11	12
種まき												
間引き												
植えつけ												
追肥①												
追肥②												
支柱立て												
下葉かき①					生育の悪い葉をかき取る							
追肥③												
下葉かき②												
収穫			翌年									

1 種まき

6月上旬～7月中旬、ポットに種をまいて育苗する

1 3号ポットの縁まで培養土《ばいようど》を入れる。指先で2～3カ所窪みをつけ、種がこぼれないように注意しながら、それぞれの窪みに一粒ずつ種をまく。

2 指先で土をならして窪みを埋め、種に土をかぶせ、軽く押さえる。

3 種まき後、ジョウロでたっぷりと水やりをして、種と土をなじませる。

2 間引き

6月中旬～7月下旬、本葉が2枚出たら間引く

1 本葉が2枚出たら、生育の悪いもの、葉や茎が傷んでいるものなどを間引き、1ポットに1株とする。

2 間引く株を引き抜くときは、残す株が抜けてしまわないように、株元を押さえる。

3 植えつけ

8月上旬～9月中旬、株間 40cm で植えつける

❶ ポットで育苗し、本葉が5～6枚になったら畑に植えつける。

❷ ポットから根鉢を崩さないように静かに抜き取り、根鉢の大きさに掘った穴に植えつける。

❸ 土を寄せ、株元を軽く押さえて、土と根を密着させる。

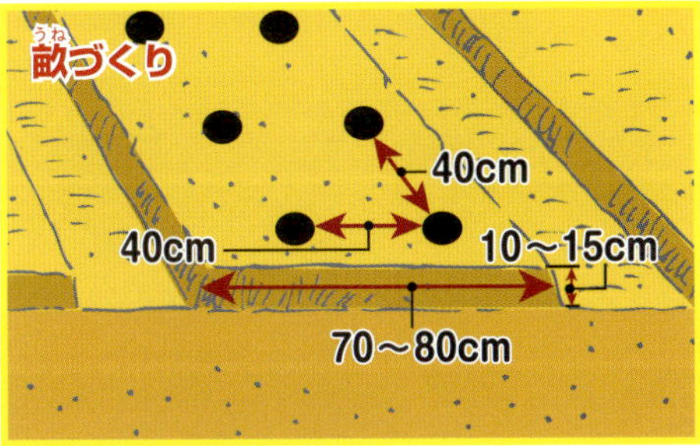

[植えつけ 2 週間前]
苦土石灰《くどせっかい》 100g/m²をまいてよく耕す。

[植えつけ 1 週間前]
堆肥《たいひ》 2kg/m²、化成肥料 100g/m²を畑の全面にまいてよく耕し、畝をつくる。

ポイント 寒冷紗《かんれいしゃ》で害虫・暑さ対策

❹ 株が小さいうちは寒冷紗のトンネルで覆い、害虫・暑さ対策とする。

4 追肥①

8月下旬～ 10 月上旬、株の周囲、葉の広がりの下に追肥する

❶ 植えつけから3週間たったころ、一株につき 10g の化成肥料を、株の周囲、葉の広がりの下にまく。

❷ 指先で土の表面を耕すようにしながら肥料をよく混ぜたあと、株元に土を寄せて軽く押さえる。

5 追肥②

9月上旬～ 10 月下旬、畝の肩に追肥する

❶ 1回目の追肥から2週間ほどたったころ、クワで畝の両脇に溝を掘り、2回目の追肥をする。

❷ 1m²あたり一握り（20 ～ 30g）の化成肥料を溝に施し、土寄せをしながら肥料に土をかぶせる。

6 支柱立て

9月中旬～10月下旬、
株が倒れないように
支柱を立てる

1 草丈が高くなったら支柱を立てて倒れるのを防ぐ。株のわきの土に支柱を深く立てる。

2 麻ひもなどを使い、茎を傷めないように支柱に縛りつける。

7 下葉かき①

9月中旬～ 10月下旬、下葉かきをする

下のほうにある変色した葉や老化した葉を4～5枚ほどかき取り、わき芽の結球《けっきゅう》を促す。

8 追肥③

9月下旬～11月中旬、
2回目の追肥の3週間後

1 2回目の追肥から3週間ほど立ったら、3回目の追肥をする。クワで畝の両脇に溝を掘る。

2 1 m^2あたり一握り（20～30g）の化成肥料を溝に均等にまく。

3 溝に土をかぶせ、同時に株元に土寄せをする。

9 下葉かき②

10月上旬～11月下旬、
結球に合わせて下葉をかく

下から結球が進むので、結球に合わせて下のほうの葉から順番に摘み取っていく。上部の葉は10枚ほど最後まで残す。同時に、育ちの悪い下のほうのわき芽は早めにかき取る。

10 収穫

11月上旬～翌年2月下旬、
下部の結球から順番に収穫

1 結球の大きさが直径2～3cm、重さが10gほどになったら収穫適期。

2 下のほうから順番に、もぎ取るようにして収穫する。

若どりはエシャロットとして、甘酢漬けで味わう

ラッキョウ

ユリ科

難易度 ふつう

栽培のポイント

- 栽培期間は長いが育てやすいので、難易度はふつう。栽培場所や畑の利用計画をしっかりと立てる。
- 土壌への適応性が高く、幅広い土質で育てられる。
- 大きくしたいなら毎年新しい種球《たねきゅう》を使う。
- 若どりするとエシャロットとして収穫できる。

栽培カレンダー

作業＼月	1	2	3	4	5	6	7	8	9	10	11	12
植えつけ		大きくする場合は新しい種球を使う						■	■			
追肥①									■	■	■	■
追肥②			■ 翌年									
収穫						■	■ 翌年					

1 植えつけ

8月下旬〜9月中旬、株間15cmになるように植えつける

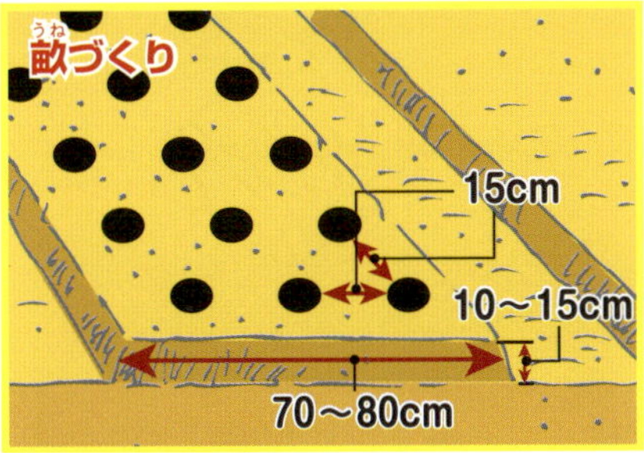

[植えつけ 2 週間前]

苦土石灰《くどせっかい》 100g/m²をまいてよく耕す。

[植えつけ 1 週間前]

堆肥《たいひ》 2kg/m²、化成肥料 100g/m²を畑の全面にまいてよく耕し、畝をつくる。

芽が上になるように、1球ずつ芽を上向きに立てて土に挿すようにして、15cm間隔で植えつけていく。小さい球を数多く収穫したい場合は、1カ所に3球ずつ植えつける。

2 追肥①

9月下旬〜12月中旬、1カ月に1回の割合で追肥

① 植えつけ後1カ月たったら、1m²あたり一握り（20〜30g）の化成肥料を列の間に施す。1回目以降、12月中旬までの間、1カ月に1回の割合で追肥をする。

② 土の表面をほぐすようにしながら肥料を土とよく混ぜ、株元に土寄せをする。土寄せをしないとよい球ができない。

3 追肥②

3月上旬〜3月中旬、植えつけた翌年に最後の追肥をする

植えつけの翌年の春先に最後の追肥を行う。1m²あたり一握りの化成肥料を列の間に施す。

4 収穫

翌年の6月中旬〜7月上旬、地上部が枯れてきたら、天気のよい日に収穫

① 株のわきからスコップを入れて持ち上げるようにして、土をやわらかくする。若どりは翌年3月下旬〜4月中旬に収穫する。

② 地上部をまとめて持って、引き抜くようにして収穫する。

生ゴミ堆肥《たいひ》づくり

究極のリサイクル ―生ゴミ堆肥

　畑や庭のすみにちょっとしたスペースがあったら、堆肥づくりに挑戦してみましょう。家庭で堆肥をつくる場合は、生ゴミを利用するのがもっとも手軽です。

　自家製堆肥づくりで重要なことは、材料を完熟させるということです。とくに生ゴミを材料に使った場合は完全に熟していない場合も多く、そのような未熟な堆肥を施すと、作物にさまざまな障害を発生させてしまい、また臭いも強く、ハエや害虫の発生源となることもあります。

　生ゴミでつくった堆肥は窒素《ちっそ》分が多く、野菜づくりの元肥《もとごえ》としてとてもよい肥料になります。

　気温などの条件にもよりますが、１～２カ月ほどして生ゴミがもとの形を止めず黒っぽく変色して、腐敗臭がなくなっていれば完熟堆肥のできあがりです。

●畑や庭でつくる

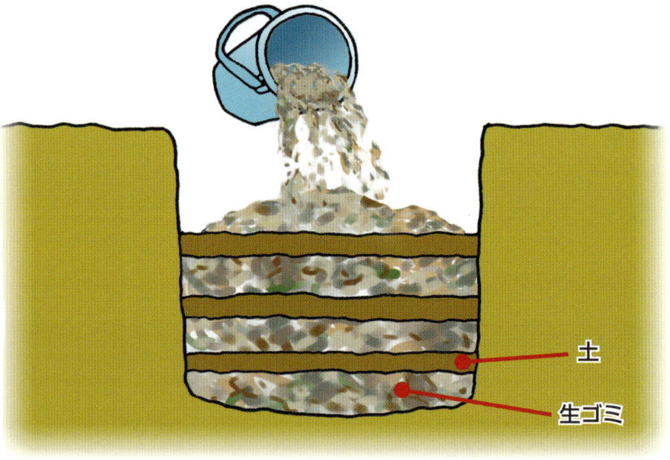

コンポスターなどの容器を使わず堆肥をつくることができます。直径40cm、深さ 30 ～ 40cm ほどの穴を掘り、家庭で出る生ゴミと土を交互に重ね、最後に土をかぶせて、腐熟させます。

●コンポスターでつくる

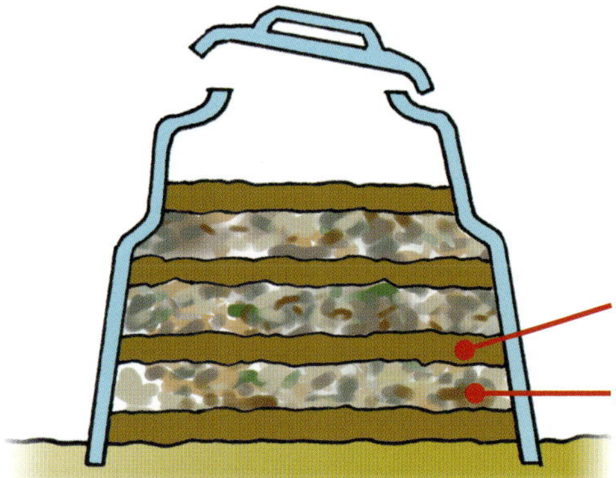

堆肥をつくる市販の専用容器をコンポスターといいます。コンポスターは水はけがよく、日のよくあたる場所に設置します。まず 5cm ほどの厚さに土を入れ、その後、毎日出る生ゴミを入れ、生ゴミを入れたら同じ量の土をかぶせ、しっかりとふたをしておきます。コンポスターがいっぱいになったらふたをしたまま 1 ～ 2 カ月ほどおき、腐熟《ふじゅく》させます。

生ゴミを入れたコンポスター。ふたをして 1 ～ 2 カ月すると、ゴミは形をなくし、完熟した堆肥ができる。

●バケツでつくる

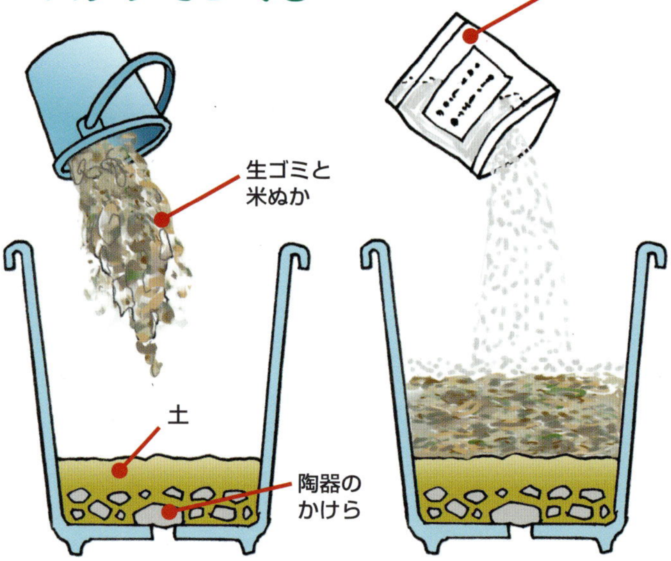

バケツを利用してつくることもできます。30ℓ と 10ℓ のふたつきのポリバケツを用意します。30ℓ のポリバケツは底に穴を開け、小石や陶器のかけらを入れ、土を 5cm ほどの厚さに入れておきます。毎日出る生ゴミはよく水を切り、10ℓ のポリバケツに米ぬかとともに入れていきます。10ℓ のバケツがいっぱいになったら、30ℓ のポリバケツに移し、上に同じ量の土をかぶせます。このとき発酵を促進させるために微生物資材を加えてもよいでしょう。30ℓ のポリバケツにある程度の生ゴミと土がたまったら、ふたをしたまま 1～ 2 カ月ほどおき、腐熟させます。

もぎたてがおいしい
実もの野菜

2章
果菜類の育て方

ぜんざいなどの甘味でおなじみ

アズキ

マメ科　難易度 ふつう

栽培のポイント

- 栽培期間がやや長いので難易度はふつう。
- 早い時期に種をまくと株だけ大きくなり実がつかないこともあるので注意する。
- 種まき後、葉が展開するまでは鳥害《ちょうがい》を防ぐ工夫が必要。
- 花が咲く時期に乾燥が続くと、空のさやが多くなるので乾燥時には水まきが必要。
- 7割ほどのさやが茶色くなったら収穫する。

栽培カレンダー

作業＼月	1	2	3	4	5	6	7	8	9	10	11	12
種まき			種まきの時期を守る				■					
追肥								■	■			
収穫										■	■	
収穫後										■	■	

1 種まき

7月上旬〜7月下旬、株間30cmに種をまく

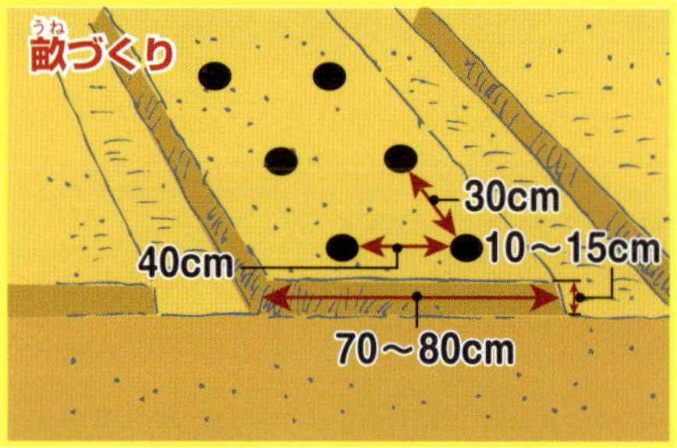

[種まき2週間前]
苦土石灰《くどせっかい》 100g/m²をまいてよく耕す。

[種まき1週間前]
堆肥《たいひ》 2kg/m²、化成肥料 100g/m²を畑の全面にまいてよく耕し、畝をつくる。

1. 深さ1cmほどの窪みをつけ、種が重ならないように3粒まく。種は早くまきすぎると実つきが悪くなるので種まき時期を守る。

2. 種をまいたら土をかぶせ、手のひらで軽く押さえる。

3. 土をかぶせたら種と土が密着するようにジョウロでたっぷりと水やりをする。

Point ポイント

鳥害・害虫対策に寒冷紗《かんれいしゃ》のトンネル

4. 種まき後は、鳥と害虫から守るために1m間隔にトンネル用の支柱を立て、寒冷紗のトンネルで覆う。雨が降らずに乾燥するようなら水やりをする。

2 追肥 8月下旬～9月下旬、1回追肥する

1 株の状態を見ながら一株あたり10gの化成肥料を株のまわりに施す。

2 除草も兼ねて土の表面をほぐしながら肥料とよく混ぜ、株が倒れないように株元に土を寄せる。

3 収穫 10月中旬～11月中旬、7割ほどのさやが茶色くなったら収穫

1 株全体の7割ほどのさやが茶色くなったら収穫する。さやは花が咲いた順に熟すので全て茶色くなると、はじけてしまうものがある。

2 株元をしっかり持って株ごと引き抜いて収穫する。収穫後は風通しのよい場所に置いて乾燥させる。

4 収穫後 10月下旬～11月下旬、さやが乾燥したら実を取り出す

1 収穫から1～2週間たってよく乾燥したら、さやをひとつずつ取ってビニールシートの上にのせる。

2 ゴムハンマーや木の棒などでさやをたたいてほぐし、実を取り出す。

Point ポイント 傷んだマメを取り除く

3 取り出した実をふるいにのせて、ゴミや虫食いのあるマメを取り除く。細かいゴミは息を吹きかけて飛ばす。

香りのよさやおいしさだけでなく、ビタミンＣもたっぷり

イチゴ

バラ科　難易度　むずかしい

栽培のポイント

- 栽培期間が長く、糖度を高めるため難易度は高い。
- 植えつけのとき、クラウン（短縮茎）を埋めてしまうとうまく育たないので、深植えは禁物。
- 親株から切りはなしたランナー（ほふく枝）の跡を、畝の内側に向けて植えると収穫が楽。
- ２月下旬〜３月上旬にマルチを張って地温を上げ、生育を促進する。

栽培カレンダー

作業＼月	1	2	3	4	5	6	7	8	9	10	11	12
植えつけ						ランナーを畝の内側にする				■	■	
追肥		翌年 ■	■	■								
マルチング		翌年 ■	■									
人工受粉			翌年 ■	■	■							
収穫				翌年	■	■						

1 植えつけ

10月中旬〜 11月上旬、30cm間隔で植えつける

1 花芽は親株についていたランナー（ほふく枝）の跡の反対側に出るため、ランナーの跡を畝の内側に向けて植えつければ、花が畝の外に向かって咲き、収穫が楽になる。

2 ランナーの跡を畝の内側に向け、葉のつけ根が埋まってしまわないように植える。株元を軽く押さえて水やりをする。

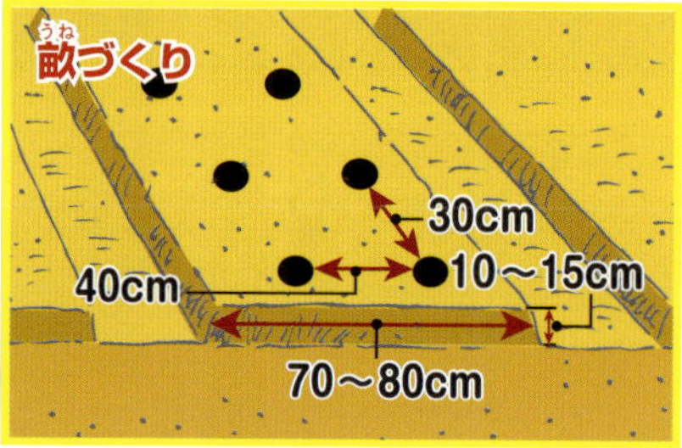

［植えつけ２週間前］

苦土石灰《くどせっかい》 100g/m²をまいてよく耕す。

［植えつけ１週間前］

堆肥《たいひ》2kg/m²、化成肥料 100g/m²を畑の全面にまいてよく耕し、畝をつくる。

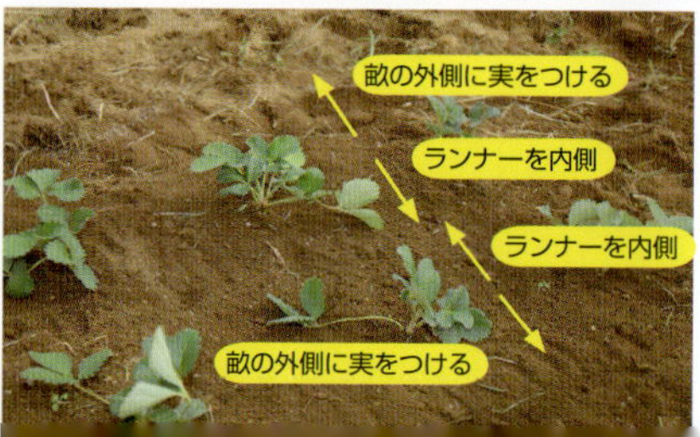

2 追肥

翌年２月下旬〜３月上旬、３月下旬〜４月上旬の２回、列の間に追肥する

1 1m²あたり一握り（20〜30g）の化成肥料を、列の間に追肥する。

2 土の表面をほぐすようにしながら肥料と土を混ぜ、株元に土寄せする。このとき、クラウンを土に埋めてしまわないように注意する。マルチを張り終えてからの追肥は、マルチの穴に指先を入れて、一株につき２〜５gの化成肥料を施す。

3 マルチング

翌年2月下旬～3月上旬、地温を上げるためにマルチを張る

1 イチゴを植えつけてある畝全体にマルチを張り、畝の前後をしっかりと土で押さえる。畝の肩の部分はそのままにしておく。

2 株のある部分のマルチをつまみ上げ、指先で破いて株が出るくらいの大きさの穴を開ける。マルチの下に手を入れてマルチを持ち上げ、開けた穴から株を出す。

3 すべての株をマルチに開けた穴から出したら、マルチを足で押さえながら畝の肩にも土を寄せて固定する。

4 人工受粉

翌年3月下旬～5月上旬、筆の穂先で人工的に受粉させる

1 花の中心を筆の穂先でなでるようにして、花粉を均一に雌しべにつけ受粉させる。花粉が雌しべに均一につくことで、形のよい実ができる。

5 収穫

翌年5月上旬～6月上旬、完熟して赤くなったものから収穫する

1 大きく育ち、赤く完熟したものから順次収穫する。

2 イチゴの実をやさしく持ち、果柄をはずすようにして収穫する。

子株を育てて苗をつくる

1 実を取り終わった病気のない株を親株とする。親株から近い子株１は親株の病害虫を受け継いでいる場合があるので避け、子株２～３を苗とする。

2 ランナーを切って子株を取る。親株側のランナーを 2cm ほど残してハサミで切り取り、子株側のランナーは短く切って子株を取り上げる。

3 植えつけと同じ量の肥料を施した畝に、株間 10 ～ 15cm に苗を植えつける。夏はたっぷりと水やりをし、寒冷紗のトンネルで覆う。

栄養豊富で、ゆでたてを味わいたい

エダマメ

マメ科　難易度　ふつう

栽培のポイント

- 収穫までの期間がやや長いので難易度はふつう。
- 種まき後、葉が展開するまでは鳥害《ちょうがい》を防ぐ工夫が必要。
- 夏に乾燥が続くと、空のさやが多くなるので乾燥時には水まきが必要。
- 開花時にカメムシの被害が多発するので注意する。
- 生育開花には 20 ～ 30℃が適している。
- 昼夜の温度差がある環境がよいマメをつくり、収穫も多くなる。

栽培カレンダー

作業＼月	1	2	3	4	5	6	7	8	9	10	11	12
種まき					■	種まき後は鳥害を防ぐ						
追肥					■	■	■					
収穫								■				

1 種まき

5 月上旬～ 5 月下旬、マルチングをした畝に種まき

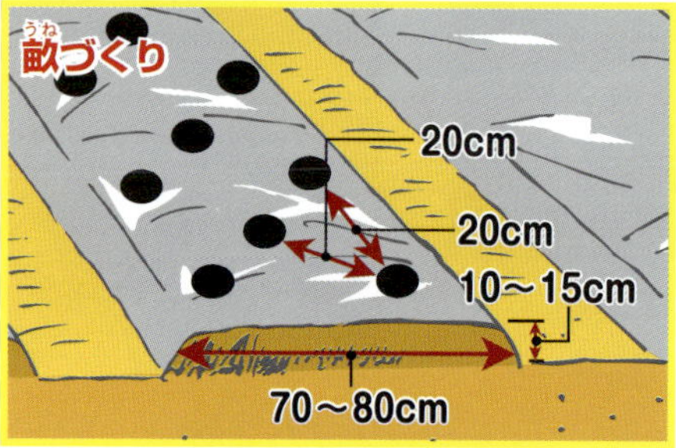

[種まき 2 週間前]
苦土石灰《く ど せっかい》を 100g/m² まいてよく耕す。

[種まき 1 週間前]
堆肥《たい ひ》 2kg/m²、化成肥料 100g/m²を畑の全面にまいてよく耕し、畝をつくる。

1 畝に張ったマルチに、カッターを使って 20cm 間隔で穴を開ける。

▼

2 マルチに開けた穴に、2 ～ 3 粒ずつ種をまいていく。

3 マルチの穴に指先を入れるようにして、種に 1cm ほど覆土をし、軽く押さえておく。

ポイント　種まき後は鳥から種を守る

4 種まき後は本葉が出るまで、寒冷紗《かんれいしゃ》や 500mℓ のペットボトルを半分に切ったものをかぶせて鳥から種を守る。

② 追肥

5月下旬～7月下旬、畝の肩に1回追肥する

① 白い小さな花が咲き始めたら追肥をする。

② マルチを畝の肩までたくし上げ、畝の脇に、1m^{2}あたり一握り（20～30g）の化成肥料を施す。

③ 土を寄せるようにしながら肥料を土にまぜ、マルチを戻して土を寄せ、マルチを押さえる。

④ 株間に肥料を施す場合は、棒などを使ってマルチに穴を開け、1カ所につき3～5gの化成肥料を穴に入れて、土をかぶせる。

③ 収穫

7月下旬～8月下旬、株ごと引き抜いて収穫する

① 実が十分に膨らみ、さやを押さえると実がはじけて飛び出すくらいになったら収穫の適期。

② 株元近くを持ち、引き抜くようにして株ごと収穫する。

エダマメにつく害虫

多くのコガネムシの仲間が畑の外から飛んできては葉を食い荒らす。成葉を食い荒らすため、見た目の被害ほど、収量には影響しない。写真はマメコガネ。

多くのカメムシの仲間が被害を与える。花の時期が終わる頃、できはじめたさやについて実の汁を吸い、実が太らなくなる。見つけ次第すぐ処分する。写真はアオクサカメムシ。

ナスと一緒に植えて生長を助ける

エダマメとナスを一緒に植えると、根の張り方のちがいによってお互いによく育つ。ただしエダマメは強い日ざしを好むため、ナスの日陰にならないように注意が必要。

花も美しい栄養豊富な健康野菜

オクラ

アオイ科　難易度　やさしい

栽培のポイント

- 耐寒性は低いが、丈夫で土壌の乾燥や多湿にも強いので栽培は容易。
- 高温と強い日ざしを好み、暑い夏を通してよく育つ。
- さやは長さ6～7cmで収穫する。大きくなりすぎると、かたくなって著しく味が落ちる。
- 収穫したら、その節から下の葉をかき取る。

栽培カレンダー

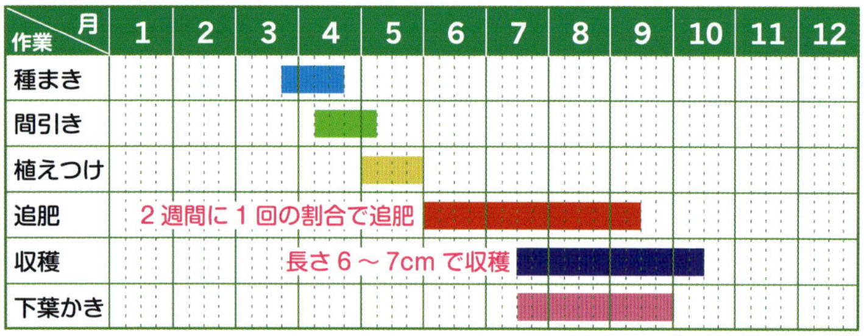

1 種まき

3月下旬～4月下旬、ポットに種をまいて育苗する

1 3号ポットの縁まで培養土《ばいようど》を入れ、指先で1cmほどの窪みをつける。

2 土の窪みに種を3粒ずつまく。ほかのポットも同様にまいていく。

3 周囲の土を軽く寄せるようにしながら薄く覆土し、軽く押さえ、たっぷりと水やりをする。

2 間引き

4月上旬～5月上旬、本葉が1～2枚出たら、2本仕立てにする

1 発芽して3本の苗が育ったもの。本葉が1～2枚出たら間引きをして2本仕立てにする。

2 生育の悪いもの、葉や茎に傷があるものなどを選んでハサミで切り取る。

3 植えつけ 5月上旬～5月下旬、本葉が4～5枚出たら植えつける

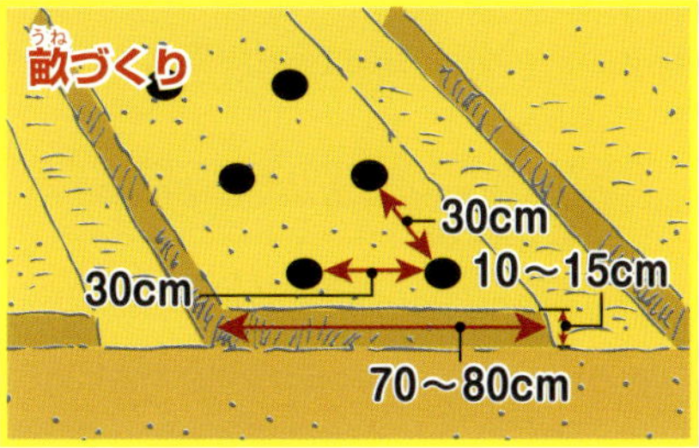

[植えつけ 2 週間前]
苦土石灰《くどせっかい》 100g/m²をまいてよく耕す。

[植えつけ 1 週間前]
堆肥《たいひ》 2kg/m²、化成肥料 100g/m²を畑の全面にまいてよく耕し、畝をつくる。

1 本葉が4～5枚出たら植えつける。ポットから根を傷めないように取り出し、根鉢と同じ大きさの穴を掘り、植えつける。

2 土を株元に寄せ、土と根が密着するように軽く押さえる。

3 植えつけ後、たっぷりと水やりをし、土と根を密着させる。

4 追肥 6月上旬～9月中旬、2週間に1回の割合で追肥する

1 植えつけ後20日ほどたったころから9月中旬までの間、2週間に1回の割合で追肥する。畝の脇にクワで溝を掘る。

2 溝に、1m²あたり一握り(20～30g)の化成肥料を均一に施す。土寄せをしながら肥料に土をかぶせる。

5 収穫

7月中旬～10月中旬、長さ6～7cmで収穫する

1 開花後1週間～10日くらい、長さ6～7cmほどの実がもっともおいしく、収穫の適期。

2 果柄《かへい》がかたいので、ハサミで切り取り収穫する。

Point ポイント 大きくなりすぎると味が落ちる

3 実の長さが6～7cmを超えて大きくなりすぎると、実はかたくなり味が落ちる。

6 下葉かき 7月中旬～9月下旬、収穫後下葉をかき取る

1 実を収穫したら、実がついていた節から下の葉を全部かき取る。

2 葉柄の下部を持ち、下に折り曲げるようにするとじょうずにかき取ることができる。

料理にもお菓子にも利用できる、栄養豊富な緑黄色野菜

カボチャ

ウリ科　難易度　やさしい

栽培のポイント

- 低温にも高温にも強く、育てやすいので難易度は低い。
- 土壌病害には比較的強いが、多湿環境で多発する病気には注意が必要。
- 着果を確実にするため、人工受粉を行う。
- つるがおう盛に伸びるので、とくに生育前期の整枝《せいし》・誘引《ゆういん》をていねいに。

栽培カレンダー

作業＼月	1	2	3	4	5	6	7	8	9	10	11	12
種まき				■	■							
間引き				■	■							
植えつけ					■	■						
しきわら					■	■						
追肥①						■	■					
整枝・誘引①		生育前期はていねいに				■						
整枝・誘引②							■					
人工受粉						■	■					
追肥②							■					
トレイをしく							■	■				
収穫								■				

1 種まき

4月上旬～5月上旬、3号ポットに3粒ずつ種をまく

1 ポットの土に指先を使って3つずつ1cmほどの窪みをつける。

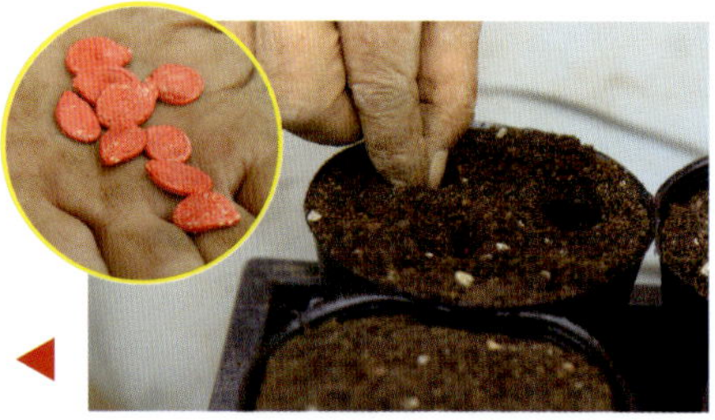

2 それぞれの窪みに一粒ずつ種を入れていく。

3 周囲の土を寄せるようにして1cmほど種に土をかぶせ、種と土を密着させるために軽く押さえる。

4 種まきを終えたら、たっぷりと水やりをする。

2 間引き

4月下旬～5月下旬、本葉が3～4枚になったら1本立ちに

本葉が2～3枚になったら、生育がよく、葉や茎が傷んでいないものを1本残して、他の2本をハサミで切り取り間引きをする。

3 植えつけ

5月中旬～6月中旬、本葉が4～5枚に育ったら60cm間隔で植えつける

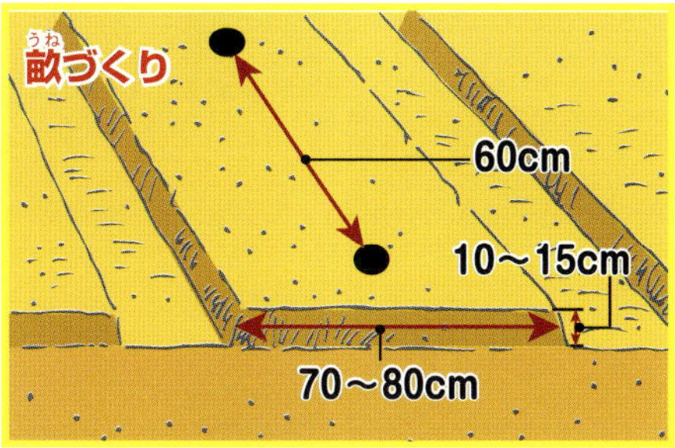

[植えつけ2週間前]
苦土石灰《くどせっかい》 100g/m^2をまいてよく耕す。

[植えつけ1週間前]
堆肥《たいひ》2kg/m^2、化成肥料 100g/m^2を畑の全面にまいてよく耕し、畝をつくる。

1 本葉4～5枚に育った苗。畝の中央に60cm間隔で植えつけていく

2 ポットから抜いたときに、根全体が十分にまわり、根鉢が崩れにくくなった状態が植えつけに最適。根鉢を崩さないように、根鉢の大きさの穴を掘って植えつける。

3 株元に土を寄せるようにして、根が土に密着するように軽く押さえる。

4 しきわら

5月中旬～6月中旬、植えつけがすんだら、株元にしきわらをする

雨のはね返りによる病気の防止や、雑草防止などのために、植えつけがすんだら株元にしきわらをする。

5 追肥①

6月中旬～7月中旬、つるが50～60cmほどの長さになったら追肥

1 畝の脇にクワで溝を掘る。わらの代わりにマルチが張ってある場合は、マルチを持ち上げて畝の肩を出し、溝を掘る。

2 溝に、$1m^2$あたり一握り(20～30g)の化成肥料を均一にまく。

3 土を寄せるようにしながら溝を埋め、肥料に土をかぶせる。マルチの場合は、土で溝を埋めて肥料に土をかぶせてから、マルチを戻す。

6 整枝・誘引《ゆういん》①

6月中旬～6月下旬、子づると親づる1本ずつに

余分な子づるはすべて摘み取る

1 親づるの節、葉と親づるとの間から発生するのが子づる。親づる1本、子づる1本を伸ばす。

▼

2 2本のつるは畝の片側にそれぞれ畝に直角に誘引し、U字の金具で固定する。

7 整枝・誘引《ゆういん》②

7月上旬～7月下旬、余分なつるを切り取る

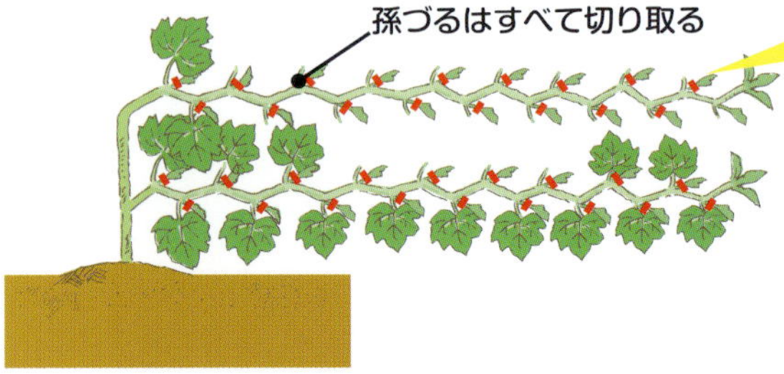

伸ばした親づる、子づるの節から出ているつるをハサミで切り取る。

1 残した子づるの節から出るのが孫づる。孫づるはすべてハサミを使って切り取る。親づるから出る子づるも同様に切り取る。

2 絡み合ったつるをていねいにほどき、畝に直角方向にできるだけまっすぐに誘引して絡み合いを防ぐ。

8 人工受粉

6月中旬～7月中旬、雄花の花粉を雌花に受粉

1 花のつけ根が膨らんでいないのが雄花（写真上）、膨らんでいるのが雌花（写真下）。

2 雄花を切り取り、花びらを取り去って、雄しべをむき出しにする。

3 雌花の雌しべの先に、雄花の雄しべを軽くつけるようにして、花粉をつけ、受粉を行う。

9 追肥②

7月上旬～7月下旬～、実がテニスボールほどになったら2回目の追肥

1 結実した実がテニスボールほどで追肥する。伸びたつるの先端あたりに、畝に沿って$1m^2$あたり一握り（20～30g）の化成肥料を均一にまく。

2 軽く土を耕すようにしながら土を寄せ、肥料と土を混ぜる。つるを畝の外にまっすぐに伸びるように戻す。

10 トレイをしく

7月中旬～8月中旬、大きくなり始めた実の下にトレイを敷く

実がソフトボール大になったら、土壌病害の発生を防ぐために、実の下にトレイを敷く。実に日光がまんべんなくあたり、全体が均一に生育して緑色になるように、ときどき実の向きを変えたり座りをなおしたりする。

11 収穫

8月上旬～8月下旬、開花後40～50日になったころ収穫

Point ポイント **へたが茶色くコルク化したら収穫**

1 開花後40～50日後、実が十分な大きさになり、へたの部分が茶色っぽくコルク化したら収穫の適期。取り遅れると味を損なうので、時期を逃さないように注意する。

2 へたをハサミなどで切って収穫する。収穫したカボチャは室温で長期保存ができる。

省スペースで育てるネット栽培

作業の適期や栽培順はカボチャと同様に行う。ただし、誘引するときにつるをひもで固定する。

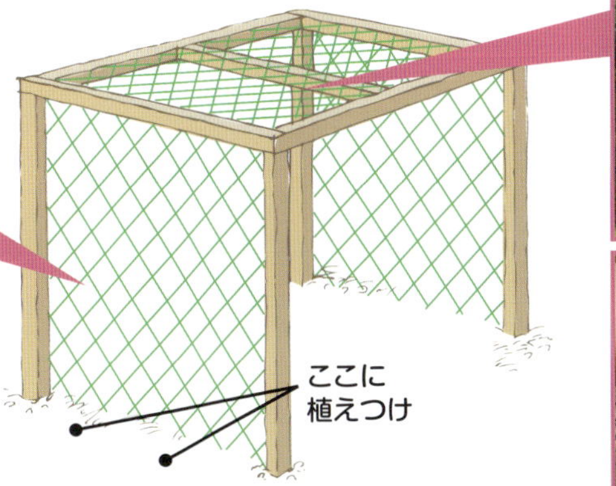

畑にスペースがない場合は棚にネットを張って栽培できる。育てるカボチャは実が小さい品種を選ぶ。木材などを組み合わせて棚をつくり、ネットを張る。

実は棚の天井部につく。地面に実が接しないので病気は発生しにくい。ハサミで切り取り収穫する。

とりたてが格別おいしい家庭菜園定番の野菜

キュウリ

ウリ科　難易度

ふつう

栽培のポイント

- それほどむずかしくはないが、作業が多いので難易度はふつう。
- 種まき・接ぎ木をせず、苗を購入してもよい。
- 葉や茎が折れやすいので、早めに支柱を立てて誘引《ゆういん》する。
- 開花後1週間ほどで収穫適期となるので、とり遅れに注意。

栽培カレンダー

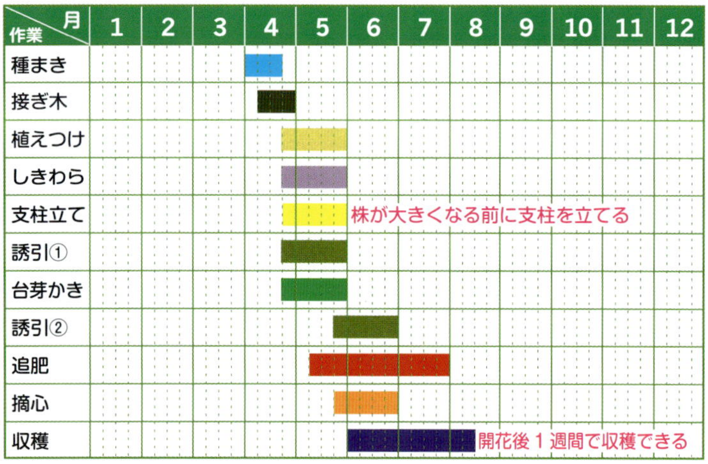

1 種まき

4月上旬〜4月下旬、セルトレイに種をまく

1 培養土《ばいようど》を入れたセルトレイ（育苗用の連結ポット）に、キュウリの種を一粒ずつまいていく。

2 同時に、台木とするカボチャの種も、セルトレイにまいておく。接ぎ木をしない場合は必要ない。

3 両方のセルトレイともに、薄く覆土をして、種と土が密着するように手のひらで軽く押さえ、たっぷりと水まきをする。

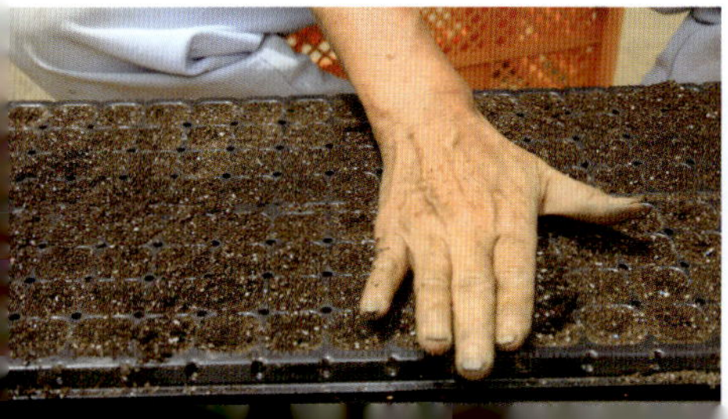

2 接ぎ木

4月上旬〜4月下旬、子葉が展開したら接ぎ木をする

1 種まきから1週間ほどして子葉が展開したキュウリの苗と台木とするカボチャの苗を用意する。

2 キュウリの苗をセルから根を傷めないように抜き取り、芽先から1cmほど下の茎に、斜め上向きにカミソリの刃で切れ込みを入れる。

❸ カボチャの苗をセルから根を傷めないように抜き取り、展開し始めた本葉をかき取る。

❹ 芽先から1cmほど下の茎に、斜め下向きにカミソリの刃で切れ込みを入れる。

❺ キュウリ、カボチャ両方の苗を持ち、それぞれの切り口を組み合わせるように差し入れて密着させ、ピンチとよばれるクリップで押さえる。

❻ 3号ポットに培養土を入れて用意し、接ぎ木した苗を両方の根を残したまま植えつけ、やさしく水やりをして育苗する。

❼ 10日後、キュウリの本葉が展開を始め、苗が丈夫に育つようになったら、接ぎ木部分より下でキュウリの根の側の茎を切り、クリップはそのままにしておく。

③ 植えつけ

4月下旬〜5月下旬、本葉が3〜4枚になったら植えつける

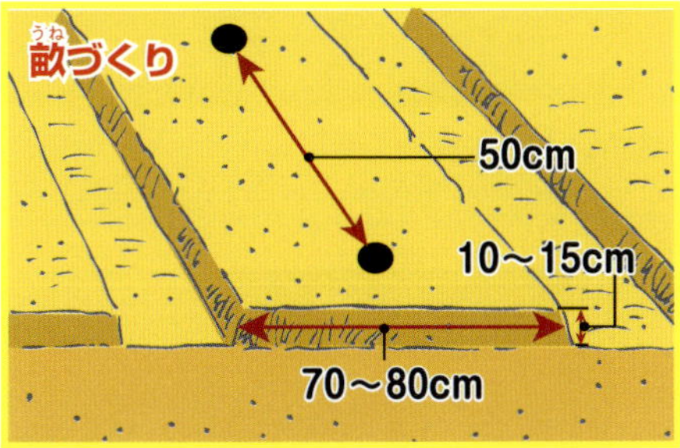

[植えつけ2週間前]

苦《く》土《ど》石《せっ》灰《かい》100g/m²をまいてよく耕す。

[植えつけ1週間前]

堆肥《たいひ》2kg/m²、化成肥料100g/m²を畑の全面にまいてよく耕し、畝をつくる。

❶ ポットから根を傷めないように取り出し、根鉢の大きさの穴を掘って植えつける。このとき、継いだ部分が土に埋まらないようにする。

❷ 苗を植え終えたら、株元を軽く押さえる。はね返りで葉が汚れないように注意しながら、しずかに株元にたっぷりと水やりをする。

④ しきわら

4月下旬〜5月下旬、植えつけ時にわらをしく

水やりや降雨の際に水や土が跳ね返らないように株元にわらをしく。土壌病害を防ぐとともに乾燥防止にもなる。

5 支柱立て

4月下旬～5月下旬、株が大きくなる前に支柱を立てる

1 長さ2mほどの支柱を、畝《うね》の両側、苗より10cmほど外側に斜めに立て、顔の高さくらいで2本を交叉させてしっかりと縛る。交叉させた部分に、横に支柱を渡してしっかりと固定する。側面には斜めに筋交いをする。

2 つるが巻き付きやすいように、2～3カ所ほど横にひもを渡しておく。

6 誘引《ゆういん》①

4月下旬～5月下旬、支柱を立てたら誘引

植えつけた苗が倒れたり、風で茎や葉が折れてしまわないように、支柱にからめ、ひもで固定する。このとき、茎を傷めないようにゆとりを持たせて8の字結びにする。

7 台芽《だいめ》かき

4月下旬～5月下旬、台木から台芽が発生していたらかき取る

1 接ぎ木部分につけておいたクリップを取り外す。

2 台木の子葉間から発生するのが台芽。カボチャの芽で、生育させてしまうと接ぎ木したキュウリの生育が悪くなるので、発生していたらかき取る。

8 誘引②

5月下旬～6月下旬、生育したつるを誘引し、上へ伸ばす

つるは勢いよく生育して伸びるので、下や横に伸び出さないように、早めに上に誘引して支柱にひもで固定する。

9 追肥

5月上旬～7月下旬、植えつけ2週間後から追肥

1 畝の肩からやや離れた場所に浅く溝を掘る。あまり畝《うね》に近い部分を掘り起こすと伸び出た根を傷めるので、やや離れた場所を掘る。

2 $1m^2$あたり一握り(20～30g)の化成肥料を溝に均一に施す。反対側も同様にして肥料を施す。

3 外側の土をかぶせるようにしながら溝を埋め、肥料に土をかける。同時に畝に向かって土寄せをする。その後2週間に1回追肥をする。

10 摘心《てきしん》 5月下旬～6月下旬、子づるを摘心する

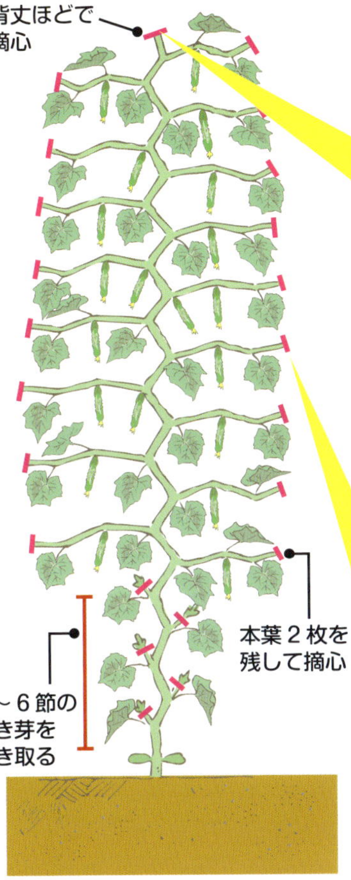

親づるは下から5～6節のわき芽をかき取る。それ以上から出た子づる、孫づるは葉を2枚残して摘み取る。

❶ 親づるは、生育して丈が高くなり背丈を超えるようになると作業がしにくいので、背丈ほどに伸びたら摘心するとよい。親づるの先を持って摘み取る。

❷ 子づるを伸ばしすぎると葉が茂って風通しが悪くなり、病気の発生がふえるので、葉を2枚残して摘む。孫づるがある場合は同様に2節残して摘む。

11 収穫 6月上旬～8月中旬、長さ20cmほどになったら収穫

長さが20cm、太さが3cmほどになったら収穫の適期。へたをハサミで切って収穫する。収穫後、果柄（へたの先の部分）をできるだけ実に残さないようにハサミで切りとる。

Point ポイント 曲がったキュウリもOK

曲がったり形の悪いキュウリは、水分や肥料分が足りなくなっている証拠。味については問題ないが、気になるようなら、全ての実を取り除いてから水やりと肥料を施す。

クリップを使わない接ぎ木の方法

❶ 接ぎ木苗が余るようなら、シンプルな接ぎ木にチャレンジ。台木の中心に約2mmほど竹串で穴を開ける。キュウリの苗を切り取り、茎が細く尖るように斜めに切る。

❷ 台木にキュウリの苗を差し込む。台木の中心に穴を開ける際は、竹串が茎の横から突き抜けたりしないよう、茎に対してまっすぐ挿すようにするのがコツ。

❸ 3号ポットに苗を植えつけ、やさしく水やりをする。クリップを使わないので使う道具はシンプルだが、難易度は高め。株が安定するまで育苗する。

収穫後に手間はかかるが、ぜひ育ててみたい

ゴマ

ゴマ科　難易度　ふつう

栽培のポイント

- 栽培はそれほどむずかしくないが、栽培期間がやや長いので難易度はふつう。
- 発芽適温が 20℃以上なので、気温が十分高くなってから種まきをする。
- 日光が十分あたり、水はけのよい場所を好む。
- 肥料、とくに窒素分が多いと倒れやすくなるので、多肥にならないように注意する。

栽培カレンダー

作業＼月	1	2	3	4	5	6	7	8	9	10	11	12
種まき				■	■ 気温が高くなったら							
除草・中耕					■							
間引き①					■	■						
間引き②					■	■						
追肥					■	■ 肥料は少なめにする						
収穫									■	■		
収穫後										■		

1 種まき

4月下旬～5月中旬、暖かくなってきたら種まき

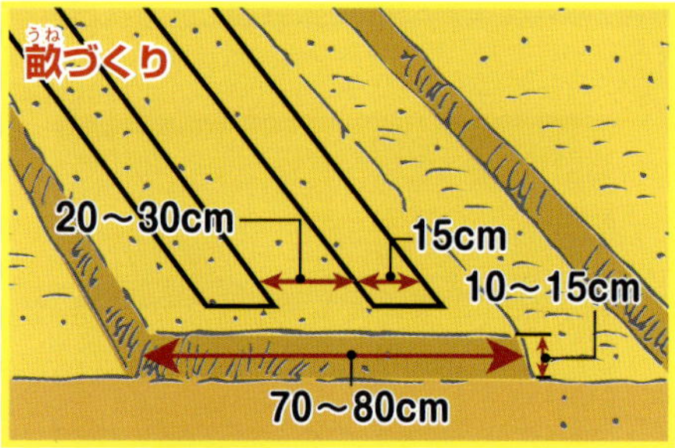

[種まき 2 週間前]

苦土石灰《くどせっかい》 100g/m²をまいてよく耕す。

[種まき 1 週間前]

堆肥《たいひ》2kg/m²、化成肥料 100g/m²を畑の全面にまいてよく耕し、畝をつくる。

1 クワの背を使い、畝に幅 15cm、深さ 0.5cm ほどの浅い溝を 2 列つくる。

2 溝の中に、できるだけ均一に、まんべんなく種をばらまいていく。

3 薄く土をかぶせ、軽く手で押さえて土と種を密着させる。種まき後はたっぷりと水やりをする。

2 除草・中耕《ちゅうこう》

5月上旬～5月下旬、雑草を取り除いて中耕する

種まきから 1 ～ 2 週間後に発芽し始め、同時に雑草も生え出す。指先で土の表面をほぐすようにしながら土を軽く耕し、同時に雑草を抜き取る。除草中耕はこまめに行う。

3 間引き①

5月中旬～6月上旬、草丈が5～6cmのとき間引く

① 草丈が5～6cmになったころ間引きで、株間を10cmほどにする。残す株が抜けないように株元を押さえて間引く。

② 間引きと同時に雑草を抜き取り、土の表面を指先でほぐすようにしながら土を軽く耕す。

4 間引き②

5月下旬～6月下旬、草丈が10cmほどになったら間引く

草丈が10cmを越えるようになったら、最後の間引きで株間を15cmほどにする。間引き後、指先で土をほぐすようにして軽く中耕する。

5 追肥

5月下旬～6月下旬、間引き・中耕後、畝の脇に1回追肥する

① 間引き・中耕をしたら、追肥をする。畝の脇にクワで浅く溝を掘る。

② 溝に1m^2あたり軽く一握り（20g）の化成肥料を均一にまく。外側から土を持ってくるようにして肥料を土に混ぜ、株元に土寄せをする。

6 収穫

9月中旬～10月中旬、株元から刈り取って収穫する

① さやが変色し、下方の葉が枯れ始めてきたら収穫適期。株元から刈り取ったり、ハサミで株元を切って収穫する。

7 収穫後

10月上旬～10月下旬、シートの上で種子を落とし選別・乾燥

① 収穫後、追熟させたものが十分乾燥し、大半のさやが割れ始めてきたら、シートの上で束ねたままゴムハンマーや木の棒などで叩き、種子を落とす。

② ふるいを使ってよく選別し、ゴミなどを取り除き、よく日にあてて乾燥させる。乾燥させたものは湿気がこないように缶などに入れ保管する。

Point ポイント　束ねて乾燥させる

② 刈り取った株は3つに分けて上下を束ねて、上部を交差させてしばる。雨の当たらない場所に立てて、1～2週間ほど追熟・乾燥させる。

収量が多く、若どりの甘みは最高

サヤインゲン

マメ科　難易度 やさしい

栽培のポイント

- 生育期間が短く、難易度は低い。ほかの野菜との間作にも適している。
- 種まき後から発芽直後は鳥害《ちょうがい》に注意。
- 生育適温は 20℃ほど。霜にはとても弱い。

栽培カレンダー

作業＼月	1	2	3	4	5	6	7	8	9	10	11	12
種まき					■	■ 鳥害に注意						
間引き					■	■						
追肥						■						
支柱立て・誘引						■	■					
収穫						■	■	■				

1 種まき

5月上旬～6月上旬、1 カ所に 3 粒ずつ 30cm 間隔で種をまく

1 畝に 30cm 間隔で直径 8cm ほどの窪みをつけ、種を 1 カ所に 3 粒ずつまいていく。

2 周囲の土を寄せるようにして種を土で覆い、軽く押さえて土と種を密着させる。

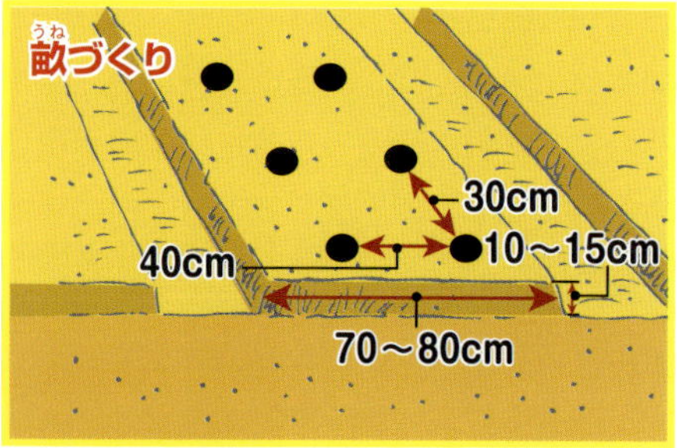

[種まき 2 週間前]
苦土石灰《くどせっかい》 100g/m²をまいてよく耕す。

[種まき 1 週間前]
堆肥《たいひ》2kg/m²、化成肥料 100g/m²を畑の全面にまいてよく耕し、畝をつくる。

3 種と土が密着するようにたっぷりと水やりをする。種まき後は寒冷紗などをかぶせて、本葉が出るまで鳥よけにする。

2 間引き

5月中旬～6月下旬、発芽後、本葉が 2 枚展開したら間引く

発芽後、本葉が 2 枚展開した頃、3 本のうち生育の悪いもの、葉や茎が傷ついているものなどを間引いて、2 本にする。引き抜くときは株元の土を押さえ、残す苗を傷めないようにする。

3 追肥

6月上旬～6月下旬、畝全体に化成肥料を追肥する

1 1m^{2}あたり一握り（20～30g）の化成肥料を畝全体にまく。

2 指先で土の表面をほぐすようにしながら、肥料を土に混ぜ、株元に土を寄せる。

4 支柱立て・誘引《ゆういん》

6月上旬～7月中旬、支柱を立てて誘引する

1 つるが生育を始める前に、支柱を立ててつるを誘引する。畝の両端、株の外側に支柱を立てて上部で交叉させて固定し、交差部分に横に支柱を渡して補強する。筋交いをして支柱に縛り、さらに補強する。

2 支柱には30～40cm間隔で横にひもを張り、つるが絡まりやすいようにする。支柱につるを巻き付けるように誘引しておく。

5 収穫

6月下旬～8月上旬、さやの長さが12cmほどになったら収穫する

1 開花後10～15日たち、さやの長さが12cmを越えたら、中のマメが膨らまないうちに収穫する。とり遅れると食味が落ちるので、豆が膨らまないうちに収穫するのがポイント。

2 さやに近いつるを押さえ、さやを引いて収穫する。ハサミで1個ずつ切って収穫してもよい。

つるなし種で畑をコンパクトに

畑がせまい場合は草丈が高くならない、つるなし種が便利。株間20～30cmに種をまき、支柱立て以外は同様に育てて収穫する。

かわいい花も楽しめる栄養豊富な野菜

サヤエンドウ

マメ科　難易度　ふつう

栽培のポイント

- 栽培期間が長いけれどふつうに栽培できる。
- 冬前に株が大きくなると寒さで枯れるため、種まき時期を守る。
- 酸性に弱いので、酸性土壌は石灰で中和する。

栽培カレンダー

作業＼月	1	2	3	4	5	6	7	8	9	10	11	12
種まき							種まき時期は守る			■		
支柱立て			■ 翌年									
追肥①			■	翌年								
追肥②				■	翌年							
収穫				■	■	翌年						

1 種まき

10月中旬～11月上旬、株間30cmで、1カ所に3粒ずつ種をまく

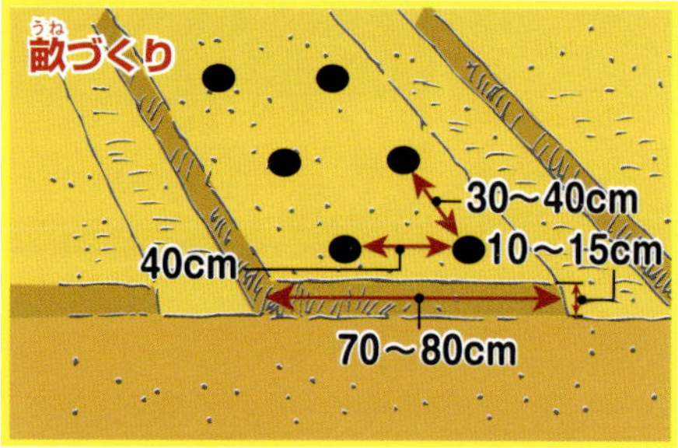

[種まき2週間前]
苦土石灰《くどせっかい》150g～200g/m²をまいてよく耕す。

[種まき1週間前]
堆肥《たいひ》2kg/m²、化成肥料50g/m²を畑の全面にまいてよく耕し、畝をつくる。

1 畝に30cm間隔で直径8cmほどの窪みをつけ、種を1カ所に3粒ずつまいていく。

2 周囲の土を寄せるようにして土をかぶせ、土と種が密着するように軽く押さえる。

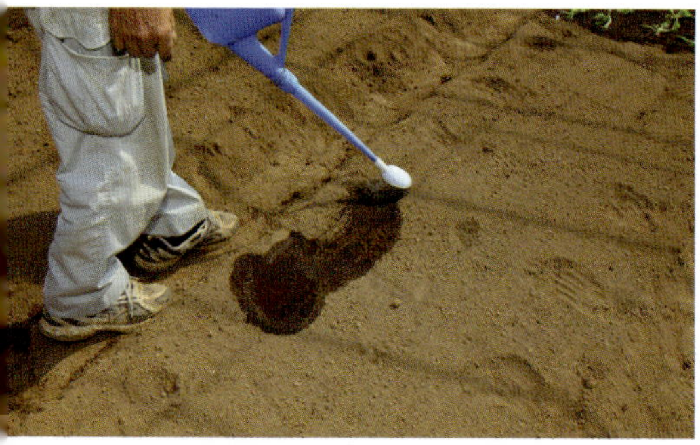

3 種まき後、土と種が密着するようにたっぷりと水やりをする。

ポイント 鳥から種を守る

1 種まき後、鳥から種を守るためにはペットボトルを半分に切ったものや寒冷紗《かんれいしゃ》をかぶせて、鳥につつかれないようにする。

2 ポットやセルトレイ（育苗用の連結ポット）に種をまいて、鳥がこない場所で管理してもよい。

2 支柱立て

翌年３月中旬、草丈が 20 ～ 30cm になったら支柱を立てる

1 畝の両側、株の 10cm ほど外側に 2m ほどの支柱を立て、上部で交叉させて結び、合掌状の支柱を立てる。交差した部分に横に支柱を置き、固定して補強する。支柱側面に斜めに筋交をし、補強する。

2 支柱に 30cm 間隔で横にひもを張り、つるが絡みやすいようにする。

3 追肥 ①

翌年３月中旬～４月上旬、支柱立てと同時に、化成肥料を追肥する

1 1m²あたり軽く一握り（20g）の化成肥料を、株元からやや離れた場所にドーナツ状にまく。

▼

2 指先で土の表面をほぐすように肥料と土をよく混ぜ、株元に土寄せをする。

4 追肥 ②

翌年４月上旬～４月下旬、花が咲き始めた頃、２回目の追肥をする

1 花が咲き始めた頃、1m²あたり軽く一握りの化成肥料を、株から少し離れた場所にドーナツ状にまく。

▼

2 指先で土の表面をほぐすようにしながら肥料と土を混ぜたあと、株元に土寄せをする。

笹竹の支柱でつるを絡みやすくする

市販の支柱の替わりに笹竹を支柱にしてもよい。笹竹の細かな枝につるが絡みやすくなり、また株が小さいときは風よけにもなる。

5 収穫

翌年４月下旬～６月上旬、実が膨らみ始めたら収穫

1 さやが育ち、中の実が外から見て膨らみ始めた頃が収穫適期。

▼

2 指先でへたをつまみ取るようにして収穫してもよいし、ハサミを使って切り取ってもよい。

辛みがない甘トウガラシの代表種

シシトウ

ナス科　難易度　ふつう

栽培のポイント

- 収穫期間がやや長いので難易度はふつう。
- 栽培適温は 25 ～ 30℃と高いため、気温が上がってから栽培する。
- マルチやしききわらで株元の地温を上げ、乾燥、雑草を防ぐ。
- 主枝と 2 本の側枝を伸ばす 3 本仕立てで育てる。

栽培カレンダー

作業＼月	1	2	3	4	5	6	7	8	9	10	11	12
種まき		■	■									
植え替え			■	■								
植えつけ					■							
しきわら					■	地温を上げ、乾燥、雑草を防ぐ						
芽かき					■	3 本仕立てにする						
支柱立て①					■							
追肥						■	■	■	■			
支柱立て②						■						
収穫						■	■	■	■	■		

1 種まき

2 月下旬～ 3 月下旬、セルトレイに一粒ずつ種をまく

❶ セルトレイ（育苗用の連結ポット）に培養土《ばいようど》を入れ、指先で軽く窪みをつけたあと、一粒ずつ種をまく。

❷ 薄く土をかぶせ、手で軽く押さえて土と種を密着させる。

❸ 種まき後、たっぷりと水まきをし、土と種を密着させる。

2 植え替え

3 月中旬～ 4 月下旬、本葉が出たら 3 号ポットに植え替え

❶ 本葉が 1 枚出たら、葉や茎、根を傷めないように竹串などを使って抜き取る。

❷ 3.5号ポットに培養土を入れ、根の大きさ程度の穴を開けて苗を植えつける。周囲の土を寄せるようにしながら株元を軽く押さえる。

Point ポイント　**ジョウロに草などを詰めて水量を弱くする**

❸ 植え替えが終わったらジョウロの先に草などを詰めて、そっと水やりをする。

Memo　ポットに直接まいて植え替えしなくてもよい。

3 植えつけ

5月上旬～5月下旬、本葉が6～7枚に育ったら植えつけ

1 ポットで育苗し、本葉が6～7枚に育ったら、45～50cm間隔で畑に植えつける。

2 苗を傷めないようにポットから抜き取り、植えつけ場所に根鉢ほどの穴を掘り、苗を植えつける。

3 周囲の土を株元に寄せるようにしながら、株元を軽く押さえて土と根を密着させる。

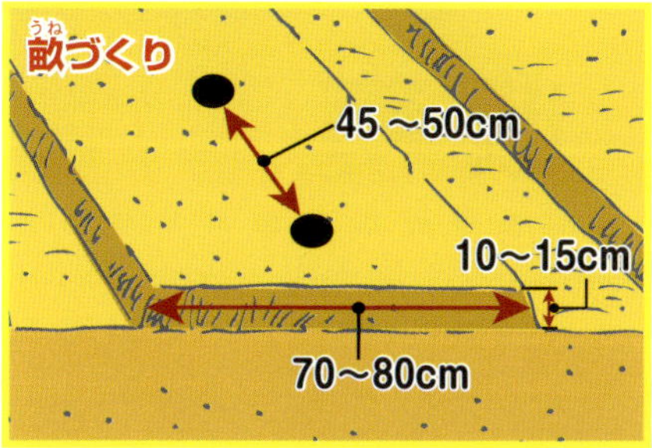

[植えつけ2週間前]
苦土石灰《くどせっかい》100g/㎡をまいてよく耕す。

[植えつけ1週間前]
堆肥《たいひ》2kg/m²、化成肥料100g/m²を畑の全面にまいてよく耕し、畝をつくる。

4 苗を植えつけたら、株の生長を促すためにわき芽をかき取る。

5 苗の周囲に丸く土手をつくり、そのなかにあふれるほどたっぷりと水やりをする。

4 しきわら

5月上旬～5月下旬、植えつけと同時に株元にわらをしく

植えつけ後、水やりが済んだら、株元にわらをしき、地温を高めると同時に雑草が生えるのを防ぐ。

6 支柱立て①

5月中旬～6月上旬、植えつけ後、支柱を立てる

苗から3～4cmはなれた場所に60～70cm程度の支柱を立て、8の字結びでやや余裕を持たせて苗を支柱に固定する。

5 芽かき

5月中旬～6月上旬、最初の実が見え始めた頃、わき芽をかく

主枝《しゅし》と葉のつけ根との間から出るのがわき芽。主枝と、生育がおう盛な側枝《そくし》との合計3本の枝を残して、それより下のわき芽はすべて指で摘み取る。

7 追肥

6月上旬～9月下旬、
1カ月に2回程度の割合で追肥

1 株元のわらを広げて土を出し、一株につき軽く一握り（20g）の化成肥料を株元から少し離れたところにドーナツ状にまく。

▶▶▶

2 指先で土をほぐすようにしながら土と肥料をよく混ぜる。株元に土を寄せ、わらを元のように戻す。

8 支柱立て②

6月上旬～6月下旬、3本
仕立てにしたら支柱を立てる

主枝《しゅし》と2本の側枝《そくし》を伸ばす3本仕立てにして、株が育ったら側枝に合わせて斜めに支柱を2本立てる。

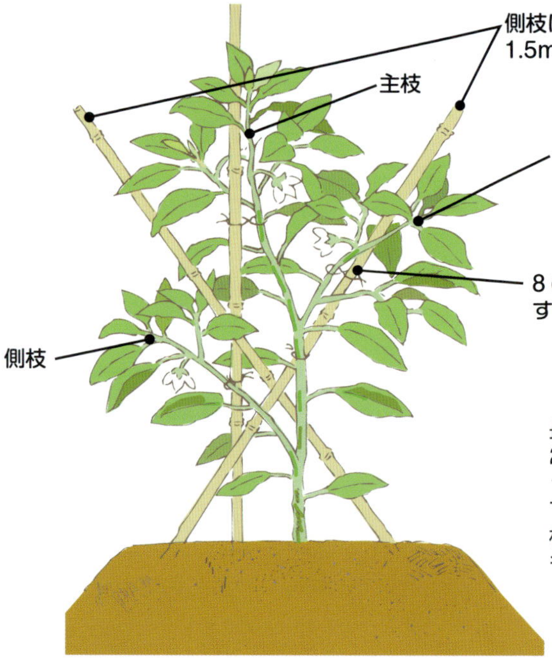

長さ1.5mほどの支柱を2本用意し、交叉させるように立てて交叉部をひもで縛り、2本の側枝を支柱に8の字結びで余裕をもたせて固定する。

9 収穫

6月上旬～10月中旬、開花後
15～20日たったころから収穫

1 開花後15～20日たったら収穫開始。ただし最初の果実はまだ小さなうち（3～4cm）に収穫し、株を充実させる。

▼

2 実の長さ5～7cmが収穫適期。手でへたの部分から摘み取るか、ハサミで切って収穫する。

ぬか漬けや浅漬けで味わいたい

シロウリ

ウリ科　難易度　やさしい

栽培のポイント

- 土を選ばず、幅広い土壌で栽培できるので、難易度は低い。
- 強い日ざしを好み暑さには強いが、低温に弱いため、気温が上がってから植えつける。
- 寒冷地や高冷地での露地栽培は不可。

栽培カレンダー

作業＼月	1	2	3	4	5	6	7	8	9	10	11	12
種まき				■								
間引き				■	■							
植えつけ					■	気温が高くなったら植えつける						
摘心①					■	■ 親づるを摘心						
しきわら					■	■						
摘心②・誘引					■	■ 子づる、孫づるを摘心						
追肥					■	■	■					
収穫							■	■				

1 種まき

4月上旬～4月下旬、ポットに種をまいて育苗する

❶ 3号ポットに入れた培養土《ばいようど》に、指先で2カ所ずつ1cmほどの窪みをつける。

❷ それぞれの窪みに一つずつ、1ポットに2粒の種をまいていく。

❸ 周囲の土をかぶせるようにして覆土をして、軽く押さえる。

❹ 種をまき終わったら、たっぷりと水やりをする。

2 間引き

4月中旬～5月中旬、本葉が1枚出たら間引く

発芽して子葉《しよう》が展開後、本葉が1枚出たら、生育の悪いもの、葉や茎に傷があるものを選び、ハサミで切り取って間引き、一つのポットに一株にする。

③ 植えつけ

５月上旬～５月下旬、本葉が４～５枚出たら植えつける

❶ 育苗し、本葉が４～５枚になったら畝に１m間隔で植えつける。

❷ 株を傷めないようにポットから抜き取り、根鉢の大きさに掘った穴に植えつける。

❸ 周囲から株元に土を寄せるようにして軽く株元を押さえ、たっぷりと水やりをする。

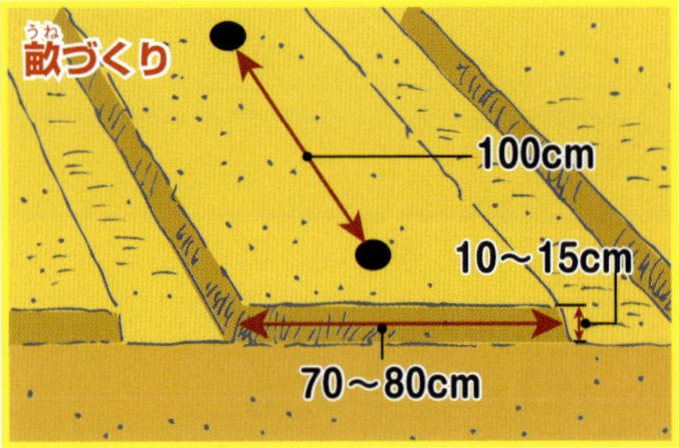

［植えつけ２週間前］

苦土石灰《くどせっかい》100g/m²をまいてよく耕す。

［植えつけ１週間前］

堆肥《たいひ》2kg/m²、化成肥料100g/m²を畑の全面にまいてよく耕し、畝をつくる。

ポイント　寒冷紗《かんれいしゃ》のトンネルで害虫を予防

❹ 株がまだ小さいうちは寒冷紗のトンネルをかけて、害虫を予防する。

④ 摘心《てきしん》①

５月上旬～６月上旬、親づるを摘心する

ポイント　本葉５～６枚を残して摘心

❶ 親づるは、本葉５～６枚（５～６節）残して摘心《てきしん》し、本葉と茎の間から出る子づるを伸ばす。

❷ 本葉５～６枚目から出る芽のつけ根を、指で折り取り摘心する。

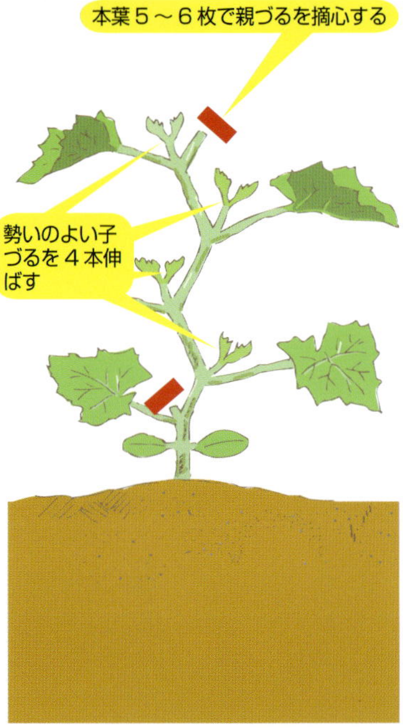

5 しきわら

5月上旬～6月上旬、親づるの摘心と同時に株元にわらをしく

乾燥防止と雨による泥のはね返りを防ぐために、畝全体にしきわらをする。

6 摘心②・誘引《ゆういん》

5月下旬～6月下旬、子づる、孫づるを摘心し、誘引する。

1 果実になる雌花は孫づるにつくので、子づると孫づるをていねいに摘心する。子づるは４本の孫づるを残し、その先で摘心する。孫づるは、本葉２枚を残して、その先で摘心する。

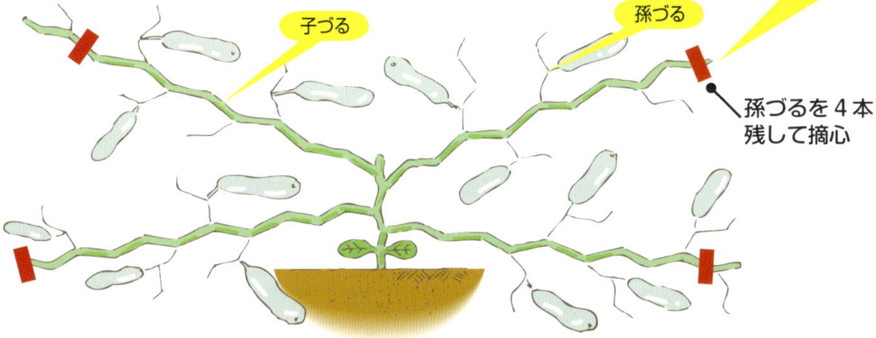

2 つるが込み合って風通しが悪くなったり、つるどうしが絡み合わないように、畝の一方の側へ直角に伸びるように誘引する。

7 追肥

５月下旬～７月下旬の間に２回追肥する

1 つるが伸び始めた時期と子づるが畝から伸び出す頃に１回ずつ追肥をする。畝のつるを伸ばしていない側の脇に溝を掘る。

2 溝の中に、1m^{2}あたり一握り（20～30g）の化成肥料を均一にまく。

3 掘り起こした土で溝を埋めて畝に土寄せをして、軽く押さえる。

8 収穫

７月中旬～８月下旬、利用に適した大きさに生長したら順次収穫する

1 浅漬け用に100～200gほど、粕漬けなどの加工用には1kg近くの大きさが適している。利用しやすい大きさに育ったものから順次収穫する。

2 ハサミでへたを切って収穫する。果肉がやわらかくなるまで熟させると、三杯酢で味わえる。

ぜひ育ててみたい夏の味わい

スイカ

ウリ科　難易度　むずかしい

栽培のポイント

- 気温の影響を受けやすいので栽培はむずかしい。
- 日光を好み生育温度も高いので、日あたりのよい場所で栽培する。
- 人工受粉で結実《けつじつ》を確実にする。

栽培カレンダー

作業＼月	1	2	3	4	5	6	7	8	9	10	11	12
種まき			■									
間引き				■								
植えつけ・しきわら					■							
摘心・誘引					■	子づると孫づるを伸ばす						
人工受粉						■	結実を確実にする					
追肥						■	■					
日よけ							■					
収穫							■	■				

1 種まき

3月中旬～3月下旬、ポットに種をまいて育苗する

1 3号ポットに入れた培養土《ばいようど》に、指先で3カ所浅い窪みをつける。

2 窪みに一粒ずつ種を入れ、1ポットに3粒まく。

3 周囲の土を寄せるようにして土をかぶせ、指で軽く押さえて種を土に密着させる。

4 種まき後、土と種が密着するようにたっぷりと水やりをする。

2 間引き

4月上旬～4月中旬、本葉が出てきたら間引く

発芽して3本とも本葉が出た苗。生育のよいものを1本残し、他のものをハサミで切り取って間引く。

3 植えつけ・しきわら

5月上旬～5月中旬、本葉5～6枚で植えつけ

1 育苗し、本葉が5～6枚出たら株間1mで植えつける。

2 ポットから根を傷めないように苗を取り出し、根鉢の大きさの穴を掘って植えつける。

3 周囲の土を寄せるようにして、土と根が密着するように株元を押さえる。

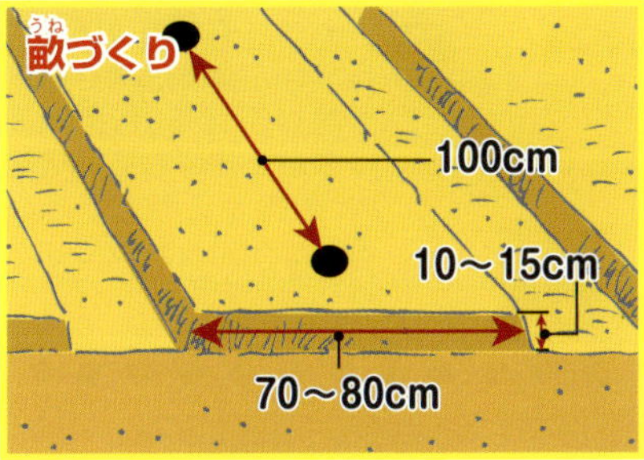

[植えつけ2週間前]
苦土石灰《くどせっかい》100g/m^2をまいてよく耕す。

[植えつけ1週間前]
堆肥《たいひ》2kg/m^2、化成肥料100g/m^2を畑の全面にまいてよく耕し、畝をつくる。

4 植えつけ後、たっぷりと水やりをする。このとき土がはね返らないよう、静かに水を与える。

5 水やり後、畝全体にわらをしいて雨のはね返りを防ぎ、乾燥、雑草を防止する。

4 摘心《てきしん》・誘引《ゆういん》

5月中旬～5月下旬、親づるの先を摘んで、子づるを伸ばす

1 スイカの雌花の多くは子づるや孫づるにつくので、本葉が5～6枚のころ、3本ほどの勢いのよい子づるを残して子づるの生育を促す。

2 子づるが伸び出て行く畝の外には、雨のはね返りで土壌病害が発生するのを防ぐようにわらをしく。しきわらはまた雑草の繁茂も予防する。

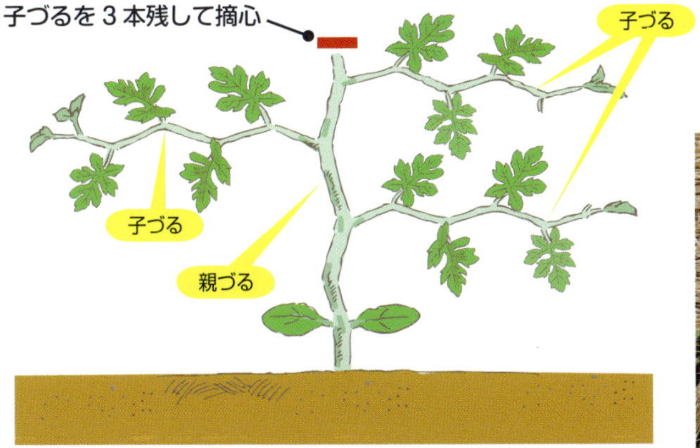

本葉が４～５枚（４～５節）出たら親づるの先をハサミで摘心し、子づるを３本残してほかの子づるを摘心する。

3 子づるが畝から直角に伸び出て行くように誘引し、つる同士が絡み合わないようにする。

5 人工受粉

6月上旬～6月下旬、人工受粉によって着果を確実にする

がくの下が膨らんでいるのが雌花、膨らみのないのが雄花。雄花をとって花弁《かべん》を取り去り、雌花の花柱《かちゅう》（雌しべの先）に雄花の雄しべをつけて、花粉をつける。受粉させたらその日付を書いて、受粉させた雌花の近くに立てておく。

6 追肥

6月中旬～7月下旬、果実がソフトボール大になったら追肥する

1 畝のつるを伸ばしていない側の脇に溝を掘る。

2 溝の中に1m² あたり一握り（20～30g）の化成肥料を均一にまき入れる。

3 外側から土を寄せるようにしながら溝を埋め、肥料に土をかぶせる。畝の両側に子づるを伸ばしている場合は、畝のところどころのしきわらを少し分けるようにして追肥する。

7 日よけ

7月上旬～7月下旬、わらなどで日よけをする

果実が膨らみ、ハンドボールほどの大きさになってきたら、強い日ざしをあてないように、わらなどで覆って日よけをする。またこれはカラスよけにもなる。

カラスよけ対策

果実が大きくなるとカラスなどにつつかれることがあるので、果実が大きくなり始めたらをネットをかぶせる。

または、トンネル用の支柱を畝の両端に立て、テグス（魚釣り用の透明な糸）を4カ所ほど張れば鳥が近づかない。

8 収穫

7月中旬～8月下旬、受粉から35～40日たったら収穫

Point ポイント 果実のついた節の葉が枯れたら収穫

1 受粉から35～40日たち、果実のついた節の葉が褐色に枯れてきたら収穫適期。

2 試しどりして味を確かめれば確実。熟していれば同じ受粉日のものを収穫する。へたをハサミで切って収穫する。ラベルがない場合は、果実を指でたたいてポテポテとした音がすれば収穫適期。

キュウリのようなカボチャの仲間

ズッキーニ

ウリ科　難易度　やさしい

栽培のポイント

- 栽培場所を取らず、育てやすいため難易度は低い。
- 収穫までが短いので、元肥をしっかり施す。
- 開花後４～10日の幼果を収穫するので、株はあまり弱らない。

栽培カレンダー

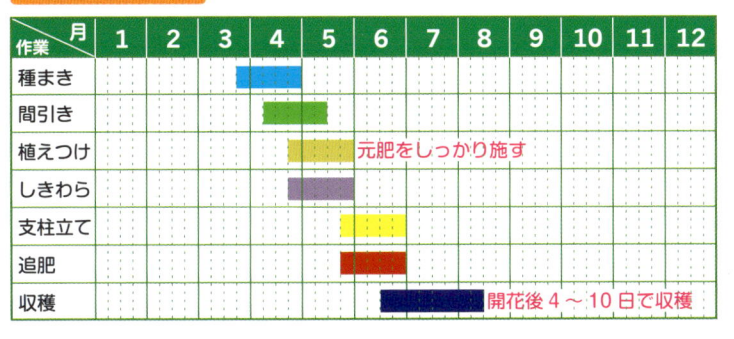

作業＼月	1	2	3	4	5	6	7	8	9	10	11	12
種まき												
間引き												
植えつけ						元肥をしっかり施す						
しきわら												
支柱立て												
追肥												
収穫								開花後４～10日で収穫				

1 種まき

３月下旬～４月下旬、ポットに種をまいて育苗する

1 ３号ポットに入れた培養土に、指先で２カ所ずつ浅い窪みをつける。

2 窪みに一粒ずつ種をまいていく。

3 周囲の土を寄せるようにして種を土で覆い、軽く押さえる。

4 種まき後、土と種を密着させるために、たっぷりと水やりをする。

2 間引き

４月上旬～５月中旬、本葉が出たころ１本に間引く

1 本葉が１～2枚開いたら１ポット一株に間引く。

2 生育の悪いものを選んでハサミで切り取り、１本にする。

③ 植えつけ

4月下旬〜5月下旬、本葉が5〜6枚になったら植えつける

① 間引き後、本葉を5〜6枚までポットで育苗し、畝に60cm間隔で植えつける。

② ポットから株を傷めないように抜き取り、根鉢の大きさに穴を掘って植えつける。

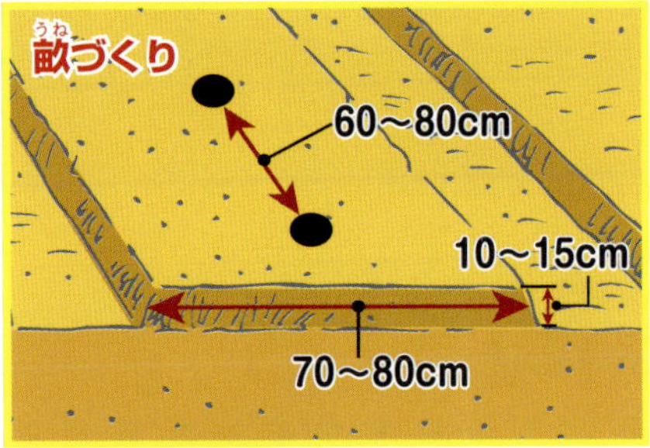

[植えつけ2週間前]

苦土《くど》石灰《せっかい》100g/m²をまいてよく耕す。

[植えつけ1週間前]

堆肥《たいひ》2kg/m²、化成肥料100g/m²を畑の全面にまいてよく耕し、畝をつくる。

③ 株元に土を寄せ、軽く押さえる。根と土を密着させるためにたっぷりと水やりをする。

ポイント 寒冷紗《かんれいしゃ》で保温と害虫対策

④ 植えつけ直後、まだ気温が十分高くないようであれば、寒冷紗で覆って保温するとよい。害虫の被害を防ぐこともできる。

④ しきわら

4月下旬〜5月下旬、植えつけ後しきわらで株元を覆う

株元にわらをしいて乾燥、雑草の防止、雨などのはね返りを防ぎ、土壌病害の発生を予防する。

⑤ 支柱立て

5月下旬〜6月下旬、株が大きくなってきたら支柱を立てる

株に沿うように垂直に支柱を立て、8の字結びでゆるめに固定する。結び目は支柱側につくる。

6 追肥

5月下旬～6月下旬、畝の片側に追肥する

1 植えつけから1カ月くらいたったら、追肥をする。畝の片側に溝を掘る。

2 溝の中に、$1m^2$あたり一握り（20～30g）の化成肥料を均一にまく。

3 外側から土を寄せるようにして溝を埋めて肥料を覆い、株元に土寄せをする。

7 収穫

6月中旬～8月中旬、花後7～10日で収穫

1 花後7～10日ほどで長さ20～25cmの若い果実を収穫する。花ズッキーニは花後4日ほどで長さ10～15cmのものを収穫する。

2 株元についたへたの部分をハサミで切って収穫する。

葉の白い部分は病気ではない

ズッキーニの葉

ズッキーニの葉には、ところどころ白くなっている部分がある。これはズッキーニの葉の特徴で、病気ではない。

うどんこ病にかかった葉

うどんこ病にかかると、写真のように粉をふいたようになる。風通しをよくし、肥料の与えすぎに注意して予防する。

収穫期間が短い、旬の味を楽しむ

ソラマメ

マメ科　難易度 ふつう

栽培のポイント

- 栽培はむずかしくないが、期間が長いため、難易度はふつう。
- 種は黒い部分が斜め下に向くようにまく。
- 幼苗は低温に強いが、株が大きくなると寒さで傷むので、種まきは適期に。
- 春の摘心で実を充実させる。

栽培カレンダー

作業＼月	1	2	3	4	5	6	7	8	9	10	11	12
種まき								種まきは適期に		■		
植えつけ											■	
支柱立て		翌年	■									
追肥・土寄せ			翌年	■								
摘心				翌年 ■	■ 摘心して実を充実させる							
収穫					翌年 ■	■						

1 種まき　10月中旬～10月下旬、セルトレイに種をまいて育苗

ポイント　黒い部分を下にして差し込む

1 セルトレイ（育苗用の連結ポット）に一粒ずつ種をまく。種は「おはぐろ」と呼ばれる黒い部分を斜め下に向けて、土に差し込むようにしてまいていく。

2 土をかぶせて、種と土を密着させるために手のひらで軽く押さえる。

3 種まき後、土と種が密着するようにたっぷりと水やりをする。

ポイント　畑に直接種まきする

1 畑に種をまく場合も、「おはぐろ」を斜め下にして、土に差し込むようにまく。

2 種まき後は土をかぶせて、たっぷりと水やりをして種と土を密着させる。

2 植えつけ

11 月上旬～ 11 月中旬、本葉が 2 枚になったら植えつける

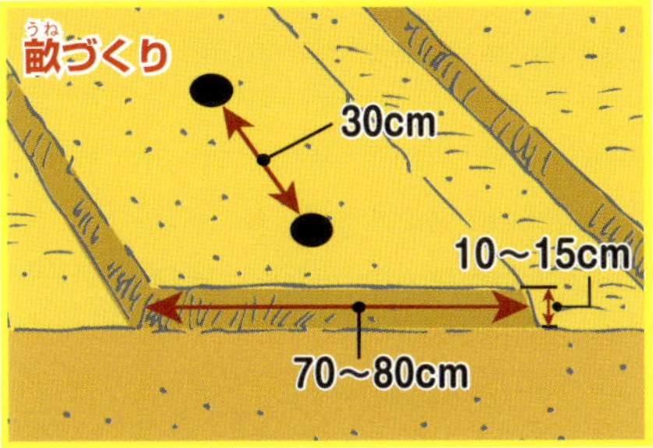

[植えつけ 2 週間前]
苦土石灰《くどせっかい》 100g/m^2をまいてよく耕す。

[植えつけ 1 週間前]
堆肥《たいひ》 2kg/m^2、化成肥料 100g/m^2を畑の全面にまいてよく耕し、畝をつくる。

1 株を傷めないようにセルトレイから抜き取り、根鉢の大きさにあけた穴に植えつけていく。

2 周囲から土を寄せるようにして、株元を軽く押さえたっぷりと水やりをする。

3 支柱立て

翌年 3 月上旬～ 3 月下旬、畝の四隅に支柱を立て、ひもで囲う

株が大きく生長すると倒れやすくなるので、畝の四隅にしっかりとした支柱を立て、ひもを張って全体を囲う。

4 追肥・土寄せ

翌年 4 月中旬～ 4 月下旬、株の周囲に追肥する

1 一株につき軽く一握り(20g)の化成肥料を株の周囲、葉の広がりの下にドーナツ状に施す。

2 肥料をまいた部分より外側の土を浅く掘るようにして肥料にかぶせ、株元に土を寄せて、株が倒れないようにする。

5 摘心《てきしん》

翌年 4 月下旬～ 5 月上旬、草丈が 70cm ほどになったら茎の先を切る

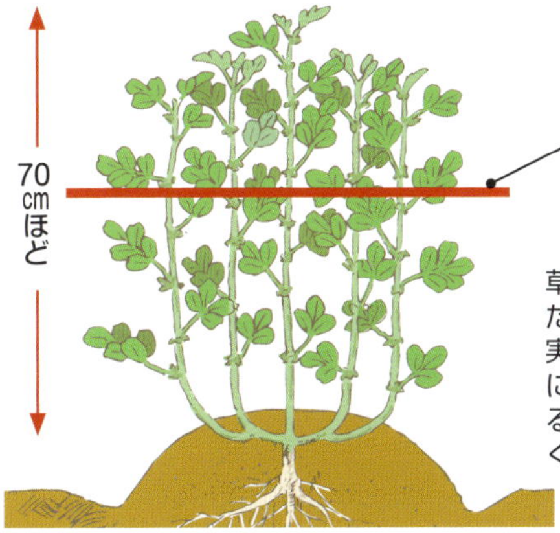

草丈が70cmほどになったら、茎の先端を摘心し、実の充実を図るとともに、丈が大きくなりすぎることによって倒れやすくなることを防ぐ。

6 収穫

翌年5月中旬～6月中旬、充実した実を順次収穫

1 さやに光沢が出て背側の筋が黒褐色になり、下を向いてきたら収穫適期。

2 さやを触って中のマメが十分に膨らんでいるものから、順次ハサミで切って収穫していく。

乾燥保存して利用する代表的香辛料

トウガラシ

ナス科　難易度　ふつう

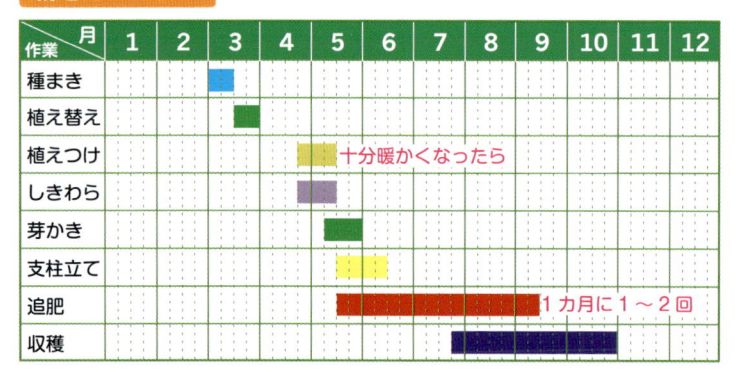

栽培のポイント

- 栽培期間がやや長いので難易度はふつう。
- 高温性の野菜で栽培適温は 25 〜 30℃。十分暖かくなってから植えつける。
- 根が繊細で土壌の過湿に弱いので、排水のよい畑で育てる。
- 栽培期間・収穫期間が長いため、肥料不足とならないように追肥する。

栽培カレンダー

作業＼月	1	2	3	4	5	6	7	8	9	10	11	12
種まき			■									
植え替え			■									
植えつけ				■	■	十分暖かくなったら						
しきわら				■	■							
芽かき					■							
支柱立て					■	■						
追肥					■	■	■	■	■	1カ月に1〜2回		
収穫							■	■	■	■		

1 種まき

3月上旬〜3月中旬、セルトレイに種をまく

1 セルトレイ（育苗用の連結ポット）に培養土《ばいようど》を入れ、軽く窪みをつけて一粒ずつ種をまく。

2 土をかぶせて指で軽く押さえ、土と種を密着させる。種まき後、たっぷりと水やりをし、日中の気温 25 〜 30℃、夜間 15℃以上に保温しながら発芽を待つ。

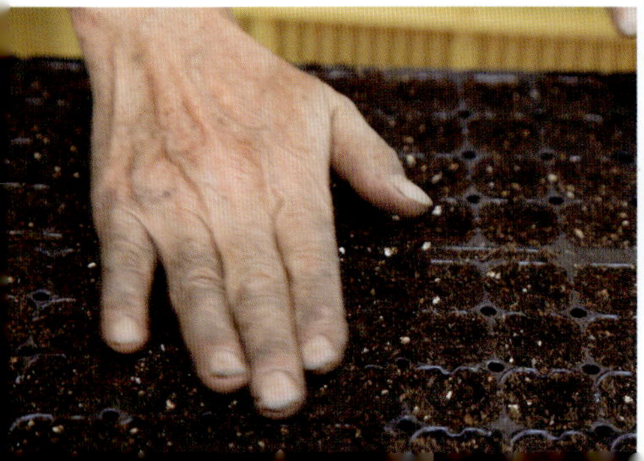

2 植え替え

3月中旬〜3月下旬、本葉が1枚出たら3号ポットに植え替える

1 本葉が出始めたら、ピンセットやはしなどを使って根を傷めないようにセルトレイから抜く。

2 3号ポットに培養土を入れ、セルトレイから抜き取った苗を1本ずつ植える。

Point ポイント　水の勢いを弱めて水やりをする

3 植えつけが済んだらたっぷりと水やりをする。このとき、植えつけた苗を傷めないように、ジョウロの口先に折り取った植物の茎を詰めるなどして、水勢を弱める工夫をする。

3 植えつけ

4月下旬～5月中旬、本葉が10枚を越えたころ畑に植えつける

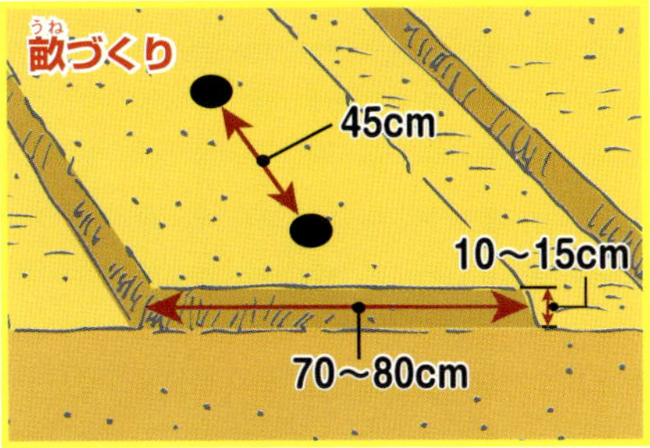

[植えつけ 2 週間前]
苦土石灰《くどせっかい》 100g/m^2をまいてよく耕す。

[植えつけ 1 週間前]
堆肥《たいひ》 2kg/m^2、化成肥料 100g/m^2を畑の全面にまいてよく耕し、畝をつくる。

1 本葉の枚数が10枚を越えて気温が十分高くなったら、45cm間隔で植えつける。植えつけ前に、苗のわき芽をすべて取りのぞいておく。

2 ポットから苗を傷めないように取り出し、根鉢の大きさに掘った穴に植えつける。

3 周囲の土を寄せるようにし、根と土を密着させるために軽く株元を押さえる。株元から20cmほどのところに丸く土手をつくり、その中にたっぷりと水やりをする。

4 しきわら

4月下旬～5月中旬、植えつけ後、株元にわらをしく

植えつけが済んだら、株元の保温と雨水のはね返りを防ぐためにわらをしく。

6 支柱立て

5月中旬～6月中旬、植えつけから1カ月ほどしたら支柱を立てる

株から5～7cm離れたところに1.5mほどの支柱を立てる。8の字結びで茎を傷めないようにゆるめに固定する。

5 芽かき

5月上旬～5月下旬、一番花がついたら芽かきをする

1 一番花がついたら、それより下のわき芽をすべて取る。

2 主枝《しゅし》と葉との間にあるのがわき芽。手で摘み取り、一番花より下のわき芽をすべて取り除く。

7 追肥 5月中旬～9月中旬、1カ月に1～2回追肥する

1 しきわらを寄せて株元を出し、一株につき軽く一握り（20g）の化成肥料を株の周囲、葉の広がりの下にドーナツ状にまく。

2 指先で土の表面をほぐすようにしながら土と肥料を混ぜる。

3 株元に土を寄せて軽く押さえ、しきわらを元に戻す。

8 収穫 7月下旬～10月下旬、赤くなったら収穫する

1 植えつけから3カ月ほどたち、実が赤くなったら収穫適期。

2 赤くなったものから順次収穫していく。ほとんどの実が赤くなるのを待って、株元から切り取り株ごと収穫してもよい。

ポイント 青トウガラシも利用できる

植えつけから2カ月ほどたった頃、まだ赤くならない未《み》熟《じゅく》果《か》を青トウガラシとして収穫してもよい。青トウガラシは赤トウガラシよりも辛みがやや弱い。

収穫後の保存の仕方

1 株ごと収穫したトウガラシは、風通しがよく、湿気の少ない場所につるして乾燥させる。写真は株ごと収穫したトウガラシ。

2 2～3株をまとめて、ひもなどで株元をしっかりと結ぶ。実を一つずつ収穫した場合はざるに広げて乾燥させる。

3 物干し竿など適当なところに株を引っかけて乾燥させる。乾いたら実を取り、ビンなどに入れて保存する。

あんかけやスープがおいしい

トウガン

ウリ科　難易度　やさしい

栽培のポイント

- 丈夫で土を選ばず、暑さにも強く、育てやすいため難易度は低い。
- 栽培適温が 25 ～ 30℃と高く、温暖地向き。
- つるが四方によく伸びるため、整枝が欠かせない。

栽培カレンダー

作業＼月	1	2	3	4	5	6	7	8	9	10	11	12
種まき				■								
間引き				■								
植えつけ					■ 気温が高くなってから							
摘心					■							
しきわら					■							
誘引						■						
整枝						■	■ こまめに整枝する					
追肥						■	■					
トレイをしく							■					
収穫							■	■	■			

1 種まき

4 月上旬～ 4 月中旬、3 号ポットに種をまく

1 3 号ポットに培養土《ばいようど》を入れ、2 カ所ずつ、指先で 1cm ほどの深さの窪みをつける。

2 それぞれの窪みに一粒ずつ種をまいていく。

3 周囲の土を寄せるようにして窪みを埋め、種に土をかぶせ、軽く押さえ種と土を密着させる。種まき後たっぷりと水やりをする。

2 間引き

4 月中旬～ 4 月下旬、本葉が 2 枚になったら 1 本にする

発芽後、本葉が 1 ～ 2 枚になったら、生育のよいほうを残して他をハサミで切り、1 本にする。

3 植えつけ

5月上旬～5月中旬、本葉が3～4枚になったら植えつける

❶ 育苗し、本葉が3～4枚に育った苗。あらかじめ用意した畝に90cm間隔で植えつける。

❷ ポットから根鉢を崩さないように取り出し、根鉢の大きさに掘った穴に植えつける。

❸ 周囲の土を寄せるようにしてから、株元を軽く押さえ根と土を密着させる。

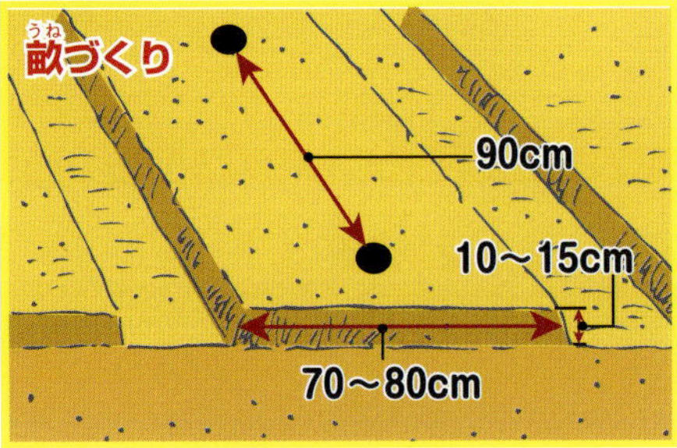

[植えつけ2週間前]
苦土石灰《くどせっかい》100g/m²をまいてよく耕す。

[植えつけ1週間前]
堆肥《たいひ》2kg/m²、化成肥料100g/m²を畑の全面にまいてよく耕し、畝をつくる。

Point ポイント
気温が低い場合は寒冷紗《かんれいしゃ》で覆う

❹ 気温が低い場合や霜の心配があるときは寒冷紗のトンネルで覆う。気温が高くなったらはずす。

4 摘心《てきしん》

5月中旬～5月下旬、親づるを摘心する

Point ポイント
親づるを摘心して子づるを伸ばす

植えつけ後生育し、本葉が6枚以上になったら、親づるは4～5節(本葉4～5枚)を残してその先を摘心し、勢いのある子づるを4本伸ばすようにする。

5 しきわら

5月中旬～5月下旬、摘心後にわらをしく

摘心が済んだら、雑草の繁茂を防ぎ、はね返りによる土壌病害の発生を予防するため、畝全体をわらで覆う。

6 誘引《ゆういん》

6月上旬～6月下旬、つるが絡み合わないように誘引する

伸びて絡み合ったつるをほどき、畝の片側につるが広がっていくように、生育にあわせてつるを誘引する。

7 整枝 6月中旬～7月中旬、孫づるを整枝し子づるを伸ばす

Point ポイント **実のついた節から株元までの孫づるを取り除く**

4本の子づるともに摘心せずに伸ばす。孫づるは子づるに実がついた場所より株元に近いものをすべて取り除く。着果《ちゃっか》部分より先の孫づるは放任する。

9 トレイをしく

7月上旬～7月下旬、実の下にトレイをしく

実がソフトボール程度の大きさになったら、土に直接触れて実が傷んでしまわないように、実の下に発泡トレイなどをしく。

8 追肥 6月下旬～7月中旬、追肥する

1 畝のつるが伸びていない側にそって溝を掘る。

2 溝の中に1m²あたり一握り（20～30g）の化成肥料を均一にまき、外側から土を寄せるようにして肥料に土をかぶせ、畝に土を寄せる。

10 収穫 7月下旬～10月上旬、開花後45～50日程度で果実を収穫する

開花後45～50日たち、果実が30cm程度の大きさに育ったら収穫の適期。へたをハサミで切って収穫する。

小さい品種がおすすめ

ふつうのトウガンは大きく、収穫してもすべて使い切るのは大変。そこで、実の小さい品種を選べば1回で使い切ることができる。写真はタキイ種苗（株）の「姫トウガン」。

Memo トウガンは涼しく清潔な場所で保存すれば冬まで貯蔵できる。

もぎたては格別、夏の味

トウモロコシ

イネ科　難易度　ふつう

栽培のポイント

- 栽培のポイントがいくつかあるが難易度はふつう。
- 異なる品種どうしで受粉しないように、同じ品種を植える。
- 高温で日光をとても好むため、日あたりのよい場所で育てる。
- 受粉に必要なため雄穂《おすほ》と雌穂《めすほ》の出る時期が合うように、２列以上で栽培する。

栽培カレンダー

作業＼月	1	2	3	4	5	6	7	8	9	10	11	12
畝づくり				■								
種まき				■	■ 日あたりのよい場所に２列まく							
間引き①					■							
間引き②					■							
追肥①					■							
追肥②					■	■	■ 追肥は欠かさず行う					
人工受粉						■	■					
雌穂の整理						■	■					
収穫							■	■				

1 畝《うね》づくり

４月上旬～４月中旬、種まきの１週間前までに土づくりをして畝をつくる

種まきの１週間前までには元肥《もとごえ》を入れて耕し、畝をつくり、ポリマルチ（マルチ）を張っておく。

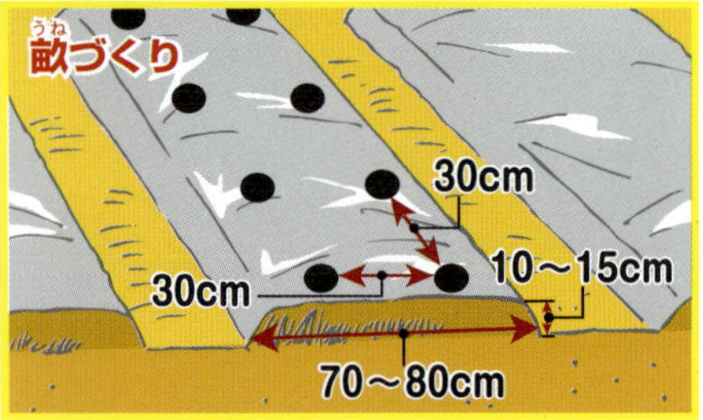

［種まき２週間前］

苦土石灰《くどせっかい》100g/m²をまいてよく耕す。

［種まき１週間前］

堆肥《たいひ》2kg/m²、化成肥料 100g/m²を畑の全面にまいてよく耕し、畝をつくる。

2 種まき

４月下旬～５月上旬、マルチに穴をあけ、種をまく

Point ポイント　空き缶を使ってきれいに穴を開ける

❶ 畝に張ったマルチに、30cm 間隔で穴をあける。ギザギザに切った空き缶を使えば、きれいに切り取れる。

❷ それぞれの穴に、指先で 1cm ほど軽く窪みをつける。

❸ 窪みに種を３粒ずつまいて、まわりの土を寄せてかぶせる。

❹ 指で軽く押さえて種と土を密着させ、たっぷりと水やりをする。種まき後は鳥害《ちょうがい》防止に寒冷紗《かんれいしゃ》などをかける。

3 間引き①

5月上旬～5月下旬、本葉が1～2枚出たら間引いて2本に

❶ 種まきから10～20日後、本葉が1～2枚、草丈が10～15cmのころ、間引いて、1カ所2本にする。

❷ 3本のうち最も生育の悪いもの、茎や葉に傷があるものなどを選び、株元からハサミで切り取って2本立ちにする。

4 間引き②

5月中旬～5月下旬、本葉4～5枚のころ間引きで1本に

❶ 本葉が4～5枚、草丈が30cmほどになったら間引いて1本にする。

❷ 2本のうち最も生育のよいほうを残し、茎や葉に傷などがあるほうを株元からハサミで切り取って、1本立ちにする。

5 追肥①

5月中旬～5月下旬、2回目の間引き後、追肥をする

❶ 2回目の間引きが終わったら、畝の脇側のマルチを少しはずし、持ち上げておく。

❷ 畝の脇に、1m^{2}あたり一握り（20～30g）の化成肥料を均一に施す。反対側も同じように肥料を施しておく。

❸ 指先で土をほぐすようにしながら土と肥料をよく混ぜ、畝側に寄せておく。その後、マルチの裾を戻し、追肥前と同じように土をかぶせて元に戻す。

6 追肥 ②

5月下旬～6月上旬、6月下旬～7月上旬の2回、畝の脇に追肥する

1 畝《うね》の脇に、マルチの裾が土から出るように溝を掘る。

2 溝に、1m²あたり一握り(20～30g)の化成肥料を均一に施す。

3 掘り起こした土を肥料にかぶせるようにしながら溝を埋め、マルチの裾を土で押さえる。この1カ月後にも同様に追肥する。

ポイント　土寄せをして不定根《ふていこん》の発生を促す

4 トウモロコシでは、不定根と呼ばれる株を倒れにくくする根が、茎が分岐している株元にいくつも出る。2回目の追肥の際に、株元に土を寄せて、小高く土を盛るようにして不定根を土に埋める。こうすると不定根が増えて株がより安定する。

7 人工受粉

6月下旬～7月中旬、雄穂《おすほ》の花粉を雌穂《めすほ》につける

株が少ない場合は、株の先端についた雄花をとって、雌花に直接つけて受粉させる。

ポイント　雄花の下をたたいて受粉させる

雌穂と雄穂が開花したら、雄穂の下あたりをたたいて花粉を落とし、雌穂にかけて受粉させる。

8 雌穂《めすほ》の整理

6月下旬～7月中旬、わき芽を整理して一株に一つの雌穂にする

❶ トウモロコシは、一株で１個の雌穂を収穫する。そのため余分なわき芽（雌穂）を折り取る。

❷ 一番大きな雌穂だけを残し、それ以外の小さな雌穂は折り取るか、つけ根をハサミで切って取り除く。

❸ 取り除いた雌穂はヤングコーンとして、ゆでてサラダなどに利用できる。

9 収穫

7月中旬～8月中旬、ひげ（雌穂の先の毛）が茶色く枯れてきたら収穫

❶ 雌穂の先のいわゆるひげが茶色く枯れてきたら収穫適期。雌穂をつかむと先の方まで十分膨らんでいる。

❷ 手でつかんで折り取るようにして、収穫する。

アブラムシ対策には銀のライン入りマルチが便利

❶ 葉についたアブラムシ、アブラムシはウィルスなどの病気を媒介《ばいかい》するので見つけ次第手でつぶす。

❷ アブラムシは光るものを避けるので、アブラムシ対策用には銀のライン入りマルチが有効。

実がつき始めたらテグスを張って鳥害予防

実がついたら鳥害《ちょうがい》にあう前に、畝の四隅に支柱を立て、テグス（魚釣り用の透明な糸）を張る。

真っ赤な人気の家庭菜園野菜

トマト

ナス科　難易度 ふつう

栽培のポイント

- 育苗がややむずかしいけれど栽培レベルはふつう。
- 生育適温は夜間気温 13 ～ 18℃が必要。低温期の育苗では温度管理が重要。
- わき芽はすべて取り、１本仕立てにする。

栽培カレンダー

作業＼月	1	2	3	4	5	6	7	8	9	10	11	12
種まき		■（中旬～下旬）	温度管理が重要									
植え替え			■（上旬～中旬）									
植えつけ				■（下旬）	■（上旬）							
しきわら				■（下旬）	■（上旬）							
支柱立て				■（下旬）	■（上旬）							
誘引・芽かき					■	■	■	わき芽は取って１本仕立てにする				
人工受粉					■（上旬～中旬）							
追肥					■（下旬）	■	■					
摘心・摘果						■（中旬～下旬）	■					
収穫							■	■				

① 種まき

２月中旬～２月下旬、セルトレイに種をまいて発芽させる

❶ セルトレイ(育苗用の連結ポット)に入れた培養土《ばいようど》に指先で浅い窪みをつけ、各セルに一粒ずつ種をまいていく。

▼

❷ 種が見えなくなる程度に土をかぶせ、種と土が密着するように軽く押さえる。

◀

❸ 種まき後、ジョウロで種を流さないようにやさしく、たっぷりと水やりをする。

② 植え替え

３月上旬～３月中旬、本葉が展開したころ植え替える

❶ 本葉が開いたら、細い棒などを使って、根を崩さないように静かに抜き取る。

▼

❷ 3.5 号ポットに入った培養土に根鉢と同じ大きさの穴を開け、一株ずつ植えつけ、株元を軽く押さえる。植え替え後は葉に水がかからないようにやさしく水やりをする。

3 植えつけ

**4月下旬～5月中旬、
本葉が6～7枚出たら植えつける**

1 ポットで育苗し、本葉6～7枚になり、1番花が咲く直前に畑に植えつける。

2 植えつけ前に、わき芽（主枝と葉との間から出る芽）をすべて取る。

3 根鉢を崩さないようにポットから苗を取り出し、根鉢の大きさ程度の穴を掘り、50cm間隔で植えつける。

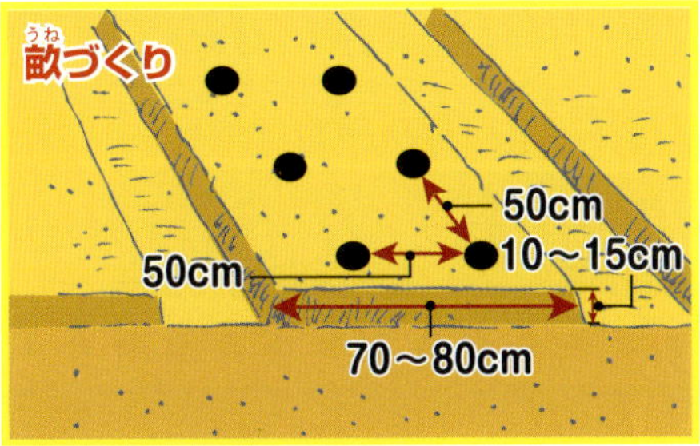

4 株元に土を寄せるようにして、軽く押さえて土と根を密着させる。

5 植えつけ後、株の周囲にドーナツ状に土手をつくり、その中にたっぷりと水やりをする。

［植えつけ2週間前］
苦土石灰《くどせっかい》100g/m²をまいてよく耕す。

［植えつけ1週間前］
堆肥《たいひ》2kg/m²、化成肥料100g/m²を畑の全面にまいてよく耕し、畝をつくる。

4 しきわら

**4月下旬～5月中旬、
株元にわらをしく**

植えつけ後、水やりがすんだら株元にしきわらをして、雑草の繁茂や雨水のはね返りによる土壌病害の発生などを予防する。

5 支柱立て

**4月下旬～5月中旬、
植えつけ後、支柱を立てる**

株元にわらをしき終わったら支柱を立てる。株から10cmほど離れたところに、畝の両側から立てて目の高さ程度で交叉させる。交叉部に横に支柱を渡してそれぞれの支柱をしっかり固定するとともに、側面に筋交いを入れ補強する。

6 誘引《ゆういん》・芽かき

5月上旬～8月上旬、植えつけ1週間後から芽かきと誘引を繰り返す

1 生長にあわせ1週間に1回程度、誘引とわき芽かきを続ける。花がついた部分の上下の節にひもをかけて誘引していく。

ポイント 支柱へはゆとりを持たせてしばる

支柱と株の間に余裕を持たせる

ぴったりくっついてしまうと
ひもがくい込む

茎が太くなったときにくい込まないように支柱への固定は8の字結びでややゆとりを持たせてしばる。

2 各節ともわき芽はできるだけ小さなうちにかき取り、主枝《しゅし》を1本だけ伸ばすようにして、主枝の生育を促す。わき芽はハサミを使うとウイルス病を伝染させることがあるので、手でかき取る。

7 人工受粉

5月上旬～5月中旬、生育初期や高温時で着果が悪いときには人工受粉する

支柱をたたいて受粉

1 ふつうトマトの受粉は自然に行われるが、生育の初期や高温などで落花が目立つときには、支柱を軽くたたくようにして株全体を振動させ、花粉を飛散させて受粉を促す。

▼

2 日照不足や低温・高温など生育環境が悪く着果《ちゃっか》が悪い場合は、着果ホルモン剤を利用するとよい。手袋をした手で花だけにかかるように霧吹きで散布する。終わったら花のついた節の葉先を、目印として少しちぎる。

8 追肥

5月下旬～7月下旬、果実が肥大し始めたら追肥を始める

1 一番花の実が膨らみだしたら、追肥する。畝にそって浅く溝を掘る。

▶

2 溝に $1m^2$ あたり一握り（20～30g）の化成肥料を均一にまく。

▶

3 外側から土を寄せるようにしながら肥料に土をかぶせて、さらに畝に土を寄せる。この追肥は、生育のようすを見ながら1～2週間に1回程度の割合で繰り返す。

9 摘心《てきしん》・摘果《てきか》

6月中旬～7月下旬、摘心で生長を止め、不良果を摘果する

1 手が届かないくらいに草丈が伸びたら、作業がしにくくなるので、最終花房《かぼう》の上の葉2枚を残して、その上の部分で摘心し、生長を止める。

2 ひとつの花房には沢山の花がついて果実が実る。収穫する果実を充実させるために、小さいものや奇形果《きけいか》(形の悪いもの)を摘果して、一房に4～5個の果実が実るようにする。摘果するときにまだ花の状態のものは、花を取る。

10 収穫

7月上旬～8月下旬、開花からおよそ40～60日で大きく赤く熟した果実を収穫する

1 へたの周辺まで赤く完熟したら収穫適期。

2 へたの部分をできるだけ短くハサミで切って収穫する。

2本仕立てで苗を節約

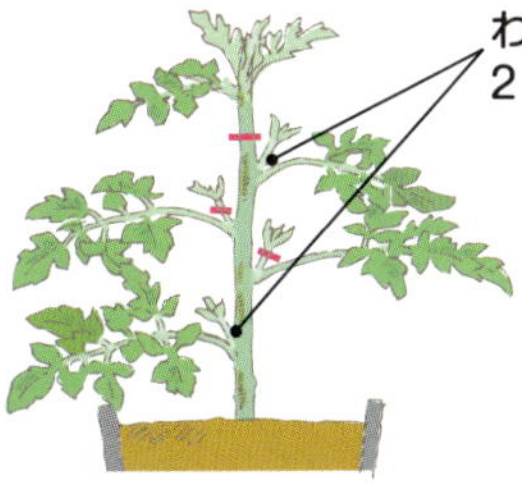

1 苗を節約したい場合はわき芽を伸ばして2本仕立てにする。本葉が5～6枚出たら、勢いのよいわき芽を2本残し、主枝の先と他のわき芽をかき取る。

2 それぞれの枝の本葉が6～8枚出たらふつうの苗と同じように植えつける。植えつけ後は追肥、芽かきなど、ふつうの苗と同様に育てる。

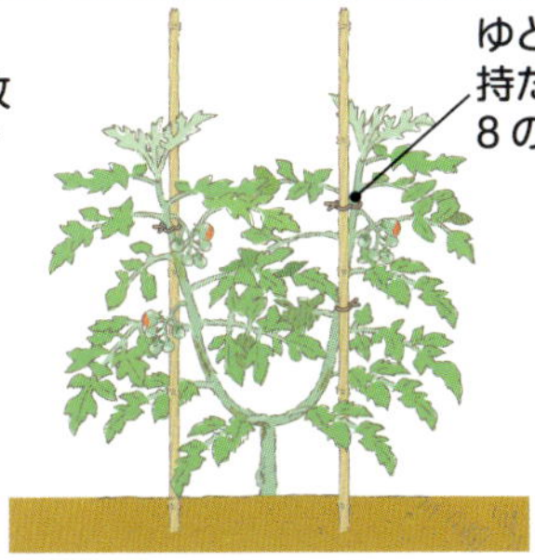

3 支柱はまっすぐ立てて、それぞれの枝を8の字結びで支柱にゆとりを持ってしばる。収穫はふつうに育てたものより2週間ほど遅くなる。

実の尻が黒くなったらカルシウム不足

カルシウム(石灰)が不足すると、実が大きくなるにつれ、尻が黒く変色してしまうことがある。栽培前にしっかりと石灰を施し、乾燥に気をつける。

手軽にミニトマトを楽しむ

ミニトマトは摘果のみ行わずに、あとはふつうのトマトと同様に育てる。実が小さいため、収穫はふつうのトマトより1～2週間ほど早くなる。

ミニトマトは形や色のバラエティーが豊富なので、いろいろな品種を育ててみるのも楽しい。写真は実が楕円形になる品種。

利用の幅が広く、手をかければ長く収穫できる

ナス

ナス科　難易度

ふつう

栽培のポイント

- 長期間栽培するが難易度はふつう。
- 栽培期間、収穫期間が長いので追肥を欠かさない。
- 主枝《しゅし》、側枝《そくし》2本の3本仕立てにする。
- 高温を好むため、気温が上がってから植えつける。

栽培カレンダー

作業＼月	1	2	3	4	5	6	7	8	9	10	11	12
種まき		■	■									
植え替え			■									
植えつけ				■	■	気温が上がってから						
しきわら				■	■							
芽かき・支柱立て①					■							
追肥					■	■	■	■	■	追肥は欠かさない		
支柱立て②					■	■						
収穫						■	■	■	■	■		
整枝						■	■	■	■			
更新剪定							■	■				

1 種まき

2月中旬～3月上旬、セルトレイに種まきをして発芽させる

1 セルトレイ（育苗用の連結ポット）に培養土《ばいようど》を入れ、指先で軽く窪みをつけて、一粒ずつ種をまいていく。

2 種が隠れるように土をかぶせ、上から軽く押さえて種と土を密着させる。

3 種まき後、土と種を密着させるためにたっぷりと水やりをする。

2 植え替え

3月上旬～3月下旬、本葉が出たら植え替え

1 本葉が出たら、竹串などを使って根を傷めないように取り出し、3.5号ポットに入れた培養土に植え替える。

Point ポイント　**水が勢いよく出ないようにする**

2 植え替え後、たっぷりと水やりをする。このとき、水流で植えつけた苗を傷めないように、ジョウロの先に植物の茎などを詰めて水が勢いよく出ないように工夫する。

3 植えつけ

4月下旬～5月中旬、本葉が6～7枚になったら植えつける

❶ 気温が十分あがって、本葉が6～7枚ほどになったら60cm間隔で畑に植えつける。

❷ 根鉢を崩さないようにポットから取り出し、根鉢ほどの大きさに掘った穴に植えつける。

❸ 株元に土を寄せるようにして、根と土を密着させるように株元を軽く押さえる。

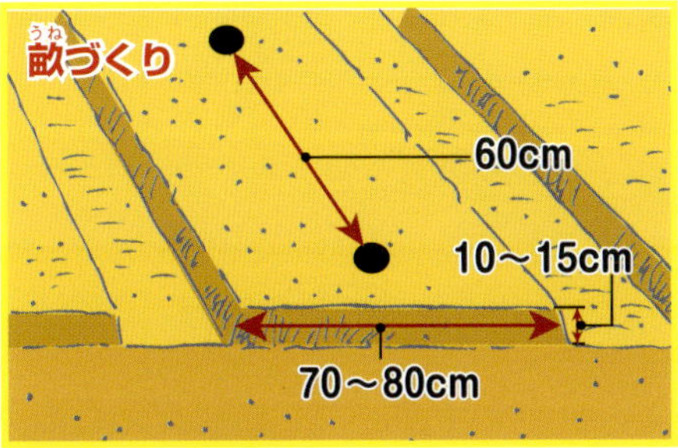

[植えつけ2週間前]
苦土石灰《くどせっかい》100g/m²をまいてよく耕す。

[植えつけ1週間前]
堆肥《たいひ》2kg/m²、化成肥料100g/m²を畑の全面にまいてよく耕し、畝をつくる。

❹ 植えつけ後、わき芽をすべて取っておく。植えつけ時にすでに一番花がある場合は、その花よりひとつ下のわき芽を残し、そのわき芽より下のわき芽をすべてかき取る。

❺ 株の周囲にドーナツ状の土手をつくり、その中にたっぷりと水やりをする。

4 しきわら

4月下旬～5月中旬、植えつけ後に株元にわらをしく

保温、雨水のはね返りによる土壌病害の発生予防、雑草が繁茂することを防ぐために、株元にわらをしく。

5 芽かき・支柱立て①

5月上旬～5月下旬、わき芽を整理し3本仕立てにして、支柱を立てる

❶ 一番花が出たら、その花を挟んだ上下のわき芽1本ずつを残し、他のわき芽を取り去り、主枝、側枝2本の3本仕立てにする。

❷ わき芽を取り去ったあと、株に沿って長さ1.5mほどの支柱を立て、8の字結びで余裕を持たせて主枝を固定する。

6 追肥　5月下旬～9月下旬、2週間に1回の割合で追肥をする

1 植えつけから1カ月後、2週間に1回の割合で追肥する。畝《うね》に沿って浅く溝を掘る。

2 溝に $1m^2$ あたり一握り(20～30g)の化成肥料を均一にまく。

3 外側の土を肥料にかぶせて溝を埋め、畝に土を寄せる。

7 支柱立て②

5月下旬～6月中旬、2本の側枝に沿って支柱を立てる

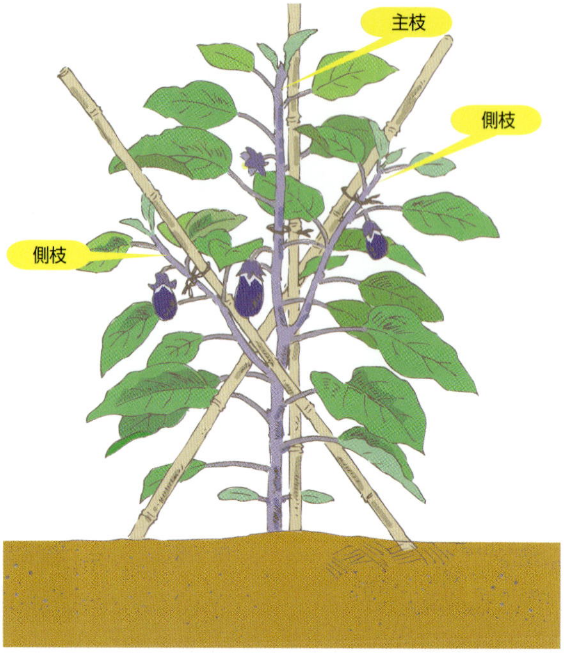

主枝《しゅし》を支える支柱はそのままにして、2本の側枝《そくし》にそれぞれ沿わせるように2本の支柱を斜めに立てて、それぞれの側枝を8の字結びで余裕を持って固定する。

8 収穫　6月上旬～10月中旬、開花後15～25日で収穫開始

Point ポイント　一、二番果は早めに収穫

1 一番果、二番果は、株の生育を促すために小さなうちに収穫してしまう。

2 開花から15～25日後、果実の長さが10～12cm以上になったら収穫適期。へたをハサミで切って収穫する。

9 整枝

6月下旬～9月中旬、収穫前後で摘心《てきしん》する

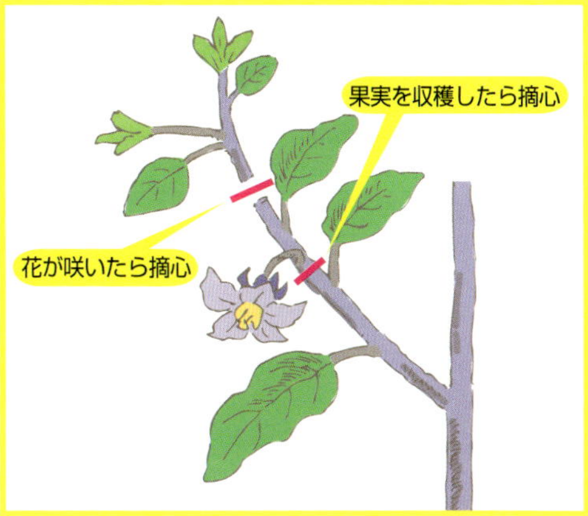

3本仕立てにした主枝、側枝から伸びた側枝に花がついたら、その花の上の葉を1枚残してその先を摘心する。果実を収穫後、果実の下の葉を2枚残した位置で枝を切る。

10 更新剪定《こうしんせんてい》

7月下旬～8月上旬、側枝の生育を促すために剪定をする

1 枝が込み合ってきたら、主枝と2本の側枝を切り戻して、それぞれ1～2本の枝が残るようにすると、よい秋ナスが収穫できるようになる。

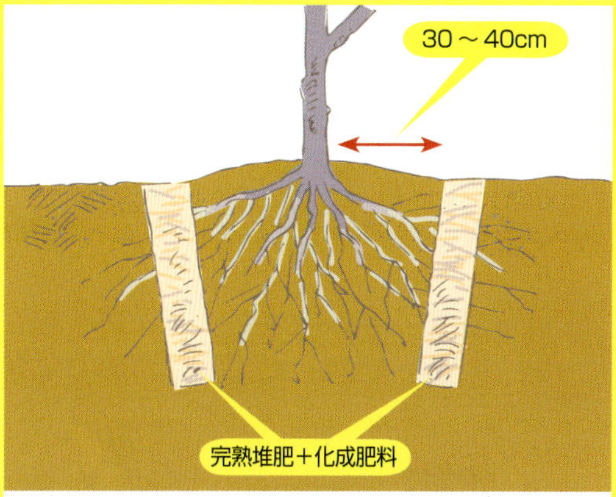

2 更新剪定をしたあとは、株元から30～40cmほど離れた場所をドーナツ状に深く耕しながら、完熟堆肥《たいひ》3握り(60～90g)、化成肥料軽く一握り(20g)を施す。

株が小さいときはビニールで囲む

株がまだ小さいときには、風よけ、保温・保湿のために株の四隅に支柱を立ててビニールで囲む。

わき芽を伸ばして2本仕立てにする

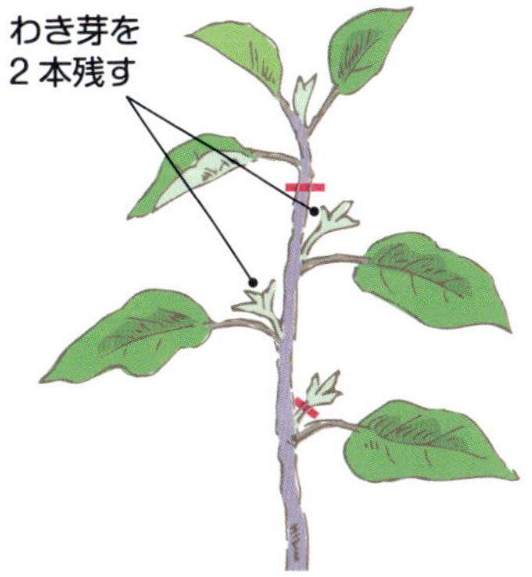

1 苗の数が少ない場合は2本仕立てにする。本葉が3～5枚出たら主枝を取り去り、わき芽を2本残す。

2 収穫は5～7日遅くなるが、植えつけから収穫までふつうの株と同様に育てる。ただし支柱はそれぞれ1本ずつにする。

ゴーヤーとも呼ばれる育てやすい健康野菜

ニガウリ

ウリ科　難易度　やさしい

栽培のポイント

- 病害虫の発生が少なく育てやすいので難易度は低い。
- つるがよく伸びるので、ときどき整枝して風通しをよくする。
- 開花後20日ほどたったらまだ若く未熟な果実を収穫する。

栽培カレンダー

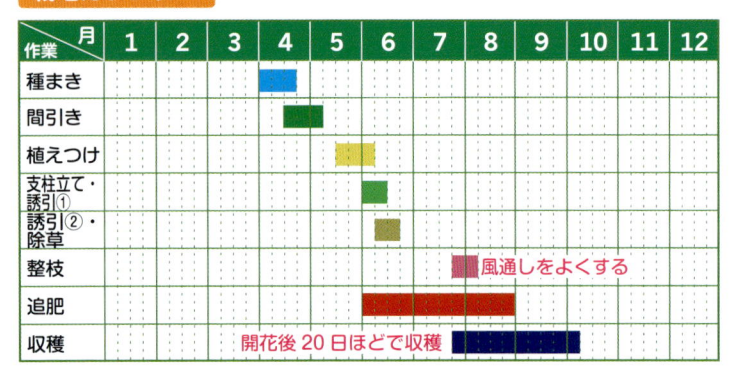

作業＼月	1	2	3	4	5	6	7	8	9	10	11	12
種まき												
間引き												
植えつけ												
支柱立て・誘引①												
誘引②・除草												
整枝								風通しをよくする				
追肥												
収穫			開花後20日ほどで収穫									

1 種まき

4月上旬～4月下旬、3号ポットに種をまいて育苗する

1 3号ポットに培養《ばいよう》土《ど》を入れ、指先で2カ所1cmほどの窪みをつけ、それぞれの窪みに一つずつ種をまく。

2 周囲の土を寄せるようにして種に土をかぶせ、軽く押さえて土と種を密着させる。

3 種まき後、土と種を密着させるためにたっぷりと水やりをする。

2 間引き

4月中旬～5月上旬、本葉が2～3枚出たら間引く

本葉が2～3枚出たら、生育の悪いもの、葉や茎が痛んでいるものなどを選び、ハサミで株元を切って間引き、1本にする。

3 植えつけ

5月中旬～6月上旬、本葉が3～4枚になったら植えつける

1 本葉の枚数が3～4枚になったら畑に株間60cm、50cm間隔の2列で植えつける。

2 ポットから根鉢を崩さないように取り出し、根鉢ほどの大きさの穴を掘って植えつける。

3 周囲から土を寄せるようにして株元を軽く押さえて根と土とを密着させる。

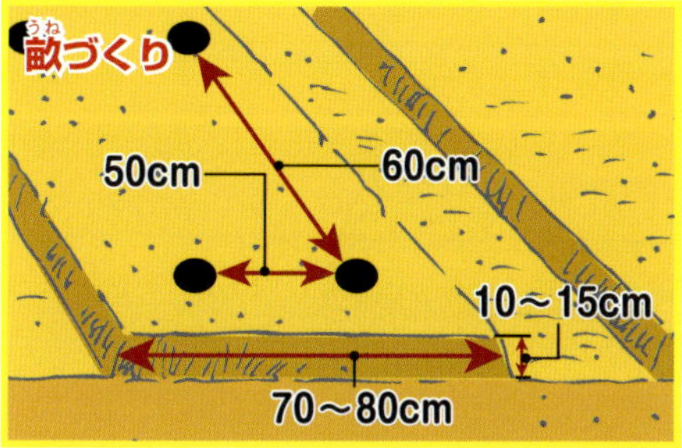

[植えつけ2週間前]
苦土石灰《くどせっかい》100g/m²をまいてよく耕す。

[植えつけ1週間前]
堆肥《たいひ》2kg/m²、化成肥料100g/m²を畑の全面にまいてよく耕し、畝をつくる。

4 植えつけ後はたっぷりと水やりをし、寒冷紗《かんれいしゃ》のトンネルで覆う。

4 支柱立て・誘引《ゆういん》①

6月上旬～6月中旬、寒冷紗をはずして支柱を立てる

1 それぞれの株の外側に2mほどの支柱を斜めに立て、上部を交叉させ、交差部分に支柱を通してしっかりと縛る。

2 支柱と支柱の間に筋交いを入れ、しっかりと固定する。

3 つるが絡みやすいよう、支柱の間に上下30cm間隔で横にひもを張る。

4 伸び出たつるを支柱やひもに絡ませるようにして上へと誘引する。

5 誘引《ゆういん》②・除草

6月中旬、つるが伸び出したら誘引・除草する

1 つるが伸び出したら、支柱やひもに絡めるように誘引する。

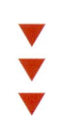

2 誘引後、株元の土を指先でほぐすようにしながら耕し、同時に除草する。

6 整枝

7月下旬～8月上旬、込み合った部分をすく

1 つるが伸び、葉が茂って込み合ってきたら、つるの先を持ち上げるようにしながら込み合った部分の葉を取り除く。

2 畝《うね》からはみ出して伸びていくつるは先を切って整理する。ところどころに小窓が開いたようにして、風通しをよくする。

7 追肥

6月上旬～8月下旬、2週間に1回程度の割合で追肥する

1 植えつけから2週間後、2週間に1回程度の割合で追肥する。畝に沿って浅く溝を掘る。

2 溝に $1m^2$ あたり一握り(20～30g)の化成肥料を均一にまく。

3 外側から土を寄せるようにして肥料に土をかぶせて溝を埋め、畝に土を寄せる。

8 収穫

7月下旬～10月上旬、実が未熟な緑色のうちに収穫

ポイント 若い実を収穫する

1 品種ごと、十分な長さに育ったら、緑色の未熟なうちに収穫する。表面の凸凹が大きくなり、つやが出てきたら収穫適期。

2 つるはかたいので、ハサミで切って収穫する。

完熟した種はおやつに最適

完熟すると果実はオレンジ色になり、中には真っ赤なゼリー状の物質で覆われた種がある。赤い部分は甘く食べられる。

フェンスに絡ませて栽培できる

ニガウリはフェンスを利用してもよい。生育おう盛なので、家の目隠しや日よけとして利用することができる。

メキシコ料理には欠かせない青トウガラシ

ハラペーニョ

ナス科　難易度　ふつう

栽培のポイント

- 期間がやや長いので難易度はふつう。
- 高温性の野菜で栽培適温は 25 ～ 30℃。十分暖かくなってから植えつける。
- 根が繊細で土壌の過湿に弱いので、排水のよい畑で育てる。
- 栽培期間・収穫期間が長いため、肥料不足とならないように追肥する。
- 未熟で緑色の果実を収穫して利用する。

栽培カレンダー

作業＼月	1	2	3	4	5	6	7	8	9	10	11	12
種まき			■									
植え替え			■									
植えつけ				■	■ 十分暖かくなったら							
しきわら				■	■							
芽かき					■							
支柱立て					■							
追肥						■	■	■	1カ月に1～2回			
収穫						■	■	■	■	緑色の果実を収穫		

1 種まき

3月上旬～3月中旬、セルトレイに種をまいて発芽させる

1 セルトレイ(育苗用の連結ポット)に培養土《ばいようど》を入れ、指先で土に浅い窪みをつけてから、一粒ずつ種をまいていく。

2 種が隠れるように土をかぶせ、手で軽く押さえて種と土を密着させる。

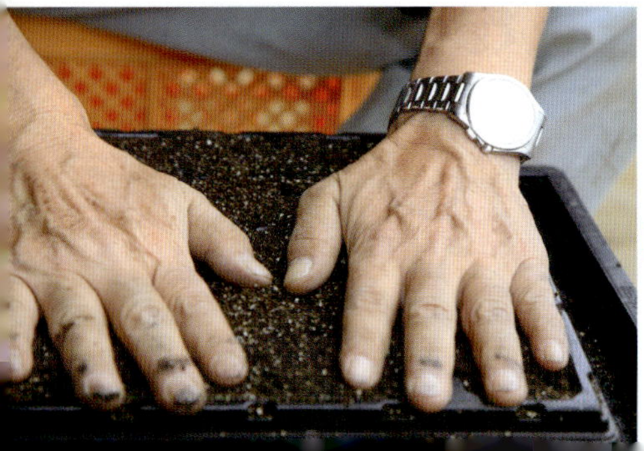

3 種まき後、ジョウロでたっぷりと水やりをする。

2 植え替え

3月中旬～3月下旬、本葉が出始めたらポットに植え替え

1 根鉢を崩さないようにていねいに苗を抜く。3.5号ポットに培養土を入れ、根の大きさほどの穴を開けて苗を植えつける。

Point ポイント　水の勢いを調整する

2 勢いよく水が出ないように、口先に植物の茎などをさして水流を弱めたジョウロで、たっぷりと水やりをする。

3 植えつけ

**4月下旬～5月中旬、
本葉が7～8枚になったら畑に植えつける**

1 本葉が7～8枚ほどに生長したら45cm間隔で畑に植えつける。

2 植えつけの前に、わき芽をすべて取り除いておく。

3 根鉢を崩さないようにポットから取り出し、根鉢ほどの大きさに掘った穴に植えつける。

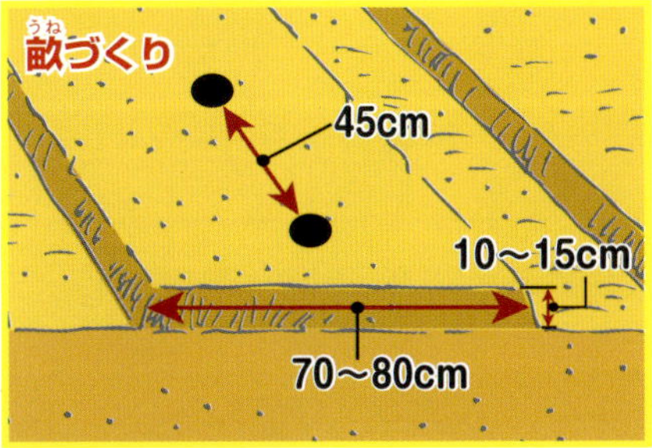

[植えつけ2週間前]
苦土石灰《くどせっかい》100g/m^2をまいてよく耕す。

[植えつけ1週間前]
堆肥《たいひ》2kg/m^2、化成肥料100g/m^2を畑の全面にまいてよく耕し、畝をつくる。

4 周囲の土を寄せるようにして、軽く株元を押さえて根と土を密着させる。

5 株の周囲にドーナツ状に土手をつくり、その中にたっぷりと水やりをする。

4 しきわら

4月下旬～5月中旬、植えつけ後、株元にわらをしく

株元にわらをしいて、雨水のはね返りによる土壌病害を防いだり、雑草の繁茂を予防する。

5 芽かき

**5月上旬～5月下旬、
一番花がついたら芽かきをして3本仕立てに**

一番花がついたら、それより下のわき芽をすべて取り除き、主枝《しゅし》と生育のおう盛な2本の側枝《そくし》を残して3本仕立てにする。

6 支柱立て

5月上旬～5月下旬、支柱を立てて主枝を固定する

1 株から5cmほど離れた場所に、1.5mほどの支柱を立てる。

2 主枝《しゅし》を8の字結びでやや余裕を持たせて縛り、固定する。

7 追肥

6月上旬～8月下旬、2週間に1回の割合で追肥する

1 しきわらを取り除き、表面を軽くほぐしておく。

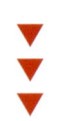

2 一株につき軽く一握り(20g)の化成肥料を、葉の広がりの下にドーナツ状に施す。

3 指の先で土をほぐすようにしながら土と肥料を混ぜる。株元に土を寄せて軽く押さえ、わらを元に戻す。

8 収穫

6月上旬～9月下旬、果実が6～7cmになったら収穫開始

1 果実の長さが6～7cmほどになったら、まだ緑色で未熟なうちに順次収穫する。

2 へたをハサミで切って収穫する。枝を押さえ、果実を持って手で収穫してもよい。

次つぎに実をつける、ビタミンCが豊富なやさしい夏野菜

ピーマン

ナス科　難易度　やさしい

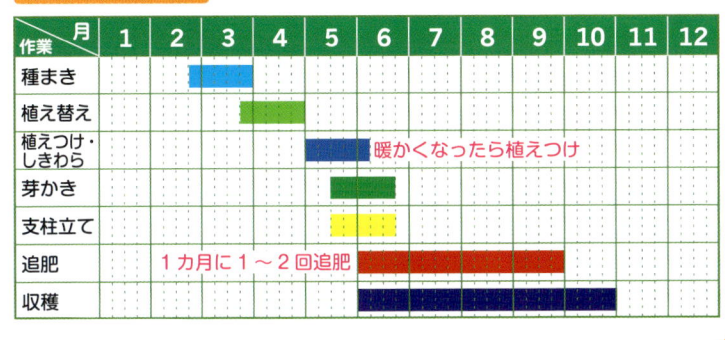

栽培のポイント

- 栽培は容易なので難易度は低い。
- 夏場の暑さも初秋の涼しさにも強い。ただし、苗は寒さに弱いので植えつけは十分に暖かくなってから行う。
- ４～５カ月間にわたって収穫できる。
- ４～５株あれば４人家族を十分まかなえる。

栽培カレンダー

作業＼月	1	2	3	4	5	6	7	8	9	10	11	12
種まき		■	■									
植え替え			■	■								
植えつけ・しきわら					■	暖かくなったら植えつけ						
芽かき					■	■						
支柱立て					■	■						
追肥		1カ月に1～2回追肥				■	■	■	■			
収穫						■	■	■	■	■		

1 種まき

２月下旬～３月下旬にセルトレイに種をまく

❶ 培養土《ばいようど》をセルトレイ（育苗用の連結ポット）に平らになるように入れて、指で軽く窪みをつける。

❷ 窪みをつけた部分に種を一粒ずつまき、土をかぶせて表面を平らにならす。

❸ 土をかぶせたら、土と種が密着するように、ジョウロでたっぷりと水やりをする。

2 植え替え

３月下旬～４月下旬、本葉が１～２枚出たら植え替え

❶ 3.5号ポットに縁まで培養土をいっぱいに入れる。

❷ 本葉が１～２枚出たら植え替えをする。竹串などでセルトレイから苗を取り出す。ポットに根鉢と同じ大きさの穴を指で開けて、そこに苗を植える。

❸ 苗を植えたら、表面に軽く土をかぶせる。その後、しっかりと株元を押さえて土と密着させる。

Point
ポイント
ジョウロの先に詰め物をする

❹ 植え替え後は水やりをする。株が小さく倒れやすいので、水の勢いを小さくするために、ジョウロの先端に雑草の茎などを数本詰めておく。

③ 植えつけ・しきわら

5月上旬～6月上旬、本葉7～10枚ついた苗を植えつける

① 本葉7～10枚で植えつけをする。苗を購入する場合は、葉の緑が濃く、節が詰まったものを選ぶ。

② 植えつけの前にわき芽をすべて取り除く。わき芽を指でつまみ、倒すようにして折り取る。

③ わき芽を取り除いたら、根鉢を崩さないようポットからそっと取り出す。

④ 株間40～50cmに根鉢と同じ大きさの植え穴を掘り、苗を植えつける。

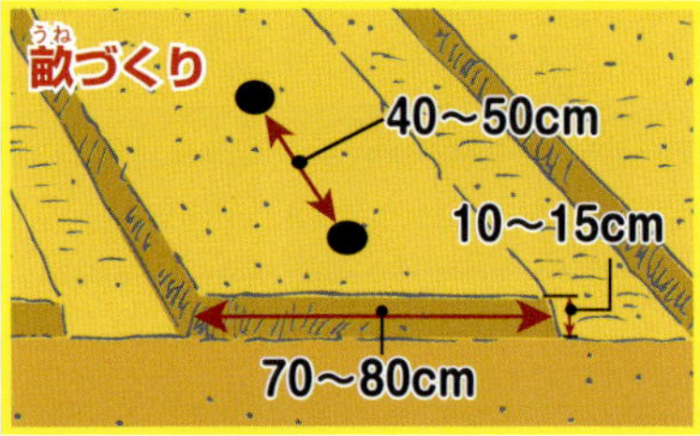

[植えつけ2週間前]
苦土石灰《くどせっかい》100g/m²をまいてよく耕す。

[植えつけ1週間前]
堆肥《たいひ》2kg/m²、化成肥料100g/m²を畑の全面にまいてよく耕し、畝をつくる。

⑤ 植えつけたら株元を軽く手で押さえて土と密着させ、たっぷりと水やりをする。

⑥ その後、乾燥を防ぐためにわらをしく。わらがない場合は植えつけ前にマルチングをしておく。

④ 芽かき

5月中旬～6月下旬、一番花より下のわき芽をかく

① ある程度株が育ったら、一番花（最初に咲いた花）の下のわき芽を2本残して、ほかのわき芽を摘み取る。

② わき芽は指でつまみ、できるだけ茎を残さないように折り取る。芽かきは切り口を乾燥させるために晴れた日に行う。

⑤ 支柱立て

5月中旬～6月下旬、芽かき後に支柱を立てる

① 芽かき後は、長さ100～150cmの支柱を立てる。株元から3～5cmくらい離れたところに立てる。

② 一番花の下にひもを8の字に交差させ、支柱に結び目が来るように結ぶ。このとき茎を支柱にぴったりつけないよう、ある程度余裕を持たせる。

支柱と株は8の字にひもで結び支柱のほうに結び目をつくる。支柱と茎の間は余裕を持たせる。

6 追肥

6月上旬～9月下旬、一番果ができはじめたら追肥をする

1 一番果ができはじめた頃から9月までに月1～2回追肥をする。わらをはずして一株あたり軽く一握り（20g）の化成肥料を施す。

2 葉の広がりに合わせ、株元に肥料を施す。ポリマルチの場合はマルチの穴に入れる。

3 肥料と土を軽く混ぜ合わせて株元に寄せ、わらを戻す。株が大きくなったら畝の側面に追肥をして土寄せをする。

7 収穫

6月上旬～10月下旬、一番果は早めに収穫する

1 長さ5～6cmほどの大きさになったら収穫する。株の生育をよくするために早めに収穫して、株を疲れさせないようにする。とくに一番果は早めに収穫する。

2 収穫の際は茎が折れないように果実を持って、ハサミでつけ根を切って収穫する。

熟して収穫すると栄養2倍！

1 ふつうピーマンは緑色のうちに収穫するが、完熟させると赤くなって栄養価も2倍になる。

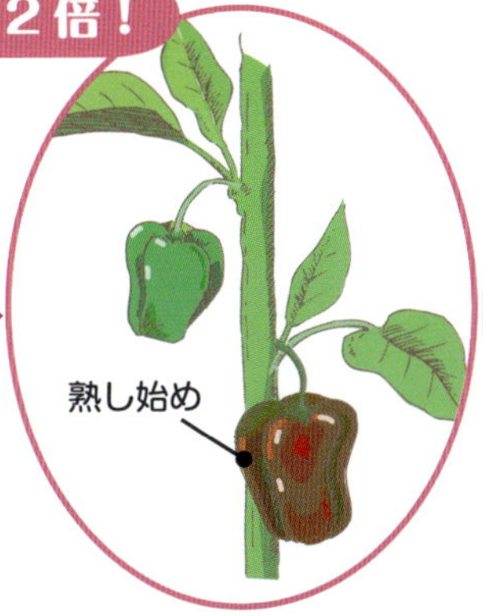

2 完熟させるには収穫適期のピーマンを2～3週間放置する。熟し始めると実の色が黒ずみ始める。

3 1～2週間後、真っ赤に完熟したピーマンができる。完熟させると株が疲れやすくなり収量は落ちるので注意。

パプリカ（カラーピーマン）も完熟させてから収穫した大果種で、形も色も多くの種類がある。

一度は育ててみたい果実的野菜

メロン

ウリ科　難易度　むずかしい

栽培のポイント

- 温度、気候によって生育が左右されるため難易度は高い。
- 高温性で、昼間 28 ～ 30℃、夜間 18 ～ 20℃の温度が必要で、18℃以下では生育しない。
- 日光を好むので、十分な日あたりのある場所で栽培する。
- 開花日に人工受粉し、目的の部位に確実に着果させることが大切。

栽培カレンダー

作業＼月	1	2	3	4	5	6	7	8	9	10	11	12
種まき				■								
間引き				■								
植えつけ					■	日あたりのよい場所で栽培						
摘心①・しきわら						■						
整枝						■						
人工受粉						■	目的の部位に確実に着果させる					
摘心②・誘引						■	■					
追肥						■	■					
寒冷紗かけ							■					
収穫								■				

1 種まき

4 月上旬～ 4 月中旬、
ポットに 2 粒ずつ種をまく

1 3 号ポットに培養《ばいよう》土《ど》を入れ、指先で浅い窪みを 2 カ所つけて、その窪みに一粒ずつ種をまく。

2 周囲の土を寄せるようにして種に土をかぶせ、軽く押さえて種と土を密着させる。

3 種まき後、ジョウロでたっぷりと水やりをする。

2 間引き

4 月中旬～ 4 月下旬、
本葉 1 枚出たら間引いて 1 本立ちに

1 本葉が 1 枚出たら、間引いて 1 本にする。

2 生育の良いものを残して他をハサミで株元から切り取る。

3 植えつけ

5月中旬～5月下旬、本葉4～5枚になったら植えつけ

1 種まきから35日～40日ほどして、本葉が4～5枚になったら60cm間隔で植えつける。

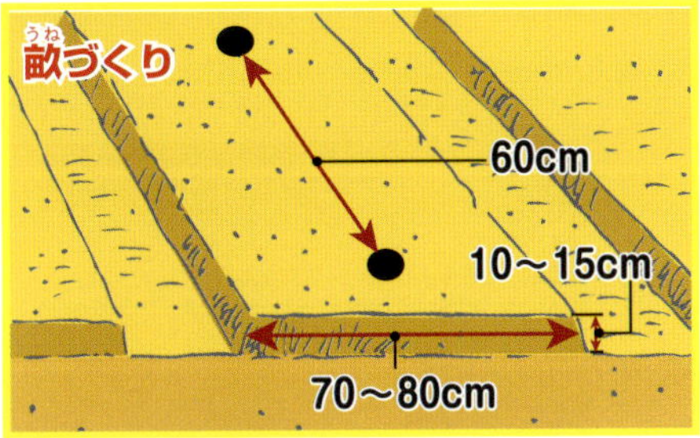
畝《うね》づくり
60cm
10～15cm
70～80cm

[植えつけ 2 週間前]
苦土石灰《くどせっかい》 100g/m²をまいてよく耕す。

[植えつけ 1 週間前]
堆肥《たいひ》 2kg/m²、化成肥料 100g/m²を畑の全面にまいてよく耕し、畝をつくる。

2 根鉢を崩さないようにポリポットからはずし、根鉢ほどの大きさに掘った穴に植えつける。

3 周囲から土を寄せるようにして、軽く株元を押さえて根と土を密着させる。

4 植えつけが済んだら、寒冷紗《かんれいしゃ》のトンネルで覆い、保温をし、同時に害虫の被害を予防する。

4 摘心《てきしん》①・しきわら

6月上旬～6月中旬、親づるを本葉5～6枚で摘心

本葉5～6枚を残して
先端を摘み取る

1 親づるを本葉5～6枚残してその先を指先で摘み取り、子づるの発生・生育を促す。

2 雑草防止と雨の跳ね返りを防ぐために、畝全体にわらをしく。

5 整枝

6月上旬～6月下旬、子づるを2本残して他の子づるを摘み取る

生育のよい子づるを2本残す

子づるの生育を促すため、生育のよい子づる2本だけを残して、他を摘み取る。残した子づるを、畝の片側に伸びるように広げて誘引《ゆういん》する。

⑥ 人工受粉

6月中旬～6月下旬、開花日に人工受粉する

がくの下に膨らみのないのが雄花

がくの下が膨らんでいるのが雌花

❶ メロンの雌花は孫づるにつく。雌花が開花したらその日に人工受粉をする。

❷ 雄花をとって、花弁《かべん》を取り去り、雄しべをむき出しにする。

❸ 雄しべの先を雌花の花柱《かちゅう》（雌しべの先）にこするようにして、雄しべの花粉を雌しべの先につけ、受粉させる。

⑦ 摘心《てきしん》②・誘引《ゆういん》

6月下旬～7月上旬、子づる・孫づるを摘心する

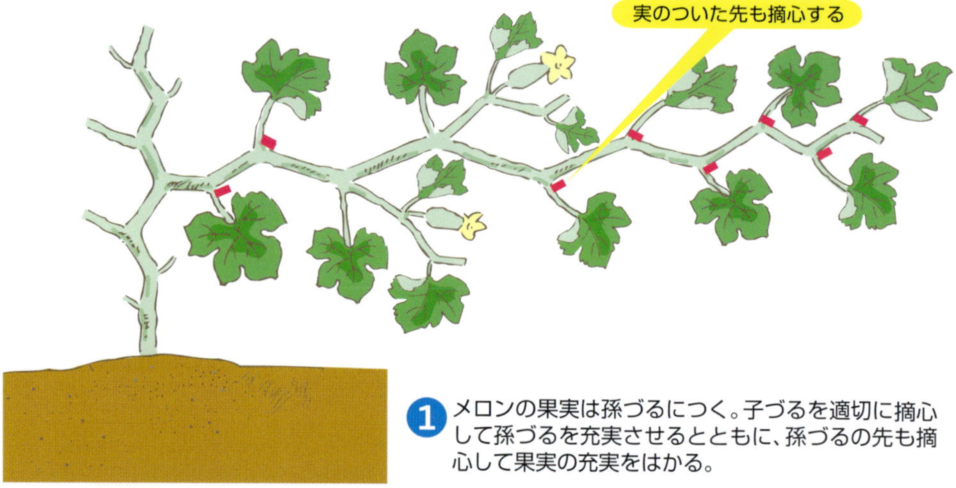
実のついた先も摘心する

❶ メロンの果実は孫づるにつく。子づるを適切に摘心して孫づるを充実させるとともに、孫づるの先も摘心して果実の充実をはかる。

❷ 子づるは本葉20～25枚つけて、その先で摘心する。

着果した果実

❸ 孫づるは着果《ちゃっか》した先に1枚葉をつけてその先をハサミで切り、摘心する。ひと株で5～6個の果実が実るように適切に摘心・整枝する。

❹ 摘心後、つるを伸ばす先にしきわらをふやし、つるどうしが絡まないようにしながら、畝《うね》から直角に伸び出て行くように誘引する。

8 追肥 6月下旬～7月中旬、1～2回畝の脇に追肥する

1 つるを伸ばした側とは反対側の畝の脇に、畝に沿って浅く溝を掘る。

2 溝に $1m^2$ あたり一握り（20～30 g）の化成肥料を均一にまく。

3 外側から土を寄せるように肥料に土をかぶせ、畝に土寄せをする。

9 寒冷紗《かんれいしゃ》かけ

7月上旬～7月下旬、カラスなどの被害を防ぐために寒冷紗でトンネルがけをする

1 着果部分全体にトンネル用の支柱を設置し、支柱を覆うように寒冷紗でをかける。

Point ポイント 裾を開けて風通しよく

すき間をつくる

2 寒冷紗は洗濯ばさみなどで押さえ、寒冷紗の裾をまくり上げるようにして、すき間をつくり、風通しが悪くならないようにする。

10 収穫 8月上旬～8月下旬、人工授粉後40～45日たったころ収穫

Point ポイント 果実のついた節の葉が枯れたら収穫適期

果実と同じ節の葉が枯れたら収穫

1 果実のついた節の葉が褐色に枯れてきたら収穫適期。受粉日を目安に、収穫適期を判断し、1～2個試し取りをして確かめて、他のものを収穫する。

2 果実のへたをハサミで切り、収穫する。

収穫が楽しい土中で実るマメ

ラッカセイ

マメ科 難易度 ふつう

栽培のポイント

- 栽培期間がやや長いため難易度はふつう。
- 開花後、子房柄《しぼうへい》（さやのつく柄）が伸びて地中に潜るため、地面はよく耕しておく。
- 石灰分が不足すると空さやが多くなるので、必ず石灰分を施す。
- 追肥は、多くやりすぎると実がつきにくくなるので控えめにする。

栽培カレンダー

作業＼月	1	2	3	4	5	6	7	8	9	10	11	12
畝づくり						石灰は必ず施す						
種まき												
追肥									控えめに施す			
収穫												
収穫後												

1 畝《うね》づくり

5月上旬～5月下旬、種まきの1週間前までに畝づくりを終える

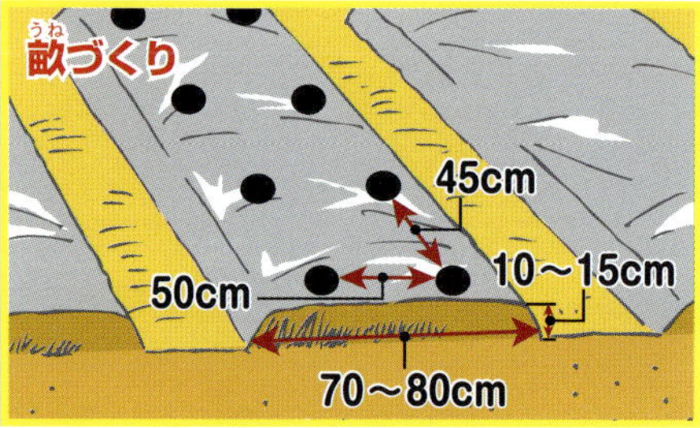

[種まき2週間前]

苦土石灰《くどせっかい》 100～150g/m²をまいてよく耕す。

[種まき1週間前]

堆肥《たいひ》 2kg/m²、化成肥料 100g/m²を畑の全面にまいてよく耕し、畝をつくる。

石灰分を好むため種まき2週間前までに必ず苦土石灰を施し、1週間前には畝をつくり、保温と雑草防除のためにポリマルチ（マルチ）を張る。

2 種まき

5月中旬～6月上旬、マルチに穴を開けて45cm間隔で種をまく

1. 畝に張ったマルチに、株間45cm、条間50cmにカッターを使い十字に切れ込みを入れ、穴を開ける。

▼

2. 1カ所につき2粒ずつ、マルチの切れ目から土の中に押し込むように種をまいていく。

Point ポイント 鳥から種を守るために寒冷紗《かんれいしゃ》をかぶせる

3. 種まきが終わったら、鳥害《ちょうがい》を防ぐためにマルチの上に寒冷紗をかぶせるように張る。

3 追肥

6月上旬～8月中旬、マルチをはずして追肥する

1 花が咲きはじめたら、畝に張ったマルチを、株元を切り開くようにして、株を傷めないように注意しながらはずす。

2 畝の両脇にクワを使って浅く溝を掘る。

3 溝に、1m^{2}あたり一握り(20～30g)の化成肥料を均一にまく。

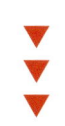

4 土を肥料にかぶせるようにしながら溝を埋め、株元に土寄せをする。

4 収穫

9月中旬～10月中旬、葉が黄色っぽくなってきたら収穫する

1 大きく畝全体に茂った株の葉が、少し黄色くなってきたら収穫適期。ひと株引き抜いてみて実の入り具合を確認するとよい。

2 つる全体を持って、株ごと引き抜いて収穫する。

花は咲き終わると土に潜る

ラッカセイ(落花生)はその名前の通り、黄色い花が咲き終わると子房柄が土の中に潜って実をつける。

5 収穫後

9月下旬～10月下旬、収穫後乾燥させてからさやを茎葉からはずす

収穫後雨のあたらない場所に株を裏返しに広げて、よく乾かしてから茎葉からさやをとりはずす。

コンテナ栽培

ベランダやキッチンで育てよう

❶ コンテナ選び

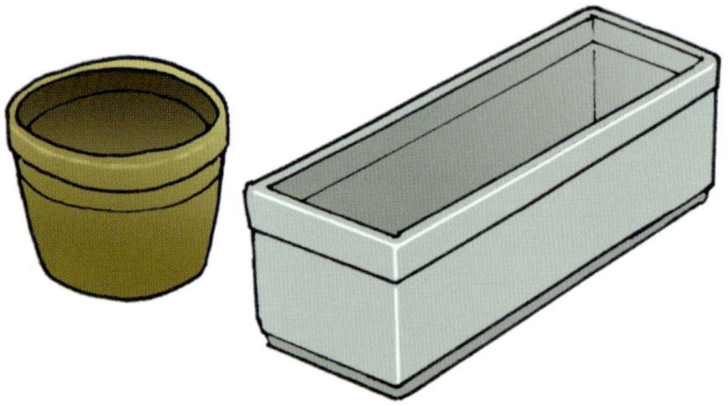

野菜のコンテナ栽培では、コンテナの大きさとともに、その深さが重要になります。パセリなどでは深さ 10cm ほどでも大丈夫ですが、大きく育ち栽培期間が長くなる果菜類では 15 ～ 20cm 以上の深さが必要になります。

● コンテナ野菜栽培のポイント

- 栽培可能な野菜を選ぶ。
- 小さな葉もの野菜以外は深めのコンテナを使う。
- 水はけと水持ちがよく、通気性の高い土を利用する。
- 乾燥、過湿に注意しながら水やりを欠かさない。
- 生育のようすを見ながら追肥をし、肥料切れに注意する。
- 日あたりのよい場所に置く。

❷ 土づくり

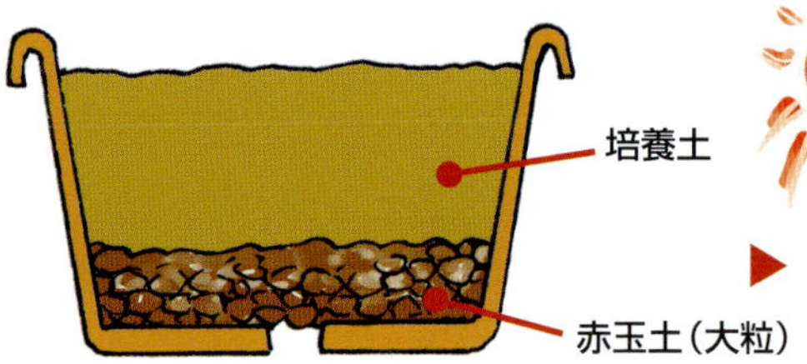

コンテナ栽培では、畑以上に水持ちや水はけ、通気性のある培養《ばいよう》土《ど》が必要になります。その点、市販される野菜専用培養土はすでに肥料を加えたものもあり、手軽で便利です。なお、コンテナの底には排水性を高めるために必ず赤玉土（大粒）などを入れましょう。

❸ 置き場所

少なくとも１日４時間以上日のよくあたる場所に起きましょう。ベランダなどで時間によって日あたりが変わる場所では、午前と午後で置き場所を変えるなどして、日あたりを確保するとよいでしょう。

❹ 水やり

野菜の種類にもよりますが、基本的に鉢土の表面が乾いたらたっぷりと水やりをします。午前中の早い時間に水やりをしますが、夏の高温で乾燥が激しい時期には午後にも水やりをします。冬は夏よりも水やりを控えめにします。ただし、常に土が湿っているような状態は禁物です。

❺ 追肥

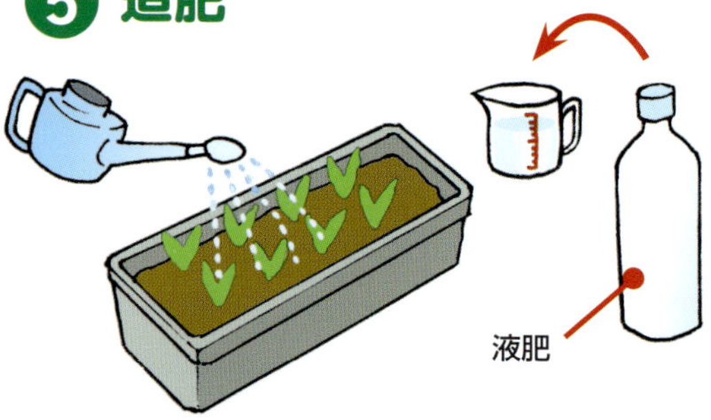

コンテナでは土の量が限られているため、野菜の吸収や水やりによる亡失で肥料切れになりやすいといえます。通常、種をまいたものでは本葉が２～３枚出たころ、苗を植えつけた場合は新しい葉やつるが伸び始めたら追肥を開始します。生育のようすを見ながら、２週間に１回ほど、水やり代わりに液肥を与えるとよいでしょう。

コンテナ栽培に適した野菜

葉菜類	パセリ、コマツナ、シュンギク、葉ネギ、ミツバ、ニラ、サラダナ、シソ、バジルなど
果菜類	トマト、ミニトマト、イチゴ、エダマメ、インゲン、ピーマン、サヤエンドウ、ニガウリ、ナス、ピーマン、キュウリ、トウガラシ、シシトウなど
根菜類	コカブ、ミニニンジン、ラディッシュ、ショウガなど

コンテナ栽培のトウガラシ。

掘って楽しい
根もの野菜

3章
根菜類の育て方

数珠つなぎになったイモを楽しく収穫できる

アピオス

マメ科　難易度　やさしい

栽培のポイント

- 丈夫で育てやすいので難易度は低い。
- 苗は購入して植えつける。翌年からは種イモを植える。
- つるを伸ばして生長するため、支柱を立てて誘引する。
- イモの生育をよくするために、花は咲いたらすぐに摘み取る。

栽培カレンダー

作業＼月	1	2	3	4	5	6	7	8	9	10	11	12
植えつけ						苗は購入する						
支柱立て												
追肥												
摘花			花が咲いたらすぐに摘み取る									
収穫												

1 植えつけ　5月上旬～5月下旬、苗を50cm間隔で植えつける

1 市販の苗を準備し、根鉢の大きさ程度の穴を掘って50cm間隔で植えつける。

2 株元に軽く土を寄せ、株元を押さえて根と土を密着させる。

3 株の周囲にドーナツ状に土手をつくり、その中にたっぷりと水やりをする。

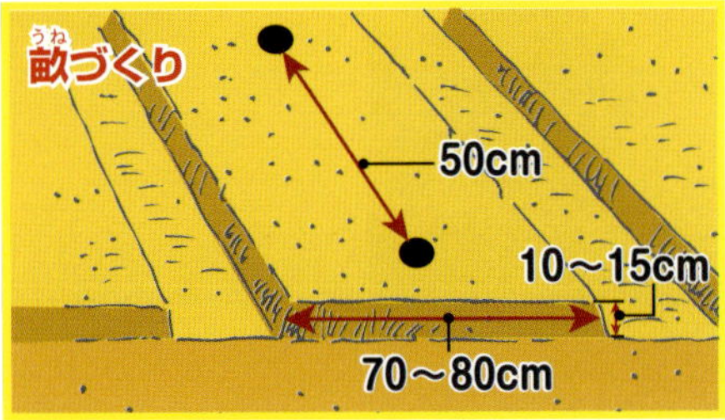

[植えつけ 2 週間前]
苦土石灰《くどせっかい》 100g/m²をまいてよく耕す。

[植えつけ 1 週間前]
堆肥《たいひ》 2kg/m²、化成肥料 100g/m²を畑の全面にまいてよく耕し、畝をつくる。

2 支柱立て

5月下旬～6月中旬、つるを誘引するために支柱を立てる

1 伸びて絡み合ったつるを傷めないようにほどく。株元に2mほどの支柱を立てる。

2 つるをらせんを描くように支柱に絡ませながら、3カ所ほどひもで固定する。

3 追肥 6月中旬～9月上旬、1カ月に1回追肥する

1 畝の脇にクワで浅い溝を掘り、$1m^2$あたり一握り（20～30g）の化成肥料を均一に施す。

2 外側から土を寄せるようにして肥料に土をかぶせ、溝を埋める。株の周辺を指先で耕すようにしながら除草をし、株元に土を寄せる。

4 摘《てき》花《か》

8月上旬～8月中旬、開花した花を随時摘み取る

花を咲かせたままにしておくとイモが太りにくくなるので、こまめに見まわって開花した花があったら随時摘み取る。

5 収穫 10月下旬～11月中旬、茎葉が枯れてきたら掘り起こして収穫

1 茎や葉が枯れてきたら収穫の適期。収穫は霜が降りる前に行う。

2 株元から30cmほど離れた場所にスコップを入れ、株ごと掘り起こすようにして収穫する。イモは地表近くにあるので取り残しのないようにする。

収穫後の保存と種イモの準備

1 収穫後、大きいイモは食用に利用し、小さいイモは種イモにする。イモは耐寒性が強いので、翌年の3月頃まで土の中に保存できる。

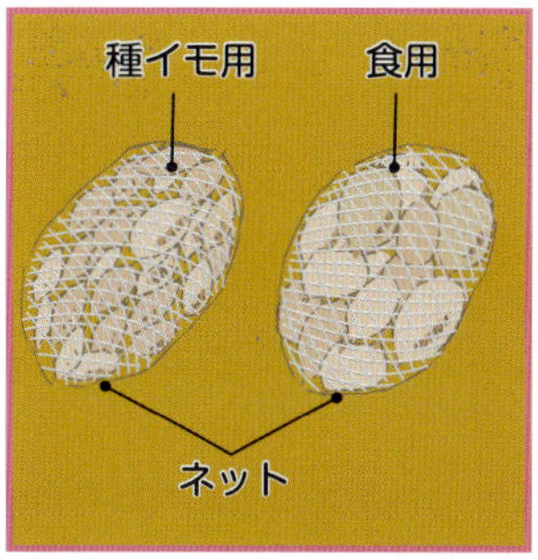

2 いくつかつながったまま食用と種イモに分けてネットに入れ、畑のすみの土中に、10～15cmの深さに埋めて保存する。

3 3月上旬ごろ、種イモを掘り上げ畑に植えつける。イモはふつう4月ごろ発芽するので発芽する前に準備を済ませる。

Memo イモは皮ごとゆでて、皮をむいて食べる。ほくほくして甘みがある。

健康食品として人気の高いショウガの仲間

ウコン

ショウガ科

難易度 ふつう

栽培のポイント

- 栽培期間がやや長いため、難易度はふつう。
- 高温を好み、寒さに弱いので、植えつけは十分暖かくなってから行う。
- 有機質が多く水はけのよい土を好むので、堆肥はたっぷりと施す。
- 霜が降りると根が傷むため、収穫は霜が降りる前に行う。

栽培カレンダー

作業＼月	1	2	3	4	5	6	7	8	9	10	11	12
畝づくり			■	■	■	堆肥はたっぷりと施す						
植えつけ				■	■							
追肥						■	■	■	■			
収穫							霜が降りる前に収穫			■	■	

1 畝《うね》づくり

3月下旬～5月上旬、植えつけの1週間前までに畝づくり

植えつけの2週間前に苦土石灰《くどせっかい》を施し、1週間前に元肥《もとごえ》を入れてよく耕し、畝《うね》をつくっておく。

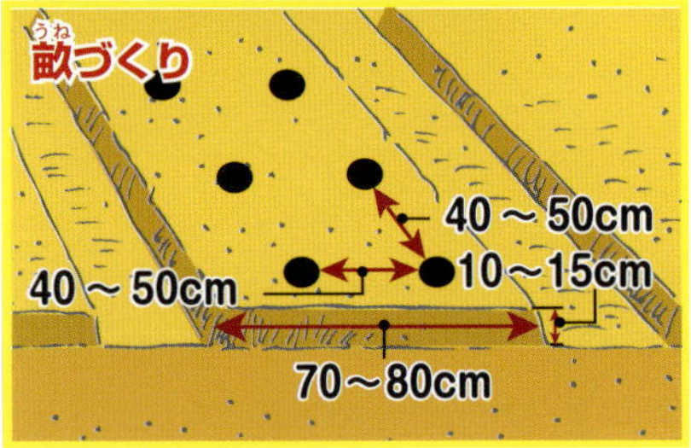

[植えつけ2週間前]

苦土石灰《くどせっかい》 100g/m²をまいてよく耕す。

[植えつけ1週間前]

堆肥《たいひ》 1kg/m²、化成肥料 100g/m²を畑の全面にまいてよく耕し、畝をつくる。

2 植えつけ

4月上旬～5月下旬、30cm間隔で種ウコンを植えつける

1 クワの幅で深さ15cmほどの溝を掘る。

2 溝の中に、種ウコンの芽を上向きにして40～50cm間隔で置いていく。

3 掘り起こした土を溝に戻して種ウコンに土をかぶせる。表面をならした後軽く押さえて水やりをする。

③ 追肥

6月上旬～7月上旬、8月上旬～9月上旬、生育期に2回ほど追肥をする。

① 畝の肩に $1m^2$ あたり一握り（20～30cm）の化成肥料を均一に施す。

② 外側から土を寄せるようにしながら肥料と土を混ぜ、株元に土を寄せる。同時に雑草を取り除く。

④ 収穫

10月中旬～11月中旬、葉が黄色く枯れてきたら収穫

Point ポイント 葉が黄色く枯れ始めたら収穫

① 霜が降りると根が傷むので、その前に収穫する

② 地上部をカマで刈り取り、株から30cmほど離れたところにスコップを入れて、全体を掘り起こすようにして根を収穫する。

乾燥ウコンのつくり方

① 収穫した根は、よく洗って皮をむき、厚さ2mmの薄切りにする。

② ざるや新聞紙などに並べ、風通しのよい日陰に置いて十分乾燥させる。

③ ミキサーなどで粉にして利用する。保存はビンに入れて冷蔵庫へ。

収穫までの期間が短く、栽培が楽しい家庭菜園向きの野菜

カブ

アブラナ科　難易度　やさしい

栽培のポイント

- 栽培期間が短く、失敗が少ないので難易度は低い。
- 株間が 10 ～ 12cm になるように、ていねいな間引きが大切。
- 涼しい気候を好み、耐暑性は低い。

栽培カレンダー

作業＼月	1	2	3	4	5	6	7	8	9	10	11	12
種まき		春まき								秋まき		
間引き①			春まき								秋まき	
間引き②・追肥			春まき								秋まき	
間引き③	株間は10~12cmに		春まき				株間は10~12cmに				秋まき	
収穫				春まき					秋まき			

1 種まき

3 月下旬～ 4 月下旬（春）、9 月上旬～ 10 月中旬（秋）、すじまきにする

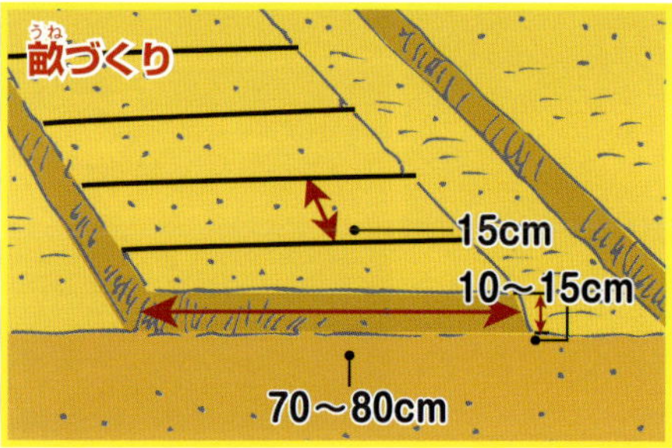

［種まき 2 週間前］
苦土石灰《くどせっかい》 100g/m²をまいてよく耕す。

［種まき 1 週間前］
堆肥《たいひ》 2kg/m²、化成肥料 100g/m²を畑の全面にまいてよく耕し、畝をつくる。

① 畝の表面を平らにして、木の板や支柱などを押し当てて、15cm 間隔で浅い溝をつくる。

② それぞれの溝に、できるだけ均一になるように種をまく。親指と人さし指で種をつまみ、指先をひねるようにすると均一にまくことができる。

③ 溝の両脇から指先で土を寄せる。溝を埋めて種に土をかぶせたら、たっぷりと水やりをする。

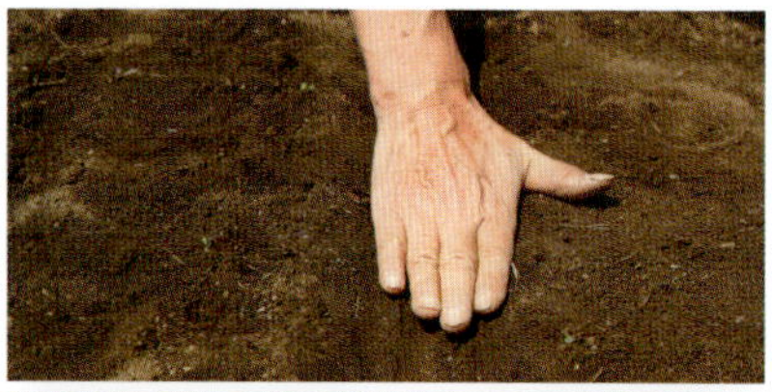

2 間引き①

4 月上旬～ 5 月中旬（春）、9 月中旬～ 10 月下旬（秋）、株間 3cm に

① 本葉が 1 ～ 2 枚出たころ、生育のよいものを残して間引き、株間を 3cm ほどにする。

② 株の周囲の土を指先でほぐすようにしながら耕し、同時に除草する。

③ 間引き②・追肥

4月中旬～5月下旬（春）、9月下旬～11月上旬（秋）、株間6～7cmに間引く

本葉が5～6枚出たら2回目の間引き

❶ 本葉が5～6枚出たころ、生育のよいものを残して間引き、株間を6～7cmにする。

❷ 列の間に1m^2あたり一握り（20～30g）の化成肥料を均一に施し、指先で土の表面をほぐすようにして耕したあと株元に土寄せをする。

❸ 間引き菜は捨てずに、料理に利用する。

④ 間引き③

4月下旬～5月下旬（春）、10月上旬～11月中旬（秋）、株間10～12cmに間引く

根の直径1～2cmで3回目の間引き

種まきから1カ月ほどたち、根が直径1～2cmほどになったころ、株間が10～12cmになるように生育の悪い株を間引く。

根が割れたカブ（失敗例）

土の中の水分が急変するなどして根の表皮と内部との肥大のバランスが崩れると根が割れる。また、収穫時期が遅れても根の内部が肥大しすぎて割れる。割れたカブは味が落ちてしまう。

⑤ 収穫

5月上旬～6月中旬（春）、10月中旬～12月中旬（秋）、根が見えてきたら収穫

❶ 根が直径5～6cmになり、土から少し持ち上がって出てきた頃が収穫適期。

❷ 株の根元近くの葉を持って引き抜き、収穫する。

収穫は大変だがぜひ育ててみたい繊維質豊富な野菜

ゴボウ

キク科　難易度　ふつう

栽培のポイント

- 栽培期間が長く、種まき前、収穫時に土を深く掘る必要があるが、栽培はそれほどむずかしくない。
- 生育適温は 20 ～ 25℃と温暖な気候を好み、夏の暑さに耐えて生育する。
- 冬、3℃以下で地上部は枯れるが、根は耐寒性が高い。
- 根が長く伸びるので、畑は深く耕す必要がある。

栽培カレンダー

作業＼月	1	2	3	4	5	6	7	8	9	10	11	12
種まき			■	■	種まき前に土を深く耕す							
間引き①			■	■								
間引き②				■	■							
追肥				■	■	■						
収穫	■（翌年）									■	■	■

1 種まき　3月中旬～４月中旬、畝にすじまきする

❶ 根が長く下に伸びるため、畝をつくる前に深さ 70 ～ 80cm までよく耕す。▶

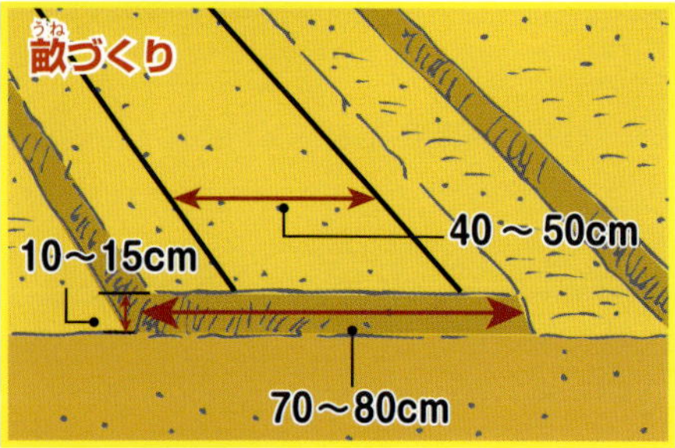

[種まき 2 週間前]
苦土石灰《くどせっかい》 100g/m²をまいてよく耕す。

[種まき 1 週間前]
化成肥料100g/m²を畑の全面にまいてよく耕し、畝をつくる。

❷ 板などを使って畝に深さ 1cm ほどの溝をつくり、できるだけ均一になるように種をまいていく。

▼

❸ 溝の両側から土を寄せるようにして、種に土をかぶせる。手のひらで押さえてたっぷりと水やりをし、種と土を密着させる。

2 間引き①

3月下旬～４月下旬、本葉が１～２枚出たら間引く

❶ 本葉が 1 ～ 2 枚出たころ、生育のよい株を残して間引きし、株間を 1 ～ 2cm にする。

▼

❷ 株の周囲の土を指先でほぐすようにしながら耕し、同時に雑草を取り除く。

3 間引き②

4月上旬～5月上旬、本葉が3～4枚出たら間引く

株間 15cm
にする

本葉が3～4枚出たころ、生育のよい株を残して間引き、株間が15cm ほどになるようにする。間引き後、指先で中耕する。

4 追肥

4月下旬～6月上旬、2週間に1回程度、畝の脇に追肥する

❶ 畝の脇に、1m^{2}あたり一握り（20～30g）の化成肥料を均一に施す。

❷ 耕しながら肥料を土に混ぜ、株元に土寄せをする。これを1カ月に1回程度繰り返す。

5 収穫

10月中旬～翌年1月中旬、株の脇を深く掘って収穫

❶ 10月中旬ごろから収穫ができる。葉が茂っているうちはカマで葉を刈り取ってから掘る。

❷ 株から30cm ほど離れた部分から株に向かって深く掘る。

❸ 根が現れ、先端近くまで掘れたら、根をしっかり持って、折らないように注意しながら引き抜く。

波板を使って楽らくゴボウづくり

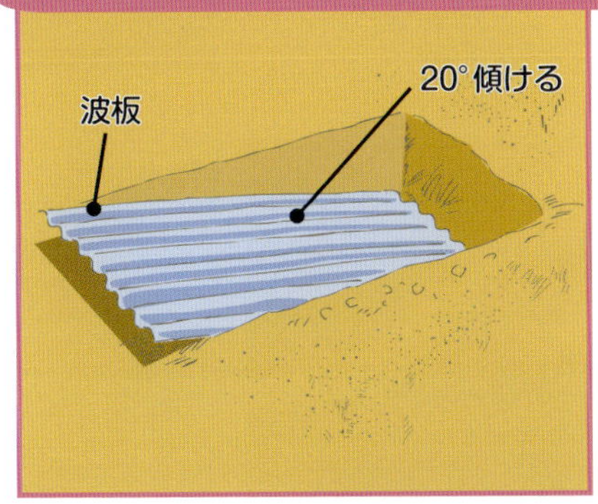
波板
20°傾ける

❶ ゴボウは種まき、収穫時に深く耕す作業がたいへん。そこで、ホームセンターなどで売っている波板を使って栽培する方法がある。20°ほど傾けて波板の先端を少し出して畝に埋める。

5～10cm の
ところで種を
まく

❷ 地上に出ている波板から、5～10cm ほどのところに種をまく。あとは間引き、追肥とふつうの栽培方法と同様に育てる。根が波板に沿ってまっすぐ伸びる。

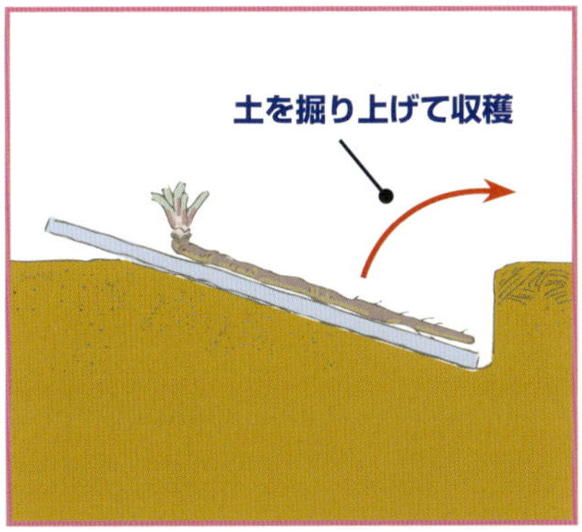
土を掘り上げて収穫

❸ 収穫時は、葉がある場合は刈り取り、ゴボウが傷つかないように波板の上の土を掘り上げて収穫する。このとき地上部の波板をガイドにすると作業しやすい。

ぬめりのある独特の味わいで、芋煮の主役

サトイモ

サトイモ科

難易度　やさしい

栽培のポイント

- 栽培期間はやや長いが、作業自体はかんたんなので、難易度は低い。
- 種イモは先端から芽が出ているものが後の生育がよい。
- 生育温度は25～30℃と高く、夏の暑さでもよく育つが、霜には弱いため、収穫は霜の降りる前に。
- 乾燥にとても弱く収量が減るので、夏の乾燥時期には水やりが欠かせない。

栽培カレンダー

作業＼月	1	2	3	4	5	6	7	8	9	10	11	12
植えつけ				■	■							
追肥①					■	■						
追肥②						■	■					
収穫									霜が降りる前に収穫	■	■	

1 植えつけ

4月上旬～5月上旬、よい種イモを選んで植えつける

1 よく耕した畑に幅・深さ10～15cmの溝を掘る。

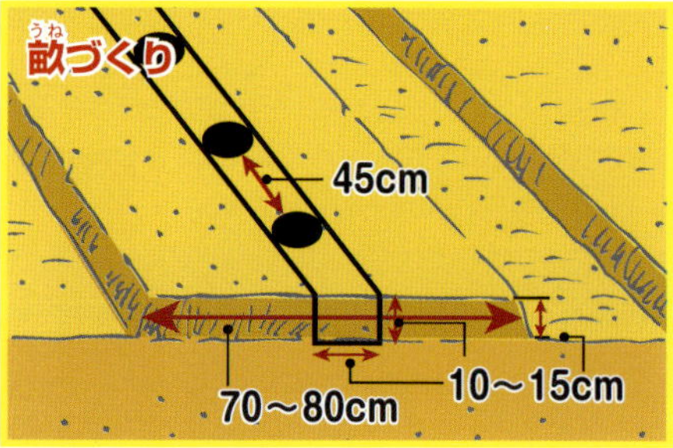

[植えつけ2週間前]

苦土石灰《くどせっかい》100g/m²をまいてよく耕す。

[植えつけ1週間前]

堆肥《たいひ》2kg/m²、化成肥料100g/m²を畑の全面にまいてよく耕し、畝をつくる。

Point ポイント　ふっくらとした種イモを選ぶ

種イモは、ふっくらと膨らみ形が整い、芽が出始めているものがよい。

2 溝の中に、種イモを芽を上に向けて45cm間隔で並べていく。このとき、芽の高さがそろうようにする。

3 掘り起こした土を溝に戻してイモを埋めて、土の表面を軽く押さえる。

2 追肥①

5月下旬～6月中旬、本葉が3枚出たら1回目の追肥

1 本葉が3枚ほどになったころ1回目の追肥をする。

2 根を傷めないように株元から少しはなれた場所に、株に沿って $1m^2$あたり一握り（20～30g）の化成肥料を均一に施す。

3 肥料を埋めるようにしながら耕し、株元にしっかりと土寄せをする。土寄せが足りないと、子イモの芽が地上に伸び出て小さなイモばかりになってしまう。

3 追肥② 6月下旬～7月中旬、2回目の追肥・土寄せ

1 生育にあわせて、1カ月に1～2回程度追肥・土寄せを繰り返す。

2 株から少し離れた場所に 1㎡あたり一握りの化成肥料を均一に施す。

3 外側から土を寄せるようにして土と肥料を混ぜながら耕し、株元にしっかりと土寄せをする。

4 収穫 10月上旬～11月中旬、子イモが十分肥大したら掘り取って収穫する

1 葉が枯れ始めてきたら収穫する。

2 あらかじめ地上部を地ぎわで刈り取る。

3 株元から30cmほど離れた場所にスコップを入れて土を掘り起こし、イモを傷めないように手で掘り上げて収穫する。霜が降りる前までに収穫を終わらせる。

おいしいだけでなく、食物繊維とビタミンCの宝庫

サツマイモ

ヒルガオ科　難易度　やさしい

栽培のポイント

- 強い日光を好み、乾燥にもよく耐え、育てやすいため、難易度は低い。
- 高温を好む野菜で、イモの肥大には 20 ～ 30℃が適温。
- 窒素《ちっそ》分が多いと茎葉ばかり茂ってイモが育たないいわゆる〈つるぼけ〉となるので、肥料過多に注意する。
- 収量を増やすにはカリ分を多く含んだ肥料を施す。

栽培カレンダー

作業＼月	1	2	3	4	5	6	7	8	9	10	11	12
畝づくり					■							
植えつけ準備					■	■						
植えつけ					■	■						
追肥					■	■	カリ分を多く含んだ肥料を施す					
つる返し							■	■				
収穫									■	■	■	

1 畝《うね》づくり

5月上旬～5月下旬、排水がよいように畝を大きく盛り上げ、マルチで覆う

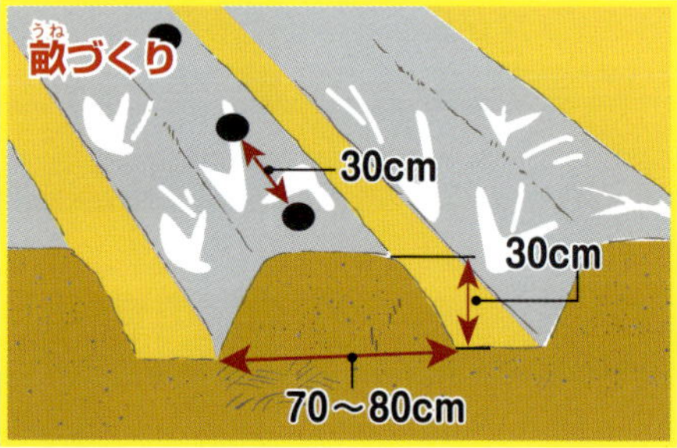

[植えつけ 2 週間前]
苦土石灰《くどせっかい》 100g/m²をまいてよく耕す。

[植えつけ 1 週間前]
堆肥《たいひ》 2kg/m²、窒素《ちっそ》分の少ない化成肥料 100g/m²を畑の全面にまいてよく耕し、畝をつくる。

肥料を施し終わった畑をよく耕し、排水がよいように両側から 30cm ほどの高さまで土を盛り上げて畝をつくり、ポリマルチ（マルチ）で畝を覆う。

2 植えつけ準備

5月中旬～6月中旬、苗を入手し、発根を促すために植えつけ前に水に浸ける

サツマイモの苗（挿し穂）には根がないため、植えつけ前に水に挿しておいて水を吸わせ、苗がピンとしてから植えつける。

3 植えつけ

5月中旬～6月中旬、畝に植えつける

1 長さ30cmほどの棒を用意し、マルチの上から斜め（45度程度）に棒を挿す。

2 棒を抜いて、苗を穴に差し入れるようにして苗の3～4節まで植え込み、上から押さえる。同様に30cm間隔で植えつけていく。

ポイント

苗の節にイモができる

サツマイモは植えつける苗の節にイモがなる。この節を土の中に入れ、葉は地上部に出す。

水平植え

苗を水平かやや中央が窪むように植えつける方法。小ぶりののイモが数多く収穫できる。

斜め植え

苗を斜めに挿すように植えつける方法。イモの数は水平植えに比べて減るが、一つひとつのイモが大きくなる。

4 追肥

5月下旬～6月下旬、肥料過多に注意しながら追肥する

1 畝の肩を出し、畝に沿ってカリ分の多いサツマイモ専用の化成肥料を$1m^2$あたり一握り（20～30g）均一にまく。

2 軽く耕すようにしながら土と肥料を混ぜ、土とつるを戻す。

5 つる返し

7月中旬～８月中旬、伸びたつるを裏返す

❶ サツマイモのつるは生長しながら節から根（不定根《ふていこん》）を出す。不定根が土に入るとそこから養分を吸収しすぎてつるぼけ現象を起こす。それを防ぐために、つるごと裏返すようにして株元以外の根を土から離す。

▶

❷ 株元から抜いてしまわないように注意しながら、つるを持って引き上げ、不定根を土から離し、全体を裏返すようにして不定根を日にさらす。

6 収穫

９月下旬～ 11 月中旬、茎葉が黄色くなり始めたら収穫

❶ つるや葉が黄色くなり始めたら収穫する。

▶

❷ 株元を残して余分なつるを刈り取り、マルチをはがす。

▶

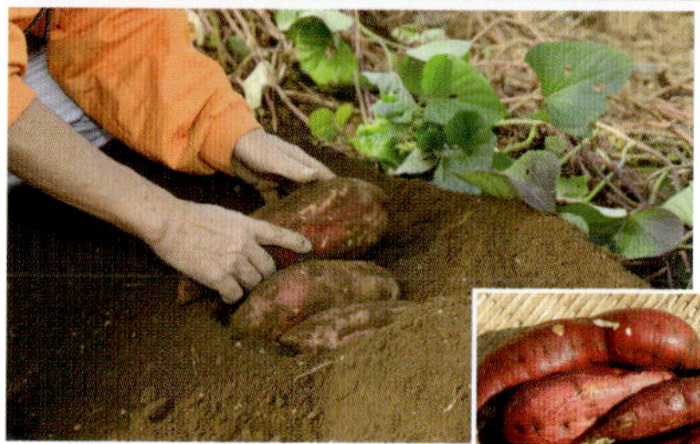

❸ 株の周囲をていねいに掘っていき、イモを探して収穫する。

収穫後の貯蔵

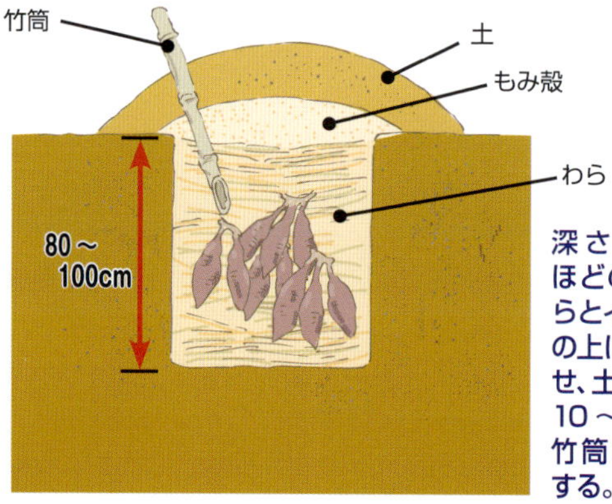

深さ 80 ～100cm ほどの穴を掘り、わらとイモを入れるその上にもみ殻をかぶせ、土を盛り上げる。10 ～ 14 日ほどは竹筒などで通気をする。

イモ類につく害虫

ヨトウムシ

ヨトウガの幼虫。成長した幼虫は単独で土の中に潜み、夜に活動して葉を食害する。葉裏に卵を見つけたらその葉を摘み取って処分する。

コメツキムシ類の幼虫

害虫名としてハリガネムシとも呼ばれる。イモを食害し、収穫時に被害がわかる。つる返しなどをしたときに見つけたら処分する。

収量が多く栽培が楽しい

ジャガイモ

ナス科　難易度　やさしい

栽培のポイント

- 栽培期間が短く、土を選ばないので、難易度は低い。
- 栽培適温が 15 ～ 20℃と冷涼な気候を好むが、霜には弱い。
- 光にあたるとイモが緑化して品質が低下するので、追肥後はしっかりと土寄せをする。
- 秋植えでは霜が降りる前にトンネルをかける。

栽培カレンダー

作業＼月	1	2	3	4	5	6	7	8	9	10	11	12
種イモの準備		春植え							秋植え			
植えつけ		春植え							秋植え			
芽かき			春植え							秋植え		
追肥①			しっかりと土寄せをする		春植え			しっかりと土寄せをする		秋植え		
追肥②			しっかりと土寄せをする			春植え		しっかりと土寄せをする			秋植え	
収穫					春植え						秋植え	

1 種イモ準備

2月下旬～3月下旬（春）、8月下旬～9月上旬（秋）、種イモを切り分け切り口を乾燥させる

Point ポイント　**芽をつけて 30 ～ 40 gの種イモにする**

❶ ウイルス病に感染していない市販の種イモを入手する。30 ～ 40 gの大きさのものはそのまま、60 ～ 80g くらいの大きさのものはふたつに切る。さらに大きいものは 4 等分する。

❷ 芽の数ができるだけ均等になるように、芽が集中している場所を中心に、一片が 40g 程度になるように縦にふたつに割る。

❸ 切り口が湿ったまま植えつけると腐りやすいので、天日で半日乾かすか、植えつけ前に切り口に草木灰（草木を燃やした灰）などをつけて乾燥させる。

2 植えつけ

2月下旬～3月下旬（春）、8月下旬～9月上旬（秋）、畑に溝を掘って植えつける

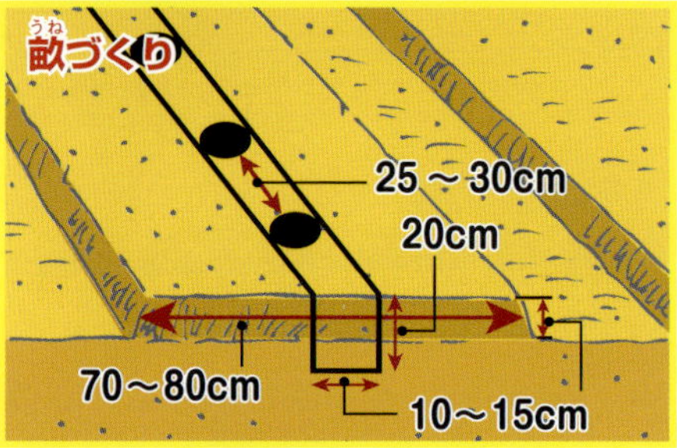

[植えつけ 2 週間前]
苦土石灰《くどせっかい》 100g/m²をまいてよく耕す。

[植えつけ 1 週間前]
堆肥《たいひ》 2kg/m²、化成肥料 100g/m²を畑の全面にまいてよく耕し、畝をつくる。

1 よく耕し、クワの幅程度で深さ20cmほどの溝を掘る。

Point ポイント 足のサイズを基準に植えつける

2 種イモの切り口を下側にして、25～30cm間隔で植えつけていく。イモの間隔は、足のサイズを基準にするとわかりやすい。

3 掘り起こした土を溝に戻して、種イモを埋める。溝を埋め終わったら平らにならす。

3 芽かき

4月中旬～4月下旬（春）、9月中旬～9月下旬（秋）、発芽した芽が10～15cmになったら芽かき

1 植えつけ後、種イモからは数本の芽が出てくる。すべの芽を生長させるとイモが小さくなってしまうので、芽かきをする。

2 芽が10～15cmほどになったら芽かきの適期。生育のよい芽を2本残して、他の芽を抜き取る。

4 追肥①

4月中旬～4月下旬（春）、9月中旬～9月下旬（秋）、芽かき後に追肥

1 株元から少しはなれたところに、株に沿って1m²あたり一握り（20～30g）の化成肥料を均一にばらまく。

2 外側から土を持ってくるようにして肥料を土で覆い、軽く耕しながら株元に土を寄せる。

5 追肥②

5月上旬～5月中旬(春)、10月上旬～10月中旬(秋)、2回目の追肥

1 畝の片側に、1㎡あたり一握りの化成肥料(20～30g)を均一に施す。

2 外側から土を寄せるようにしながら肥料と土を混ぜ、株元に土を寄せる。反対側も土寄せをして、株元を土で覆う。土寄せが足りないとイモが緑化してしまう。

Point ポイント イモは上につく

イモは上へ上へとつくので、土寄せはしっかりと行う。

6 収穫

5月下旬～6月下旬(春)、11月下旬～12月上旬(秋)、イモが肥大したら収穫

1 茎葉が黄色くなってきたら収穫適期。

2 株から少しはなれたところにスコップを入れて株を下から持ち上げるようにしたあと、株元をていねいに手で掘り、イモを探して収穫する。

収穫後のイモの保存

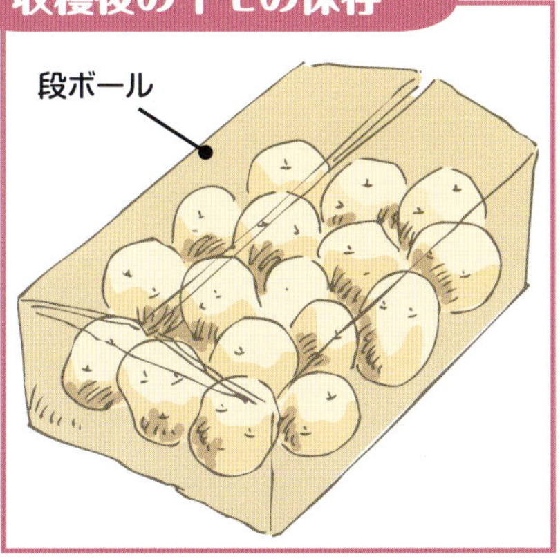

収穫したジャガイモは表面を良く乾かす。光が入らないように段ボールなどに並べてふたをし、冷暗所に保存する。

トンネル栽培で早く収穫

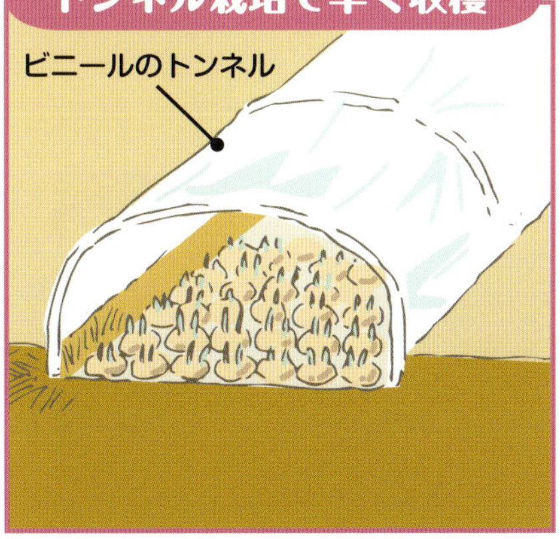

1 早く収穫したい場合や気温が低い場合はトンネル栽培で育てる。種イモを地面に並べてビニールのトンネルをかけ、芽出しを早める。ビニールのトンネルをかけるときは、晴天の日中は裾を少し上げて熱がこもりすぎないように管理する。

2 芽が4～5cmになったら畑に植えつけビニールのトンネルをかける。トンネルの上部に茎葉がつくようになったら、穴をあけて外気にならし、遅霜の心配がなくなったらビニールを取り外す。あとはふつうの栽培と同様に行う。

独特の香りと薬効がある野菜

ショウガ

ショウガ科

難易度 ふつう

栽培のポイント

- 栽培期間がやや長いので、難易度はふつう。
- 高温を好み、生育適温は 25 ～ 28℃。十分暖かくなってから植えつける。
- 栽培期間中で葉ショウガを収穫できる。
- 土壌の乾燥に弱いので乾燥時には水やりが大切。

栽培カレンダー

作業＼月	1	2	3	4	5	6	7	8	9	10	11	12
植えつけ				■	■							
追肥						■		■				
収穫①				葉ショウガの収穫			■	■				
収穫②							根ショウガの収穫			■	■	

1 植えつけ

4月下旬～5月中旬、株間30cmで植えつける

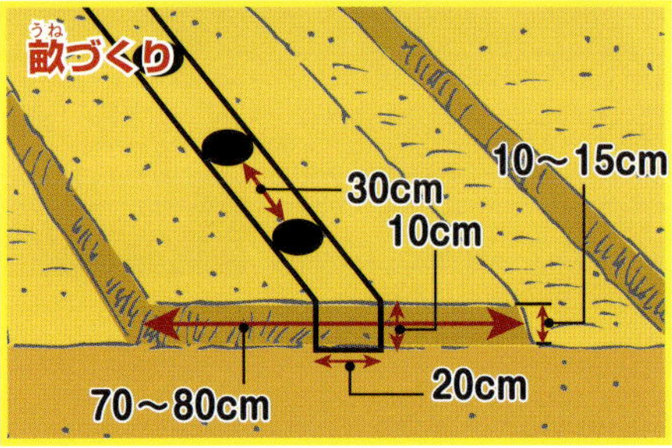

[植えつけ 2 週間前]
苦《く》土《ど》石灰《せっかい》 100g/m²をまいてよく耕す。

[植えつけ 1 週間前]
堆《たい》肥《ひ》 2kg/m²、化成肥料100g/m²を畑の全面にまいてよく耕し、畝をつくる。

1 種ショウガを入手し、芽を2～3個つけて切り分ける。

2 畝に幅20cm、深さ10cmほどの溝を掘る。

3 溝の中に、芽を上に向けて 30cm 間隔で種ショウガを並べていく。

4 掘り起こした土を種ショウガにかぶせながら溝を埋め、平らにならして軽く押さえ、たっぷりと水やりをする。

2 追肥

6月上旬～6月下旬、8月上旬～8月中旬、草丈が15cmほどに伸びたら追肥

1 株の周囲、葉の広がりの下あたりに、1 m^2 あたり一握り（20～30g）の化成肥料を施す。

2 土の表面を指でほぐすようにしながら土と肥料を混ぜる。

3 追肥後、株元に軽く土寄せをする。追肥・土寄せは、8月上旬～8月中旬、草丈が30～40cmになった頃にも同様に行う。

3 収穫①

7月下旬～8月中旬、葉ショウガを収穫

1 葉が7～8枚程度、根がやや肥大し始めた頃に葉ショウガを収穫する。

2 茎をしっかりと持ち、手で引き抜いて収穫する。後で根ショウガを収穫する場合はいくつか株を残しておく。

収穫を長期間楽しむ

収穫を長期間楽しむ場合は、筆ショウガを収穫する。葉が3～5枚開いたら、根のつけねを押さえて引き抜く。芽が少なくなったら収穫をやめて秋に根ショウガを掘り上げる。

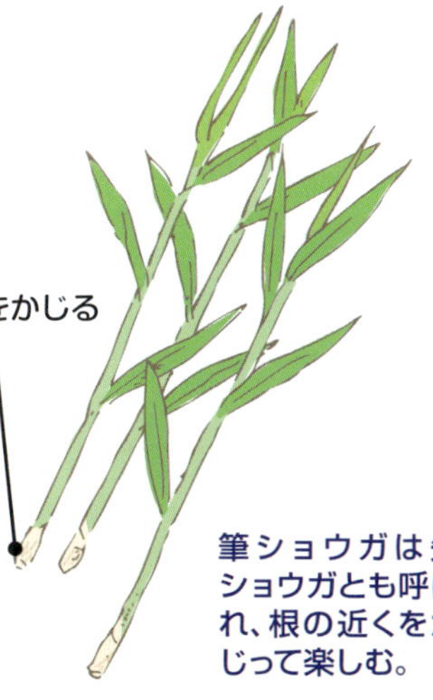

筆ショウガは矢ショウガとも呼ばれ、根の近くをかじって楽しむ。

4 収穫②

10月下旬～11月上旬、根ショウガを収穫

1 霜が降りる前に根ショウガを収穫する。

2 株元から15cmほど離れた場所にスコップを入れ、根の下から株ごと持ち上げるようにして掘り起こして収穫する。

日本各地に品種が数多くあり、馴染みの深い野菜

ダイコン

アブラナ科　難易度 やさしい

栽培のポイント

- 丈夫で土を選ばないため、難易度は低い。
- 冷涼な気候を好み、一般に暑さには弱く、寒さに強い。
- 品種ごとに栽培地域の種まき時期を守る。
- 畑を深く耕し、石や堆肥《たいひ》のかたまりなど異物がないようにする。

栽培カレンダー

作業＼月	1	2	3	4	5	6	7	8	9	10	11	12
種まき	品種ごとにまき時を守る				春まき		秋まき		品種ごとにまき時を守る			
間引き①			春まき					秋まき				
間引き②				春まき					秋まき			
追肥			春まき					秋まき				
収穫					春まき				秋まき			

1 種まき

4月上旬～4月下旬（春）、8月下旬～9月上旬（秋）、30cm間隔で4～5粒ずつ種をまく

1 畝に空き缶などを使って深さ1cmほどの窪みをつくり、1カ所に4～5粒の種をまく。

2 覆土し、手で軽く押さえて種と土を密着させる。

3 種まき後、たっぷりと水やりをする。

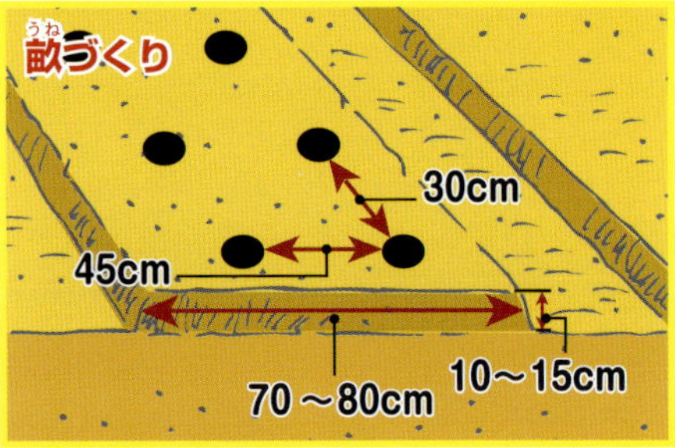

[種まき2週間前]

苦《く》土《ど》石灰《せっかい》100g/m²をまいてよく耕す。

[種まき1週間前]

化成肥料100g/m²を畑の全面にまいてよく耕し、畝をつくる。

2 間引き①

4月下旬～5月中旬（春）、9月中旬～9月下旬（秋）、本葉が2～3枚の頃間引きで2本立ちにする

発芽後、本葉が2～3枚ほどになったら、生育のよいものを残して他を間引き、2本立ちにする。

3 間引き②

5月上旬～5月下旬（春）、10月上旬～10月中旬（秋）、本葉が6～7枚出たら1本に間引く

1 本葉が6～7枚出たら、2回目の間引きをする。

2 生育の悪いものを間引き、1本立ちにする。

4 追肥

4月下旬～5月下旬（春）、9月中旬～10月中旬（秋）、間引きの後に追肥

1 各間引きの後に追肥し、株元に土寄せをする。株の周囲、葉の広がりの下に、1m^2あたり軽く一握り（20g）の化成肥料をドーナツ状に施す。

2 指先で土をほぐすようにしながら土に肥料を混ぜ、同時に中耕する。

3 周囲から株元に土を寄せ、軽く押さえる。

5 収穫

6月上旬～6月下旬（春）、10月下旬～12月上旬（秋）、ダイコンの肩の部分が地面から15cmほど出てきたら収穫

1 ダイコンの肩が地面から15cm以上飛び出し、上を向いていた葉が広がり気味になって外葉が垂れるようになったら収穫適期。

2 根の地上に出た部分をしっかり持って、まっすぐに引き抜いて収穫する。収穫が遅れると根にすが入り、食味が悪くなるので、とり遅れないようにする。

また根のダイコンの防ぎ方

また根のダイコンは、土中の石、かたまりになった土などに根があたることが原因。種まき前に十分耕すことで防げる。

切り干し大根、漬け物で保存する

切り干し大根

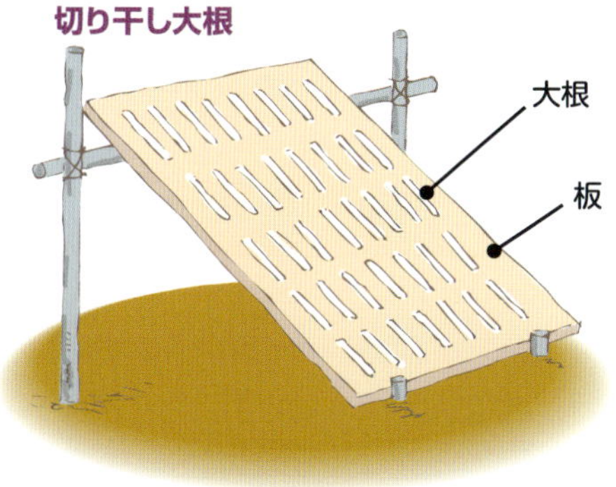

収穫したダイコンを5ミリの厚さに切り、1cm幅に切って天日で1～2週間乾かす。その後、密封して保存する。

漬け物

ダイコンを数株ずつまとめて葉を縛り、軒下などで2週間ほど乾かす。その後、漬け物用の樽に入れて塩や米ぬかで漬ける。

カロテンを豊富に含む、緑黄色野菜の代表

ニンジン

セリ科

難易度 ふつう

栽培のポイント

- 栽培期間がやや長いので難易度はふつう。
- 耐寒性はあるが、高温下では病害が発生しやすくなる。
- 発芽まで土を乾かさないことが大切。
- 生育初期は除草を欠かさない。

栽培カレンダー

作業＼月	1	2	3	4	5	6	7	8	9	10	11	12
種まき		春まき						夏まき				
間引き①			春まき						夏まき			
間引き②				春まき						夏まき		
追肥				春まき						夏まき		
収穫			夏まき(翌年)			春まき				夏まき		

1 種まき

3月中旬～4月中旬(春)、7月上旬～8月上旬(夏)、15cm間隔で点まきする

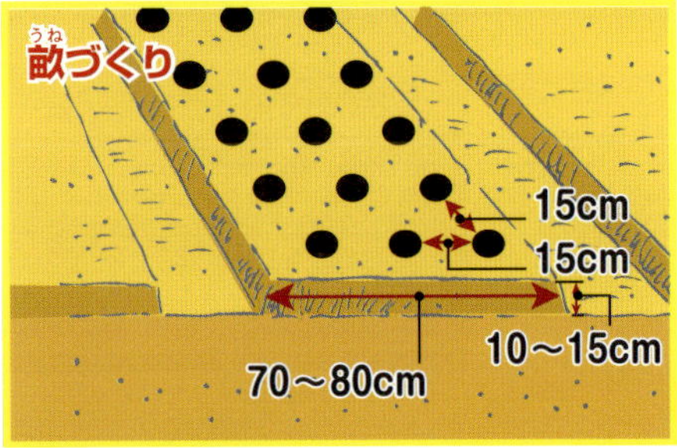

[種まき2週間前]

苦土石灰《くどせっかい》100g/m²をまいてよく耕す。

[種まき1週間前]

化成肥料100g/m²を畑の全面にまいてよく耕し、畝をつくる。

1 株間15cm、列間15cmになるように指先でごく浅い窪みをつけ、それぞれの窪みに3～4粒の種をまく。写真はコーティングされた種(ペレットシード)。

2 ごく薄く覆土をして、指先で押さえるようにして土と種を密着させる。ふつうの種は厚く土をかぶせると発芽しにくくなるので注意する。

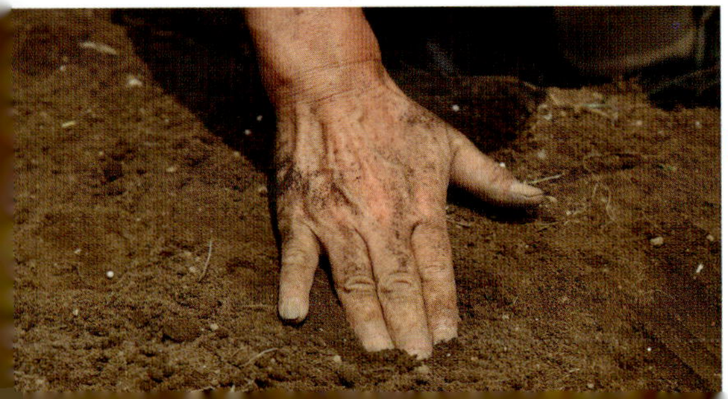

3 ジョウロで、種を流さないように静かに、たっぷりと水やりをする。

2 間引き①

4月上旬～5月上旬(春)、7月下旬～8月下旬(夏)、1回目の間引き

1 本葉の枚数が3～4枚になったら1回目の間引き。

2 生育のよいものを2本残し、他を間引く。このとき残す株を傷めないように、株元の土を押さえるようにして引き抜く。間引き後、指先で土をほぐすようにしながら耕し、同時に雑草を取り除く。

3 間引き②

5月上旬～5月下旬(春)、8月中旬～9月中旬(夏)、2回目の間引き

1 本葉の枚数が6～7枚になったら、生育のよいほうを残してもう一方の株を間引き、1本立ちにする。

2 株元を押さえ、残す株を傷めないように慎重に間引く。間引き菜はサラダなどに利用できる。

3 間引き後、指先でほぐすようにして土を耕し、雑草を取り除く。

4 追肥

5月中旬～6月上旬(春)、9月上旬～9月下旬(夏)、2回目の間引きから2週間後

1 株間に$1m^2$あたり一握り(20～30g)の化成肥料を均一にまく。

2 指先で土をほぐすようにして肥料を混ぜながら土を耕し、株元に土を寄せて軽く押さえる。

5 収穫

7月上旬～8月下旬(春)、11月上旬～2月下旬(夏)、種まきから100～120日で収穫

地上部に出ている根の肩の部分の直径が4～5cmになったら収穫適期。葉の根ぎわを持って引き抜いて収穫する。収穫が遅れると根が割れるので、とり遅れないように注意する。

とう立ちすると根の発育が悪くなる

春まきはとう立ちしやすく、種まき時期などによって花が咲いてしまうことがある(写真左)。とう立ちして花が咲くと根の発育が悪くなる(写真右)。初心者には夏まきがおすすめ。

ロシア料理のボルシチに欠かせない野菜

ビーツ

アカザ科　難易度　ふつう

栽培のポイント

- 栽培期間がやや長いので、難易度はふつう。
- 冷涼な気候を好み、夏の暑さには弱い。
- 酸性土に弱いので、植えつけ前に必ず石灰を施してよく耕しておく。
- 株間が狭いと根の肥大が悪くなるので十分間隔をあける。
- 収穫が遅れると繊維分が多くなり食味が悪くなる。

栽培カレンダー

作業＼月	1	2	3	4	5	6	7	8	9	10	11	12
種まき		春まき								秋まき		
畝づくり			春まき								秋まき	
植えつけ		株間は十分開ける			春まき			株間は十分開ける			秋まき	
追肥				春まき						秋まき		
収穫					春まき					秋まき		

1 種まき　3月上旬～4月上旬(春)、9月上旬～9月下旬(秋)、セルトレイに種をまく

1 セルトレイ(育苗用の連結ポット)に入れた培養土《ばいようど》に指先で浅く窪みをつけ、一粒ずつ種をまいていく。

2 上から土をまくようにして種に土をかぶせ、指の腹で軽く押さえる。

3 ジョウロで種と土を密着させるために、たっぷりと水やりをする。

2 畝《うね》づくり

4月上旬～4月下旬(春)、9月中旬～10月中旬(秋)、植えつけの2週間前に石灰を施す

酸性の土に弱いので、植えつけの2週間前に、1m²あたり150～200gの石灰を全体にまいて、よく耕しておく。

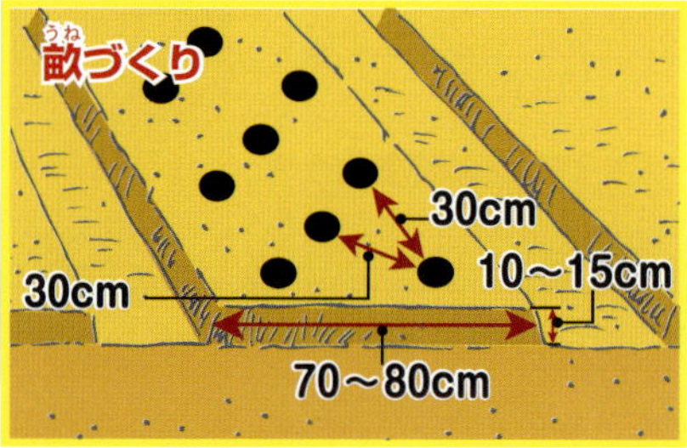

[植えつけ2週間前]

苦土石灰《くどせっかい》150～200g/m²をまいてよく耕す。

[植えつけ1週間前]

堆肥《たいひ》2kg/m²、化成肥料100g/m²を畑の全面にまいてよく耕し、畝をつくる。

3 植えつけ

4月中旬～5月中旬（春）、10月上旬～10月下旬（秋）、30cm間隔で植えつけ

1 草丈が5～6cmほどに育ったら畑に植えつける。

2 根鉢を崩さないように苗を取り出し、根鉢ほどの大きさに掘った穴に植えつける。

3 周囲から土を寄せるようにして株元を押さえ、根と土を密着させる。株間が30cmほどになるように植えつけていく。

4 追肥

5月上旬～6月上旬（春）、10月下旬～11月下旬（秋）、株元に追肥する

1 一株あたり3～5gの化成肥料を、株の周囲にドーナツ状に施す。

2 指先で土をほぐすようにしながら土を肥料を混ぜて耕し、株元に土を寄せて軽く押さえる。

5 収穫

6月上旬～7月下旬（春）、11月中旬～12月下旬（秋）、根の直径が6～7cmになったら収穫

種まきから70日前後、根の直径が6～7cmに肥大したら収穫適期。葉を持って引き抜くように収穫する。

切り口が美しい野菜

ビーツの切り口は年輪のような美しい模様が入る。赤い色はベタシアニンという色素による。ベタシアニンは抗酸化力があり、老化などに効果がある。そのほか、カリウム食物繊維が豊富。

Memo ビーツは皮つきのままやわらかくなるまでゆで、冷めてから皮をむいてスープなどにする。

フラクトオリゴ糖豊富な南米アンデス原産の健康野菜

ヤーコン

キク科　難易度　やさしい

栽培のポイント

- 有機物が多ければとくに土質は選ばず、丈夫によく育つので難易度は低い。
- 根は地中深く伸びるため、深さ 20 ～ 30cm ほどをよく耕す。
- 遅霜の心配がなくなってから植えつける
- 収穫後は 1 週間ほど冷暗所に置くと甘みが増す。

栽培カレンダー

作業＼月	1	2	3	4	5	6	7	8	9	10	11	12
植えつけ					■	■（上旬） 遅霜の心配がなくなったら植えつけ						
中耕・土寄せ						■						
追肥						■（下旬）	■	■	■			
収穫										■（下旬）	■	

1 植えつけ　5 月上旬～ 6 月上旬、遅霜の心配がなくなってから植えつける

1 遅霜の心配がなくなったら、植えつける。苗は市販のものを用意する。

2 根鉢を崩さないようにポットから抜き、根鉢の大きさほどに掘った植え穴に植えつける。

3 周囲の土を寄せるようにして、軽く株元を押さえて根と土を密着させる。

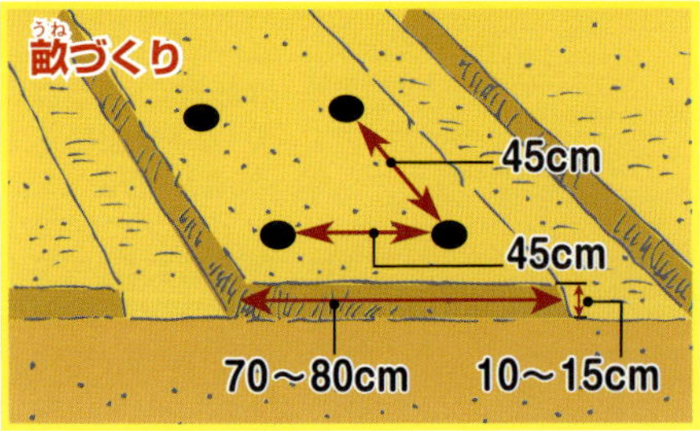

[植えつけ 2 週間前]

苦土石灰《くどせっかい》 100g/m²をまいてよく耕す。

[植えつけ 1 週間前]

堆肥《たいひ》 2kg/m²、化成肥料 100g/m²を畑の全面にまいてよく耕し、畝をつくる。

4 植えつけ後、根と土が密着するようにたっぷりと水やりをする。

5 水やり後、害虫から株を守るため、追肥前まで寒冷紗《かんれいしゃ》のトンネルで覆う。

2 中耕《ちゅうこう》・土寄せ

6月上旬～6月下旬、中耕・土寄せをする

土の表面を指でほぐすようにしながら中耕し、同時に雑草を取り除き、株元に土寄せをする。

3 追肥

6月下旬～9月中旬、1カ月に1回追肥をする

1 草丈が60cmほどになったら、1カ月に1回の割合で追肥をする。

2 畝の両側に浅く溝を切り、$1m^2$あたり一握り（20～30g）の化成肥料を均一にまく。

3 外側から土を寄せるようにして肥料に土をかぶせるようにしながら肥料と土を混ぜ、株元に土寄せをする。

4 収穫

10月下旬～11月下旬、霜が降りる前に収穫

1 葉が黒っぽくなったら（枯れ始めたら）霜が降りる前に収穫する。株元にハサミを入れて地上部を刈り取る。

2 株元から30cmほど離れたところにスコップを入れ、根を傷つけないように注意しながら掘り起こして収穫する。

翌年の植えつけに使う場合

掘り出して収穫した根のつけ根には、赤い種イモがついている。根の部分をとりはずしたら、サツマイモと同じように保存（P174参照）する。翌年、芽をひとつずつつけて切り分け、遅霜の心配がなくなってから、そのまま植えつける。

独特の粘りと強壮効果が人気の野菜

ヤマイモ

ヤマノイモ科

難易度 ふつう

栽培のポイント

- 栽培は容易だが、栽培期間がやや長いため、難易度はふつう。
- よい種イモを入手して植えつけることが大切。
- 植えつけ直後は追肥せず、生育のようすを見ながら肥料を施す。

栽培カレンダー

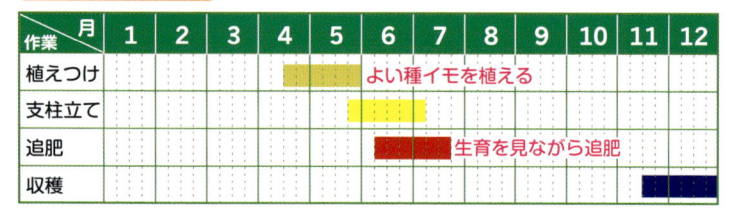

作業＼月	1	2	3	4	5	6	7	8	9	10	11	12
植えつけ						よい種イモを植える						
支柱立て												
追肥								生育を見ながら追肥				
収穫												

1 植えつけ

4月中旬～5月下旬、種イモを適度な大きさに切り分け植えつけ

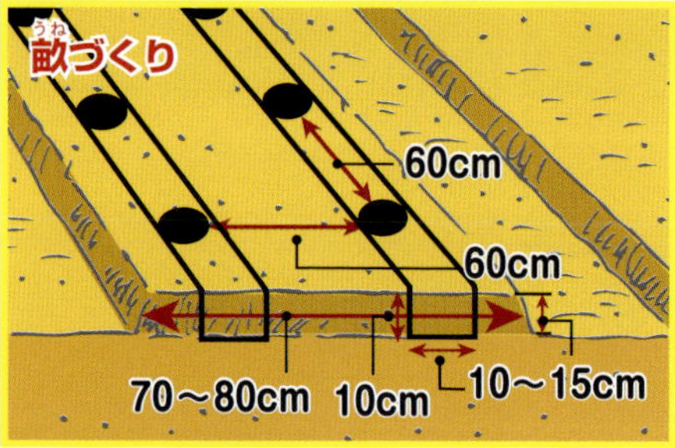

[植えつけ 2 週間前]

苦土石灰《くどせっかい》 100g/m²をまいてよく耕す。

[植えつけ 1 週間前]

堆肥《たいひ》 2kg/m²、化成肥料 100g/m²を畑の全面にまいてよく耕し、畝をつくる。

1 植えつけ場所は、深くよく耕す。畝にクワの幅で深さ10cm ほどの溝を掘る。

2 種イモは、1 片が 50 ～ 70g 程度になるように縦に等分に切り分け、60cm 間隔で植えつける。

3 掘り返した土をかぶせ、軽く押さえて表面を平らにする。

2 支柱立て

5月下旬～7月上旬、つるが 1m ほどの長さになったら支柱を立てる

つるが 1m ほどの長さになったら、長さ 2m ほどの支柱を立て、2 本ずつ上部を交叉させて縛る。立てた支柱につるを絡ませて上へと誘引《ゆういん》する。

3 追肥

6月上旬～7月下旬、生育を見ながら追肥する

1 つるの伸びが悪い場合に追肥をする。畝に沿って浅い溝を掘る。

2 溝に1m^2あたり一握り(20～30g)の化成肥料を均一に施す。

3 外側から掘り起こした土を戻すようにして溝を埋め、肥料と土を混ぜたあと、株元に土寄せをする。

4 収穫

11月中旬～12月下旬、茎葉が黄色く枯れたら収穫

1 茎葉が黄色く色づき、枯れ始めたら収穫できる。

2 株元でつるを切り、支柱を抜き取る。

3 株元から30cmほど離れたところにスコップを入れ、少しずつ穴を広げるようにしながら株元に近づき、肥大した根の先端が見えてきたら傷をつけないように慎重に掘り出して収穫する。

ムカゴを使って種イモを育てる

1 ヤマイモは9～10月頃、つるにムカゴをつける。ムカゴはつるにつくイモのようなもので、地面に落ちると新たなイモになる。食用になるほか、種イモにすることもできる。

2 指でつまむようにムカゴを収穫し、苗床に10cm間隔で植えつけて、育苗する。できるだけ大きなものを植えつける。

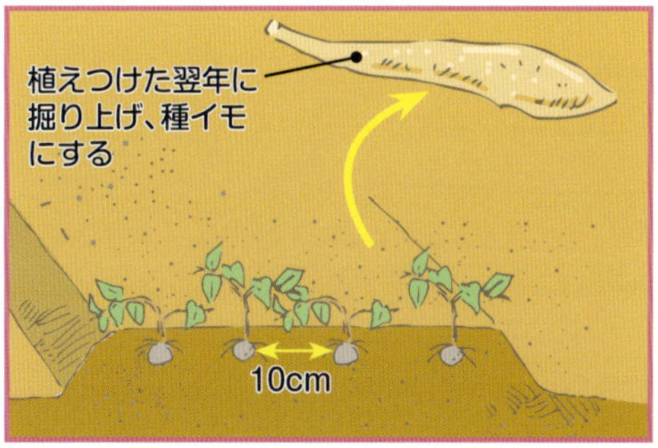

3 ムカゴから種イモを育てるには、1年かけて畑で育てる。苗床に一定間隔で植えつけ、できるだけつるを伸ばしてやるようにする。できた子イモは翌年の種イモとすることができる。

Memo 収穫したムカゴはゆでるとほくほくとして甘い。

収穫までが短い、サラダに便利な小形のダイコン

ラディッシュ

アブラナ科　難易度 やさしい

栽培のポイント

- 栽培期間が短く、育てやすいので難易度は低い。
- 栽培期間が短いため、適期に間引きを行うことが大切。
- 気温が高い時期は株間を広く取ると良い。
- 収穫が遅れると根が割れるので注意。

栽培カレンダー

作業＼月	1	2	3	4	5	6	7	8	9	10	11	12
種まき			春まき								秋まき	
間引き①	適期に行う	春まき						適期に行う				秋まき
間引き②		適期に行う春まき							適期に行う			秋まき
収穫			春まき						秋まき			

1 種まき

3月下旬～5月下旬(春)、
9月上旬～10月下旬(秋)、
15cm間隔ですじまきする

1 畝を平らにならし、木の板などで 15cm 間隔のごく浅い溝をつけ、溝の中に指先で深さ 1cm ほどの窪みを、5 ～ 6cm 間隔でつけていく。

2 窪みをつけたら、そこに 2 ～ 3 粒ずつ種をまいていく。

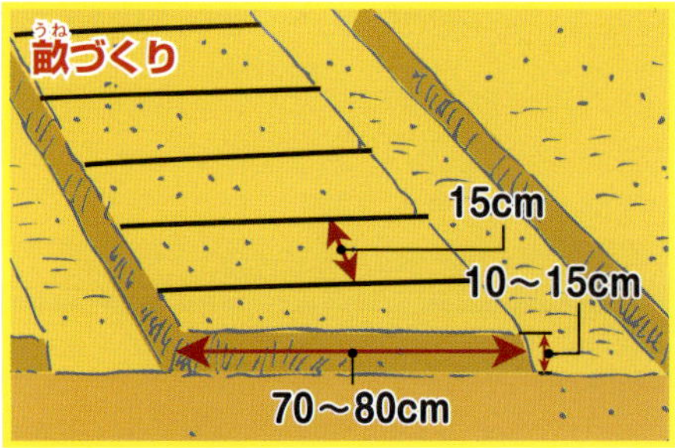

[種まき 2 週間前]
苦土石灰《くどせっかい》 100g/m²をまいてよく耕す。

[種まき 1 週間前]
堆肥《たいひ》 2kg/m²、化成肥料 100g/m²を畑の全面にまいてよく耕し、畝をつくる。

3 溝の両側から指先でつまむようにして土を寄せて種に土をかぶせ、軽く押さえて種と土を密着させる。

4 種まき後、ジョウロで、静かに、たっぷりと水やりをする。

② 間引き①

4月上旬～6月上旬（春）、9月上旬～11月中旬（秋）、1回目の間引き

❶ 発芽後、本葉が1～2枚に育ったときに生育のよいものを残して他を間引き、1カ所に1本にする。

❷ 株元を押さえるようにしながら引き抜き、残す株を傷めないようにする。

❸ 間引き後、列の間の土を指先でほぐすようにして耕し、株元に土を寄せて軽く押さえる。

③ 間引き②

4月中旬～6月中旬（春）、9月下旬～11月下旬（秋）、根が直径1cmに肥大したら間引く

❶ 草丈が15cmほどになり、根が直径1cmほどに肥大したら2回目の間引きをする。

❷ 生育のよくない株を選び、残す株を傷めないように株元の土を押さえるようにして引き抜き、株間が10cmになるように間引く。間引き後、土を指先でほぐすようにして株元に土寄せをする。

④ 収穫

4月下旬～6月下旬（春）、10月上旬～12月中旬（秋）、根の直径が2～3cmで収穫

根が直径2～3cmになり土からせり上がるようになったら収穫適期。葉を持って引き抜いて収穫する。収穫が遅れると根が割れてしまうので、とり遅れないように注意する。

ラディッシュの品種

ラディッシュは球形の品種のほかに、小さいダイコンのような形の「アイシクル」、楕円形の「フレンチ・ブレックファスト」などさまざまな色、形がある。

有機栽培の肥料づくり

有機質肥料を使い、ボカシ肥や液肥がつくれる

健康や環境に対する意識が高まる昨今、野菜についても有機栽培が注目されています。

日本農林規格では、組換え DNA 技術をもちいて生産されたものでない種子や苗を使って、収穫前 2 年以上(多年生の野菜では 3 年以上)化学肥料や農薬を一切使わず、有機肥料で育てた野菜を有機農産物といっています。つまりその条件のもと野菜を育てることが有機栽培ということになりますが、家庭菜園で野菜を育てる場合はこれほど厳密に考える必要はなく、堆肥など有機質肥料を使って、農薬を使わず育てることを有機栽培と考えればよいでしょう。

有機質肥料としては堆肥や鶏ふん、米ぬか、油かす、骨粉など多くの種類がありますが、家庭での有機栽培には、これら有機質肥料を複数混ぜて腐熟させたボカシ肥の利用が便利です。

●ボカシ肥をつくる

❶ 容器の中に米ぬか 6、おから 3、もみ殻くん炭 1、鶏ふん 1の割合で用意し、土を混ぜ、全体をよく混ぜる。

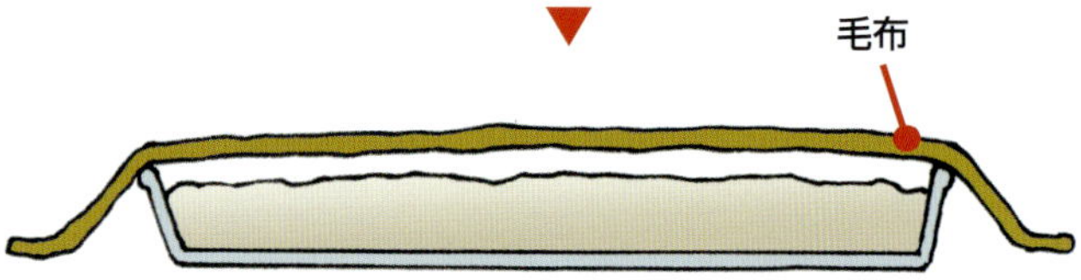

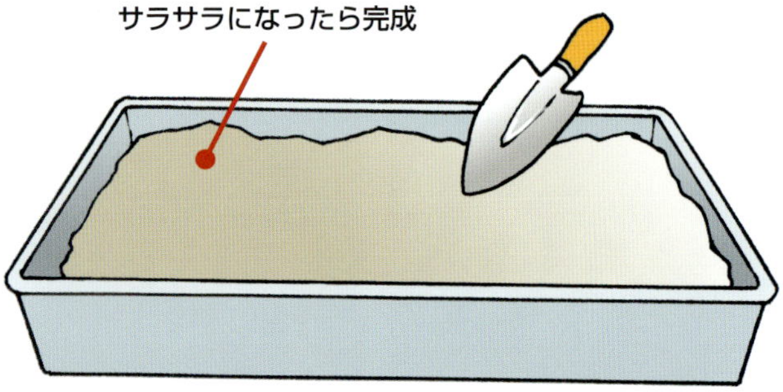

❷ 容器の上に不要になった毛布などを 2 重にかぶせ、屋外において発酵させる。発酵すると発熱するので、毎週切り返してよく混ぜる。3 ~ 4 回切り返しを行い、サラサラの状態になったら完成。

●有機液肥をつくる

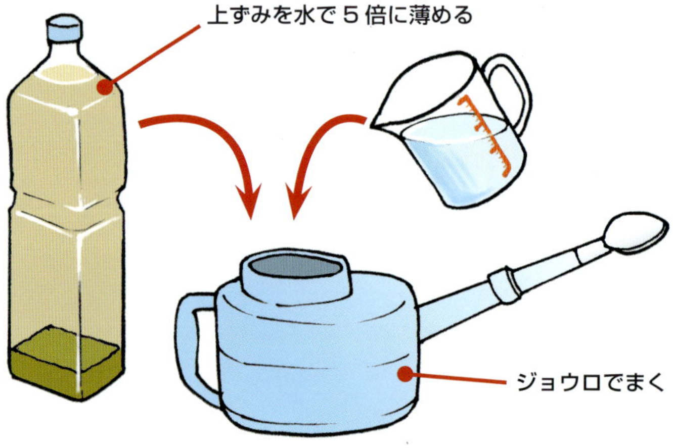

2ℓ あるいは 5ℓ のペットボトルを用意し、水 10、菜種かす 1 の割合で入れて、1 カ月ほど発酵させればできあがり。発酵しているのでふたを開ける際は注意する。上ずみを水で 5 倍ほどに薄めれば、有機液肥として利用できる。

●天敵を利用する

農薬は害虫だけでなく害虫の天敵も殺してしまう。農薬など薬剤を利用しなければ天敵の利用も期待できる。テントウムシはアブラムシの天敵。テントウムシを捕まえてきて畑に放すとよい。

一度はつくりたい
伝統・中華の野菜

4章

地方野菜・中国野菜＋ハーブの育て方

辛いだけでなく香りがよい沖縄のトウガラシ

沖縄《おきなわ》トウガラシ

ナス科　難易度 ふつう

栽培のポイント

- 栽培期間がやや長いため、難易度はふつう。
- 高温性の野菜で発芽適温は 25 ～ 30℃。十分暖かくなってから栽培する。
- 乾燥に弱いため、しきわらや水やりが大切。
- 栽培期間・収穫期間が長いため、肥料不足とならないように追肥する。

栽培カレンダー

作業＼月	1	2	3	4	5	6	7	8	9	10	11	12
種まき		■	■									
植え替え			■	■								
植えつけ					■	■	暖かくなってから植えつけ					
支柱立て					■	■						
追肥・しきわら					■	■	乾燥に弱いのでしきわらをする					
芽かき						■	■					
収穫									■	■	■	

1 種まき

2 月下旬～ 3 月中旬、セルトレイに種をまく

1 セルトレイ(育苗用の連結結ポット)に培養土《ばいようど》を入れ、指先で浅い窪みをつけ、ピンセットを使って一粒ずつ種をまいていく。

2 種が見えなくなるように土をかぶせ、軽く押さえて土と種を密着させる。

3 ジョウロでたっぷりと水やりをする。

2 植え替え

3 月下旬～ 4 月中旬、子葉が展開したら植え替える

根鉢の土を落とさないように苗を取り出し、そのまま培養土を入れた 3.5 号ポットに植え替える。植え替え後、先端に草の茎などを詰めて水勢を抑えたジョウロでたっぷりと水やりをする。

3 植えつけ

5月上旬～6月中旬、本葉が8～10枚出たら植えつける

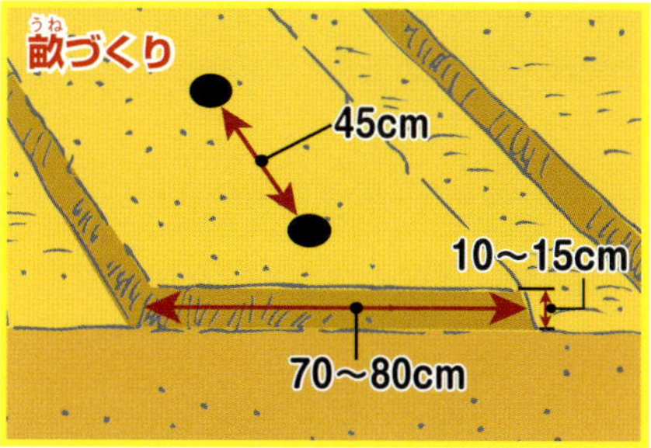

[植えつけ 2 週間前]

苦土石灰《くどせっかい》 100g/m^2をまいてよく耕す。

[植えつけ 1 週間前]

堆肥《たいひ》2kg/m^2、化成肥料 100g/m^2を畑の全面にまいてよく耕し、畝をつくる。

1 育苗し、本葉が8～10枚出たら畑に植えつける。

2 根鉢を崩さないようにポットから取り出し、根鉢の大きさ程度に掘った穴に45cm間隔で植えつける。

3 周囲の土を寄せるようにして株元を押さえ、根と土を密着させる。植えつけ後、たっぷりと水やりをする。

4 支柱立て

5月上旬～6月中旬、株の脇に支柱を立てて固定する

株から4～5cmほど離れたところに1.5mほどの支柱を立て、8の字結びでやや余裕を持たせて株を支柱に縛りつける。

5 追肥・しきわら

5月下旬～6月下旬、追肥後にわらをしく

1 株の周囲、葉の広がりの下に、一株につき軽く一握り(20g)の化成肥料をドーナツ状に施して、指で土をほぐすようにしながら土と肥料を混ぜ、株元に軽く土寄せをする。

2 雨水のはね返りによる土壌病害の予防、雑草の繁茂を防ぐため、株元にわらをしく。

6 芽かき

6月上旬～7月上旬、一番花がついたら芽かきをする

一番花がついたら、それより下のわき芽をすべて摘み取る。

7 収穫

9月上旬～11月上旬、果実が赤くなったら収穫する

果実が赤くなったものから、順次ハサミで切って収穫していく。開花後1カ月後くらいの緑のものも収穫して利用できる。収穫は霜が降りる前まで続けられる。

香りが強く、黄色く細長い沖縄のニンジン

沖縄島《おきなわしま》ニンジン

セリ科　難易度　やさしい

栽培のポイント

- 暑さに強く、育てやすいので難易度はやさしい。
- 発芽しにくいので、種まき後は土をごく薄くかぶせる。
- 時期的に雑草が生えやすいので、こまめな除草が必要。

栽培カレンダー

作業＼月	1	2	3	4	5	6	7	8	9	10	11	12
種まき			土は薄くかぶせる			■	■	■				
間引き①								■	■			
間引き②								■	■	■		
追肥								■	■	■		
収穫									■	■	■	

1 種まき　6月中旬〜8月上旬、株間20cmで点まきする

1 株間20cmになるように窪みをつけ、1カ所につき3〜4粒の種をまいていく。

2 ニンジンの種は土を厚くかぶせると発芽しにくくなるので、ごく薄く土をかぶせ、軽く押さえて種と土を密着させる。

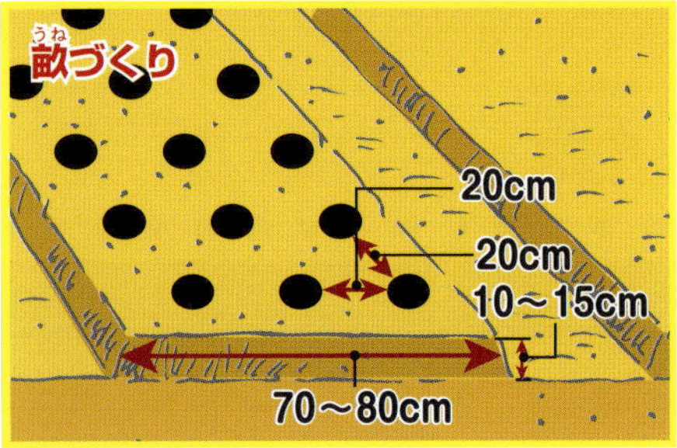

[種まき2週間前]
苦土石灰《くどせっかい》 100g/m²をまいてよく耕す。

[種まき1週間前]
化成肥料100g/m²を畑の全面にまいてよく耕し、畝をつくる。土のかたまりや石などは取り除く。

3 種まき後、ジョウロでたっぷりと水やりをする。

Point ポイント **寒冷紗《かんれいしゃ》で覆って害虫を防ぐ**

4 発芽後の害虫の被害を防ぐために、トンネル用の支柱を立て、寒冷紗で畝全体を覆う。

② 間引き①

8月上旬～9月下旬、本葉が2～3枚出たら1回目の間引き

❶ 本葉の枚数が2～3枚になったら、1回目の間引きを行う。

❷ 生育のよいものを2本残して、株元の土を押さえるようにしながら他を引き抜いて間引く。間引いた苗は料理に利用する。

❸ 間引き後、周囲の土を指先でほぐすようにしながら耕し、同時に雑草を取り除く。

③ 間引き②

8月下旬～10月中旬、本葉が5～6枚出たら2回目の間引き

本葉の枚数が5～6枚になったら、生育のよい株を残して他を間引き、1カ所1本にする。

④ 追肥

8月下旬～10月中旬、2回目の間引き後追肥する

❶ 2回目の間引き後、$1m^2$あたり軽く一握り(20g)の化成肥料を株の周囲、葉の広がりの下に施す。

❷ 指の先で土をほぐすようにしながら土と肥料を混ぜ、株元に土を寄せて軽く押さえる。

⑤ 収穫

9月中旬～11月中旬、根の肩が直径3～4cmになったら収穫

❶ 根が十分に肥大し、土から出た根の肩の部分の直径が3～4cmになったら収穫する。根が長いため、そのまま引き抜くことは難しい。

❷ 株から20cmほど離れた場所にスコップを入れ、根を傷つけないように注意しながら慎重に掘り、根の先端が現れたら根の部分を持って引き抜いて収穫する。

関西地方の正月料理ではおなじみ

金時《きんとき》ニンジン

セリ科　難易度　ふつう

栽培のポイント

- 栽培はそれほどむずかしくないが、期間が長いため難易度はふつう。
- 種まき後、土はごく薄くかぶせる
- 間引きが遅れて株が込み合うと、根の肥大が遅れるので適切な時期に間引きする。

栽培カレンダー

作業＼月	1	2	3	4	5	6	7	8	9	10	11	12
種まき				土は薄くかぶせる			■	■				
中耕									■			
間引き						適切な時期に間引く			■	■		
追肥									■	■		
収穫	■	翌年									■	■

1 種まき

7月中旬～8月中旬、株間20cm、列の間隔20cmになるようにまく

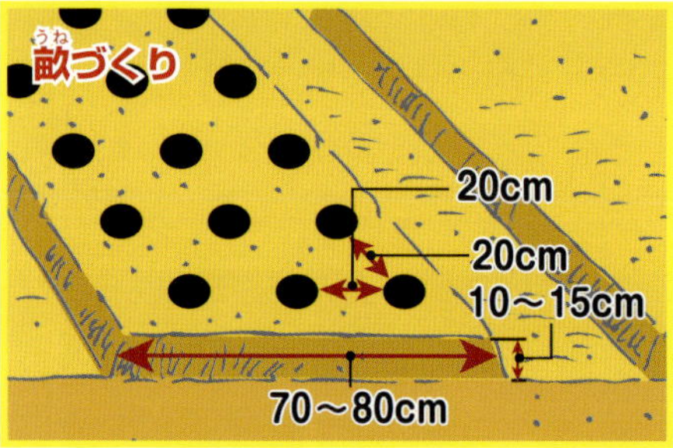

[種まき2週間前]
苦土石灰《くどせっかい》100g/m²をまいてよく耕す。

[種まき1週間前]
化成肥料100g/m²を畑の全面にまいてよく耕し、畝をつくる。土のかたまりや石などは取り除く。

1 20cm間隔で、1カ所に3～4粒ずつ、種が重ならないようにまいていく。

2 覆土はごく薄くし、軽く押さえて土と種を密着させる。種まき後、ジョウロでたっぷりと水やりをする。

Point ポイント　寒冷紗《かんれいしゃ》をかけて害虫から守る

3 トンネル用の支柱を立て、寒冷紗をかけて、害虫から発芽後の株を守る。

2 中耕《ちゅうこう》 9月上旬～9月下旬、植えつけから1カ月～1カ月半後、中耕をする

かたくなった土の表面をほぐすようにしながら、指で土を耕す。同時に雑草を取り除く

3 間引き

9月下旬から10月中旬、間引きをして1カ所1本に

1 葉の長さが30cmほどになったら、間引きをして1カ所に1本にする。

2 生育のよいものを残し他のものを引き抜く。残す株を傷めないように、株元の土を押さえるようにして抜き取る。間引きしたものは料理に利用できる。

4 追肥 9月下旬～10月中旬、間引き後、追肥をする

1 1m^{2}あたり軽く一握り(20g)の化成肥料を、株の周囲、葉の広がりの下にドーナツ状に施す。

2 指先で土をほぐすようにしながら土と肥料を混ぜ、株元に土寄せをして軽く押さえる。

5 収穫 11月中旬～翌年1月下旬、根の肩の部分が4～5cmになったら収穫

根が深く伸びているため、そのまま引き抜いて収穫するのはむずかしい。株から20cmほど離れたところにスコップを入れ、根に傷をつけないように注意しながら慎重に根の際まで掘る。根が十分現れたら、根を持って引き抜いて収穫する。

また根の予防をする

土の中の石やかたまった堆肥などに根があたるとまた根になる。また根になると根の生育が悪くなるので、種まき前に十分耕してまた根を予防する。

煮るととろけるほどやわらかい、丸ダイコンの代表品種

聖《しょう》護《ご》院《いん》ダイコン

アブラナ科　難易度　やさしい

栽培のポイント

- 栽培はそれほどむずかしくないので難易度は低い。
- 栽培場所は深くよく耕し、石や土のかたまり、肥料のかたまりなどをていねいに取り除く。
- 肥大促進のため、間引きと追肥を適切に行う。

栽培カレンダー

作業＼月	1	2	3	4	5	6	7	8	9	10	11	12
種まき				種まき前に深くよく耕す				■	■			
間引き①									■			
追肥①									■			
間引き②									■			
追肥②										■		
収穫											■	

1 種まき

8月下旬～9月上旬、1カ所に3～4粒ずつ45cm間隔で種をまく

1 株間45cmになるように、指先で1cmほどの浅い窪みをつけ、1カ所に3～4粒ずつ種をまく。

2 周囲の土を寄せるようにして種に土をかぶせ、軽く押さえて種と土を密着させる。

3 種まき後、ジョウロでたっぷりと水やりをする。

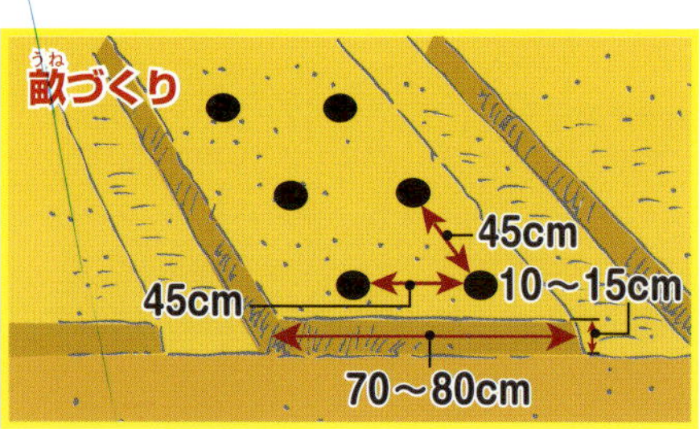

[種まき2週間前]

苦《く》土《ど》石灰《せっかい》100g/m^{2}をまいてよく耕す。

[種まき1週間前]

化成肥料100g/m^{2}を畑の全面にまいてよく耕し、畝をつくる。土のかたまりや石などは取り除く。

2 間引き①

9月中旬、種まきから2週間ほどで間引きをする

1 本葉が3～4枚の頃、生育の悪いものを間引いて、1カ所に2株にする。

2 残す株を傷めないように、株元の土を押さえるようにしながら引き抜く。

3 追肥①

9月中旬、間引き後、追肥をする

❶ 一株につき軽く一握り（20g）の化成肥料、葉の広がりの外側にドーナツ状に施す。

❷ 指先で土をほぐすようにしながら土と肥料をよく混ぜて耕し、株元に土を寄せる。

4 間引き②

9月下旬～10月上旬、種まきから1カ月ほどで2回目の間引き

❶ 本葉が7～8枚になったら、2回目の間引きで1カ所1株にする。

❷ 生育のよいものを1本残し、株元の土を押さえながら他方を間引く。間引き後、土をほぐして株元に土を寄せる。

5 追肥②

10月下旬～11月上旬、畝の肩に追肥する

❶ 畝に沿って浅い溝を掘り、溝に1m²あたり一握り（20～30g）の化成肥料を施す。

❷ 外側から土を寄せて肥料に土をかぶせて溝を埋め、株元に土を寄せる。

6 収穫

11月中旬～12月上旬、根の肩が直径10cmほどに肥大したら収穫

❶ 地上に出ているダイコンの肩の部分が、直径10cmほどになったら収穫適期。

❷ 葉を束ねるようにして持ち、引き抜いて収穫する。

強い辛みがあり薬味や漬け物に最適なカブ

遠野《とおの》カブ

アブラナ科　難易度　やさしい

栽培のポイント

- ダイコンのように長いカブで、岩手県遠野市に伝わる伝統野菜。
- 栽培期間が短いので難易度は低い。
- 秋まきが栽培しやすいので、種まきは９月ごろ。
- 適切な間引きで株間を 15cm にする。

栽培カレンダー

作業＼月	1	2	3	4	5	6	7	8	9	10	11	12
種まき					秋まきが栽培しやすい				■			
間引き①									■	■		
間引き②・追肥									■	■		
間引き③										■		
収穫											■	■

1 種まき

９月上旬～９月下旬、15cm 間隔の溝にすじまき

❶ 板や支柱を使って、畝に深さ 1cm ほどの溝を 15cm 間隔でつくり、溝の中にできるだけ重ならないように均一に種をまいていく。

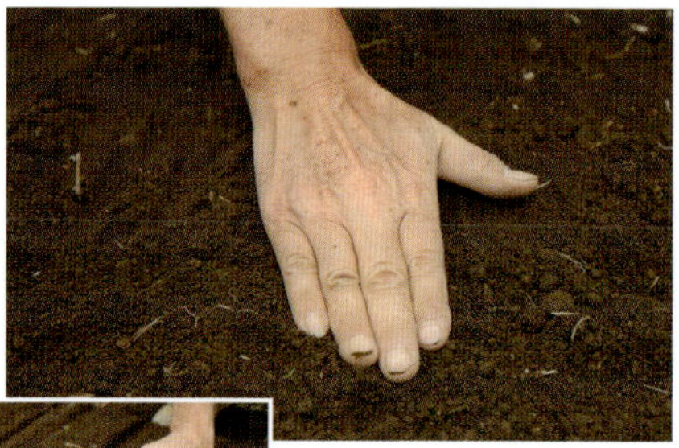

❷ 溝の両側をつまむようにして土を寄せて溝を埋め、軽く押さえて土と種を密着させる。

❸ 種まき後、ジョウロでたっぷりと水やりをする。

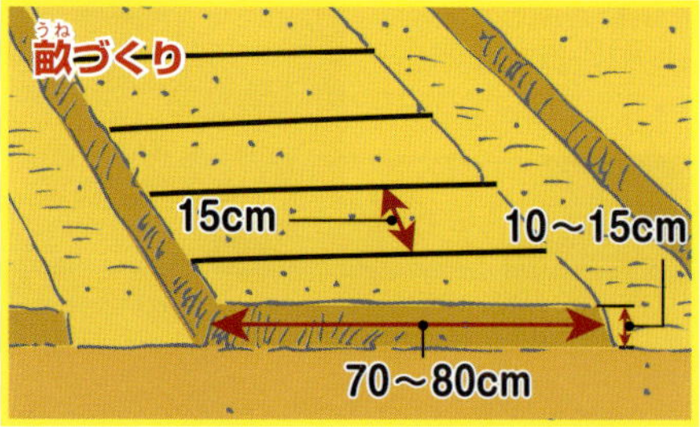

［種まき２週間前］
苦土石灰《くどせっかい》 100g/m²をまいてよく耕す。

［種まき１週間前］
化成肥料 100g/m²を畑の全面にまいてよく耕し、畝をつくる。

2 間引き ①

９月中旬～10 月中旬、本葉が３～４枚出たら１回目の間引き

❶ 本葉の枚数が３～４枚出たら生育の悪いものを間引いて、株間が３～4cm になるようにする。

❷ 間引き後、土の表面を指先でほぐすようにしながら耕し、株元に土を寄せる。

3 間引き②・追肥

9月下旬～10月下旬、2回目の間引きをして追肥

❶本葉が5～6枚になったら2回目の間引き。

❷生育のよいものを残して、株元の土を押さえるようにしながら生育の悪いもの、葉や茎に傷のあるものなどを間引き、株間を6～7cmにする。間引き菜はサラダなどに利用できる。

❸列の間に1m²あたり一握り（20～30g）の化成肥料を施す。

❹指先で土をほぐすようにしながら土と肥料を混ぜて耕し、株元に土を寄せる。

4 間引き③

10月上旬～11月上旬、最後の間引きで株間を10cmに

草丈が20cmを越えたころ、生育のよいものを残して間引き、株間を10cmにする。

5 収穫

11月上旬～12月上旬、根が肥大したら収穫

❶土から出た根の直径が4～5cmになったら収穫適期。

❷根の頭の部分を持って引き抜いて収穫する。収穫後は、すりおろしてそばの薬味、漬け物などに利用する。

漬け物にされる飛騨特産の紅色のカブ

飛騨《ひだ》紅丸《べにまる》カブ

アブラナ科　難易度　やさしい

栽培のポイント

- 一般的に漬け物として利用される飛騨美濃地方の伝統野菜。
- 生育おう盛でつくりやすいため、難易度は低い。
- 耐寒性が強く、秋まき栽培が育てやすい。
- 株間が 15cm になるように適切な間引きを行う。

栽培カレンダー

作業＼月	1	2	3	4	5	6	7	8	9	10	11	12
種まき					秋まきが育てやすい				■			
間引き①									■	■		
間引き②・追肥									■	■		
間引き③										■	■	
収穫											■	■

1 種まき

9月上旬～9月下旬、15cm 間隔ですじまきする

1 板や支柱を使い、深さ 1cm ほどの溝を 15cm 間隔でつくり、できるだけ重ならないように均一に種をまいていく。

2 溝の両側の土をつまむようにして土を寄せて種に土をかぶせ、軽く押さえて土と種を密着させる。

3 種まき後、ジョウロでたっぷりと水やりをする。

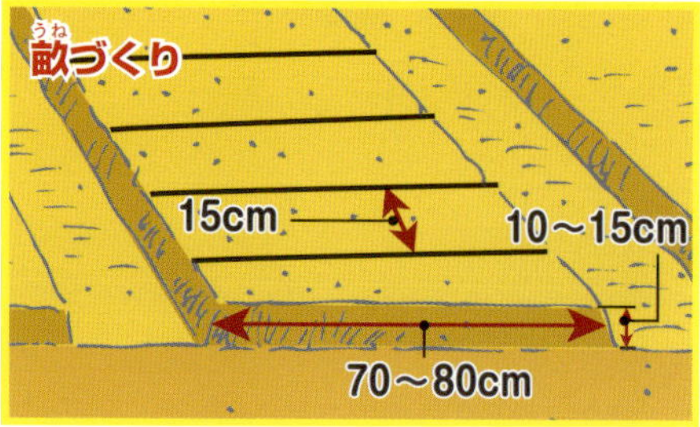

[種まき 2 週間前]

苦土石灰《くどせっかい》 100g/m²をまいてよく耕す。

[種まき 1 週間前]

化成肥料 100g/m²を畑の全面にまいてよく耕し、畝をつくる。

2 間引き①

9月中旬～10月中旬、本葉が3～4枚出たら間引く

1 本葉の枚数が3～4枚出たら生育の悪いものを間引き、株間を3～4cm にする。

2 間引き後、土の表面を指先でほぐすようにしながら耕したあと、株元に土を寄せる。

3 間引き②・追肥

9月下旬～10月下旬、本葉が5～6枚出たら2回目の間引きをし追肥する

1 本葉が5～6枚になったら2回目の間引きをして、株間6～7cmにする。

2 株元の土を押さえるようにしながら生育の悪いもの、葉や茎に傷のあるものなどを間引く。間引き菜はサラダなどに利用できる。

3 間引き後、列の間に$1m^2$あたり一握り(20～30g)の化成肥料を施す。

4 株の周囲の土を指先でほぐすようにしながら肥料を土に混ぜて耕し、株元に土を寄せる。

4 間引き③

10月上旬～11月上旬、間引きをして株間を10cmにする

1 草丈15～20cm、根の直径が1cmほどになったころ、間引きで株間を10cmにする。

2 生育の悪い株、葉が傷んでいるものなどを選び、残す株が抜けないように株元を押さえながら間引く。間引き菜は料理に利用できる。

5 収穫

11月上旬～12月上旬、根が5～6cmに肥大したら収穫

1 根が肥大して直径5～6cmになり、土からせり出したようになったら収穫。

2 葉を束ねるようにして持ち、引き抜くようにして収穫する。収穫後は根を漬け物や煮物、葉をおひたしなどに利用する。

漬け物にも最適な信州特産の辛みダイコン

牧地《まきじ》ダイコン

アブラナ科

難易度 やさしい

栽培のポイント

- 冷涼な気候を好み、一般に暑さには弱く、寒さに強い。
- 種まき時期さえ間違えなければ栽培は容易なので難易度は低い。
- 畑を深く耕し、また根の原因となる石や堆肥のかたまりなどがないようにする。
- 収穫が遅れると「す」が入ったり「根割れ」をおこすので、とり遅れないようにする。

栽培カレンダー

作業＼月	1	2	3	4	5	6	7	8	9	10	11	12
種まき						畑はよく耕す		■	■			
間引き①									■			
追肥①									■			
間引き②									■	■		
追肥②										■	■	
収穫								とり遅れに注意			■	■

1 種まき

8月下旬～9月上旬、45cm間隔で点まきする

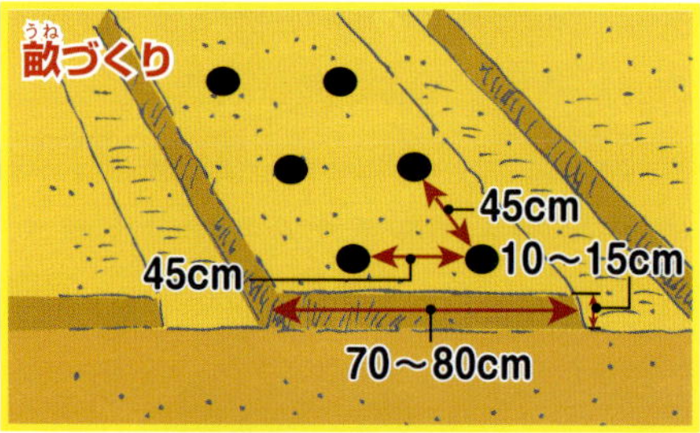

[種まき2週間前]

苦土石灰《くどせっかい》100g/m²をまいてよく耕す。

[種まき1週間前]

化成肥料100g/m²を畑の全面にまいてよく耕し、畝をつくる。

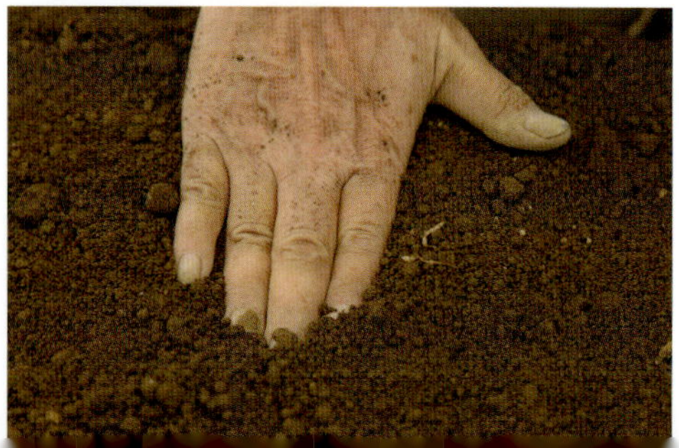

1 株間45cmになるように、指先で1cmほどの浅い窪みをつけ、1カ所に3～4粒ずつ種をまく。周囲の土を寄せるようにして種に土をかぶせ、軽く押さえて種と土を密着させる。

2 種まき後、ジョウロでたっぷりと水やりをする。

2 間引き①

9月中旬～9月下旬、種まきから2週間ほどで間引きをする

本葉が3～4枚出たら、生育の悪いものを間引いて、1カ所2株にする。残す株を傷めないように、株元の土を押さえるようにしながら引き抜く。

3 追肥① 9月中旬～9月下旬、間引き後、追肥をする

間引き後、$1m^2$あたり軽く一握り(20g)の化成肥料を、葉の広がりの外側にドーナツ状に施す。指先で土をほぐすようにしながら土と肥料をよく混ぜて耕し、株元に寄せる。

4 間引き②

9月下旬～10月上旬、2回目の間引きで1カ所一株に

1 本葉が7～8枚になったら、2回目の間引きで1カ所一株にする。

2 生育のよいものを1本残し、株元の土を押さえながら他方を間引く。中耕し、株元に土を寄せる。

5 追肥② 10月下旬～11月上旬、畝の肩に追肥する

1 畝に沿って浅い溝を掘り、溝に$1m^2$あたり一握り(20～30g)の化成肥料を施す。

2 外側から土を寄せて肥料に土をかぶせて溝を埋め、株元に土を寄せる。

6 収穫

11月中旬～12月上旬、ダイコンの肩が直径5～6cmになったら収穫

1 地面より上に出たダイコンの肩の部分が、直径5～6cmになったら収穫適期。

2 葉を束ねるようにして持ち、引き抜いて収穫する。収穫が遅れるとすが入ったり根が割れるので取り遅れないようにする。収穫後は、漬け物やすりおろして薬味などに利用する。

シャキッとした食感でサラダや鍋物に人気の京野菜

ミズナ

アブラナ科　難易度　やさしい

栽培のポイント

- 栽培期間が短く育てやすいので難易度は低い。
- 水持ちのよい肥料分の多い土を好む。
- 寒さには強いが、冷たい北風があたる場所では風よけを。
- 害虫が多い栽培初期には、寒冷紗《かんれいしゃ》のトンネルやポットなどで防ぐ。

栽培カレンダー

作業＼月	1	2	3	4	5	6	7	8	9	10	11	12
種まき				栽培初期は害虫を防除する					■			
間引き①									■	■		
間引き②・追肥										■		
間引き③										■	■	
収穫	■	■	翌年								■	■

1 種まき

9月上旬～9月下旬、15cm間隔ですじまきする

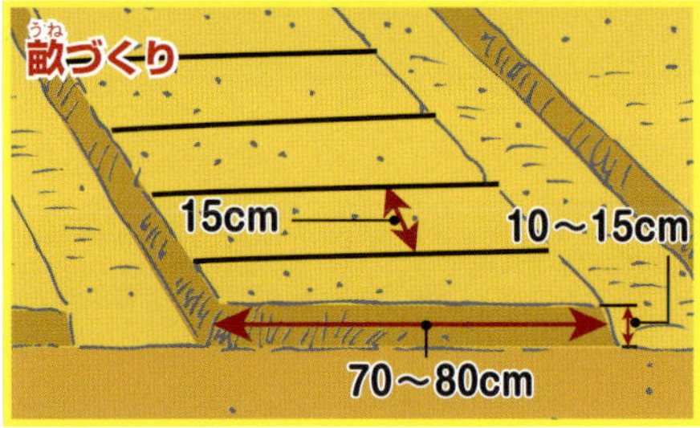

[種まき 2 週間前]
苦土石灰《くどせっかい》 100g/m²をまいてよく耕す。

[種まき 1 週間前]
堆肥《たいひ》 2kg/m²、化成肥料 100g/m²を畑の全面にまいてよく耕し、畝をつくる。

1. 板や支柱などを使って畝に 15cm 間隔で深さ 1cm ほどの溝をつくり、できるだけ重ならないよう均一に種をまいていく。

2. 溝の両側を指でつまむようにして種に土をかぶせ、軽く押さえて種と土を密着させる。

3. 種まき後、ジョウロでたっぷりと水やりをする。

2 間引き①

9月下旬～10月下旬、本葉が2～3枚出たら間引きをする

1. 本葉が2～3枚になったころ1回目の間引きをする。生育の悪いもの、葉や茎に傷のあるものなどを間引き、株間を2～3cmにする。間引くときには株元の土を押さえ、残す株が抜けないように注意する。

2. 間引き後、列の間の土を指先でほぐすようにしながら耕し、株元に土を寄せる。

3 間引き②・追肥

10月上旬〜10月下旬、本葉が7〜8枚出たら2回目の間引きと追肥

1 生育のよいものを残し、他を間引いて株間が4〜5cmになるようにする。間引き菜はサラダなどに利用できる。

2 間引き後、列の間に$1m^2$あたり一握り（20〜30g）の化成肥料を施す。

3 土を指先でほぐすようにしながら肥料と土を混ぜて耕し、株元に土寄せする。

4 間引き③

10月上旬〜11月上旬、草丈が20cmほどになったら、間引きを兼ねて収穫をする

草丈が20cmほどになったら、収穫を兼ねて株元をハサミで切って間引き、株間を15cmにする。

5 収穫

11月上旬〜翌年2月下旬、草丈が25cmを越えたら収穫する

1 3回目の間引きからおよそ1カ月後、株が充実し、草丈が25cmを越えたら収穫する。

2 株元をハサミで切って収穫する。このときできるだけ葉柄が折れないようにやさしく株を押さえる。

葉にギザギザがなくへら状になったミズナの変異種

ミブナ

アブラナ科

難易度 やさしい

栽培のポイント

- 栽培期間が短く育てやすいので難易度は低い。
- 水持ちのよい肥沃な土を好む。
- 寒さには強いが、冷たい北風があたる場所では風よけを。
- 虫害が多い栽培初期には、寒冷紗《かんれいしゃ》のトンネルで防いでもよい。
- 年を越して収穫できる。

栽培カレンダー

作業＼月	1	2	3	4	5	6	7	8	9	10	11	12
種まき				栽培初期は害虫を防除する								
間引き①												
間引き②												
追肥												
間引き③												
収穫			翌年									

1 種まき

9月上旬～9月下旬、
15cm間隔ですじまきする

1 板や支柱などを使って、畝に深さ1cmほどの溝を15cm間隔でつくり、種をできるだけ重ならないように均一にまいていく。種をつまんだ指先をひねるようにこすりあわせるとうまくまける。

2 溝に種をまいたら、溝の両側から指でつまむようにして土を種にかぶせ、種と土が密着するように軽く押さえる。

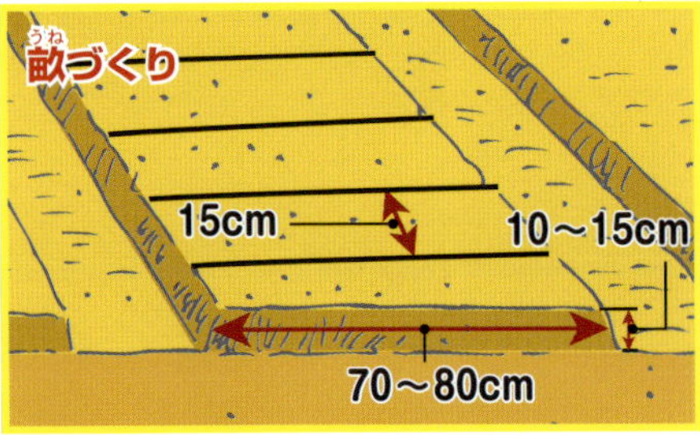

[種まき2週間前]
苦土石灰《くどせっかい》100g/m²をまいてよく耕す。

[種まき1週間前]
堆肥《たいひ》2kg/m²、化成肥料100g/m²を畑の全面にまいてよく耕し、畝をつくる。

3 種まき後、ジョウロでたっぷりと水やりをする。

Point ポイント **害虫が多い場合は育苗して植えつける**

害虫が多い場合はポットやセルトレイ（育苗用の連結ポット）などで育苗して、害虫の被害から守り、葉が5～6枚出たら畑に植えつける。

2 間引き①

9月下旬～10月下旬、本葉が2～3枚出たら1回目の間引き

1 本葉が2～3枚になったら、生育の悪いもの、葉や茎が痛んだものなどを選んで間引き、株間を2～3cmにする。

2 間引き後、指先で土をほぐすようにしながら耕し、株元に土を寄せる。

3 間引き②

10月上旬～10月下旬、本葉が5～6枚出たら2回目の間引き

本葉が5～6枚になったら、2回目の間引きで株間を4～5cmにする。間引き菜はサラダなどに利用できる。

4 追肥

10月上旬～10月下旬、2回目の間引き後、追肥をする

列の間に1m^2あたり一握り（20～30g）の化成肥料を施し、指で土をほぐすようにしながら肥料と土を混ぜて耕し、株元に土を寄せる。

5 間引き③

10月上旬～11月上旬、最後の間引きで株間を10cmにする

草丈が20cmほどになったら、収穫を兼ねて間引く。ハサミで株元から切り取り、株間を10cmにする。

6 収穫

11月上旬～翌年2月下旬、草丈が25cm以上で収穫

草丈が25cmを越えるようになったら、株元からハサミで切り取り収穫する。葉柄《ようへい》が折れないように、株をやさしくあつかう。

クウシンサイとも呼ばれ中国料理で炒め物などに使われる

エンサイ

ヒルガオ科　難易度　やさしい

栽培のポイント

- 高温を好み、夏の葉もの野菜が少ない時期に重宝する中国野菜。
- 病害虫に強く、真夏でも育てやすいので難易度は低い。
- 先端を収穫して、わき芽を増やして収穫する。

栽培カレンダー

作業＼月	1	2	3	4	5	6	7	8	9	10	11	12
種まき					■	■	■	■				
中耕・除草						■	■	■	■			
追肥						■	■	■	■			
収穫	先端を収穫するとわき芽が増える						■	■	■	■		

1 種まき

5月上旬～8月中旬、株間 30cm で点まきする

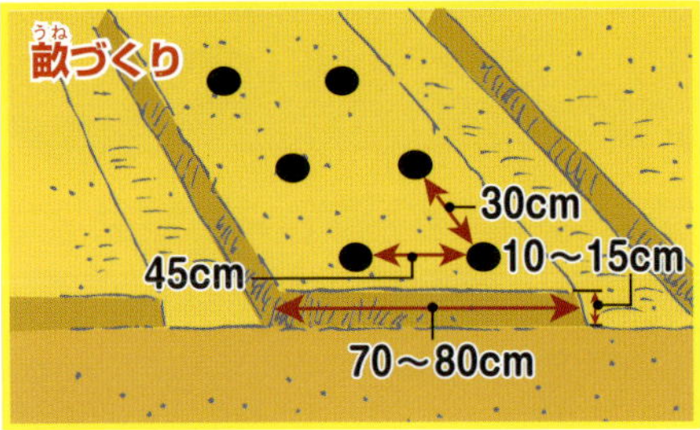

[種まき 2 週間前]
苦土石灰《くどせっかい》 100g/m²をまいてよく耕す。

[種まき 1 週間前]
堆肥《たいひ》2kg/m²、化成肥料 100g/m²を畑の全面にまいてよく耕し、畝をつくる。

1 空き缶の底などを押しあて、畝に 30cm 間隔で深さ 1cm ほどの窪みをつけ、それぞれの窪みに 2 ～ 3 粒ずつ種をまく。

2 周囲の土を寄せるようにして種に土をかぶせ、手のひらで軽く押して土と種を密着させる。

3 種まき後、ジョウロでたっぷりと水やりをする。

ポイント　気温が低い場合はセルトレイで育苗

気温が低い場合（15℃未満）などはセルトレイ（育苗用の連結ポット）に種をまいて育苗し、暖かくなった5月ごろに植えつけてもよい。

2 中耕《ちゅうこう》・除草

6月上旬～9月中旬、株の周りの土を耕し、除草する

雨の後など、土の表面がかたくなるため、ときおり株の周囲の土を指でほぐすようにして耕し、やわらかくしておく。また、草丈が低いうちは雑草が繁茂しやすいので、中耕の際に除草もする。

3 追肥

6月下旬～9月下旬、2カ月に1～2回、畝の肩に追肥する

1 畝に沿って溝を掘り、$1m^2$あたり一握り（20～30g）の化成肥料を均一に施す。

▼

2 外側から土を寄せるようにして肥料に土をかぶせ、株元に土寄せをする。

4 収穫

7月上旬～10月下旬、先端から摘み取りながら収穫

1 草丈が50cmほどになったら、収穫を開始する。

▼

2 つる先15～20cmほどのやわらかい部分をハサミで切り取って収穫する。切り取った部分の下の葉からわき芽が発生して生長し、収穫を繰り返すことができる。味はクセがなく、炒め物などに利用する。

生育途中で株を増やす

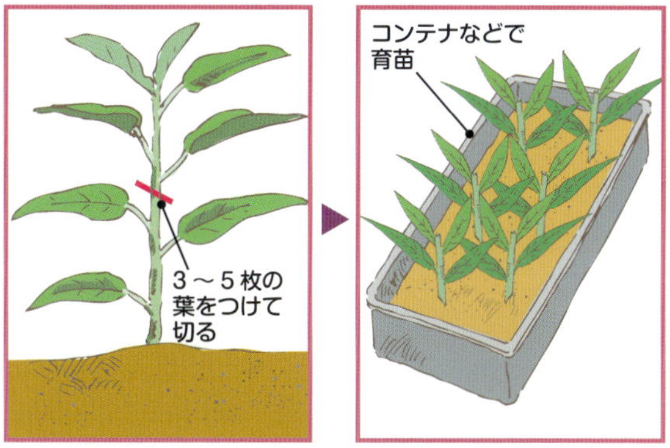

生育中に株を増やしたい場合は、つるの先端やわき芽を3～5枚の葉をつけて切り取り、コンテナやポットで育苗してから植えつける。

若い花茎とつぼみを利用する、高温に強いキャベツの仲間

カイラン

アブラナ科　難易度　やさしい

栽培のポイント

- 耐暑性が高く、ブロッコリーのようにつぼみや茎、若い葉を食べる中国野菜。
- 高温を好み、真夏でも育てやすいので難易度は低い。
- 株間をあまり広くせず、大株に育てない。
- 若い葉と、とう立ちさせた花茎《かけい》を利用する。

栽培カレンダー

作業＼月	1	2	3	4	5	6	7	8	9	10	11	12
種まき					■	■	■	■				
間引き					■	■	■	■	■			
植えつけ		株間を広くしない			■	■	■	■	■			
追肥						■	■	■	■			
収穫			若い葉と花茎を利用する			■	■	■	■	■	■	

1 種まき

5月上旬〜8月下旬、ポットに種をまいて育苗する

1 3号ポットに培養土《ばいようど》を入れ、指先で3カ所深さ1cmほどの窪みをつけて、それぞれの窪みに一粒ずつ種をまく。

2 周囲の土を寄せて種に土をかぶせる。種をまき終わったらジョウロでたっぷりと水やりをする。

2 間引き

5月中旬〜9月中旬、本葉が1〜2枚出たら間引いて1本に

1 種まきから2週間ほどすると本葉が1〜2枚になる。

2 生育のよいものを残し、他をハサミで株元から切って間引き、1本にする。

3 植えつけ

5月下旬〜9月下旬、本葉が3〜4枚出たら植えつけ

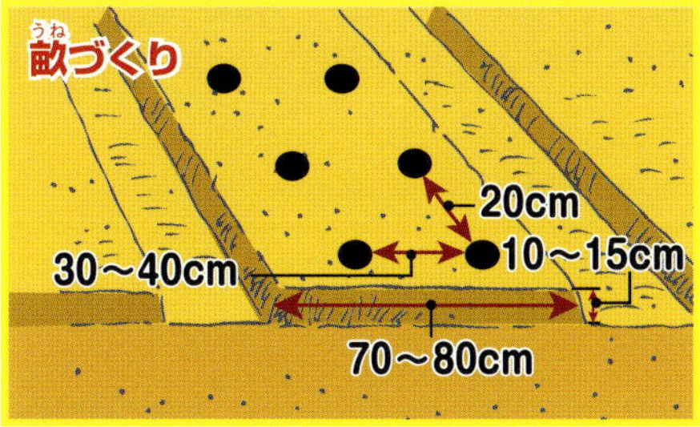

[植えつけ 2 週間前]
苦《く》土《ど》石灰《せっかい》 100g/m²をまいてよく耕す。

[植えつけ 1 週間前]
堆肥《たいひ》 2kg/m²、化成肥料 100g/m²を畑の全面にまいてよく耕し、畝をつくる。

1 ポットから根鉢を崩さないように苗を取り出し、根鉢の大きさ程度に掘った穴に 20cm 間隔で植えつける。

2 周囲から土を寄せるようにして、軽く株元を押さえて土と根を密着させる。植えつけ後は水やりをする。

4 追肥

6月上旬〜9月下旬、本葉が4〜5枚出たころ追肥する

1 1m²あたり軽く一握り（20g）の化成肥料を、株の周囲、葉の広がりの下にドーナツ状に施す。

2 指先で土をほぐすようにして土と肥料を混ぜて耕し、株元に土を寄せて軽く押さえる。

直まきする場合は4月下旬から

直まきする場合は 4 月下旬〜 9 月中旬にまく。株間 20cm に種を 4 〜 5 粒まき、2 〜 3 週間後に間引いて 1 本にする。追肥から収穫までは苗を植えつけた後と同じように育てる。

5 収穫

7月上旬〜11月中旬、花が1輪咲いたころが収穫適期

花茎が伸びてつぼみができ、花が 1 〜 2 輪咲いたころが収穫の適期。茎先 20cm ほどのやわらかい部分をハサミで切り取ったり手で折り取り収穫する。茎葉は、草丈が 15cm になったころから先を切り取り収穫する。

Point ポイント 発生したわき芽を収穫

切り取った部分から下にわき芽が発生し、二度どりできる。

独特の辛みが漬け物に向くカラシナの仲間

セリフォン

アブラナ科　難易度　やさしい

栽培のポイント

- 中国原産のカラシナの仲間で、独特の辛みが漬け物などに利用される。
- 暑さにも寒さにも強く、乾燥にもよく耐え、育てやすいので難易度は低い。
- 株間を20cmほどにして、しっかりとした株に育てる。
- あまり大株にせず、草丈25～30cmほどの若どりで収穫する。

栽培カレンダー

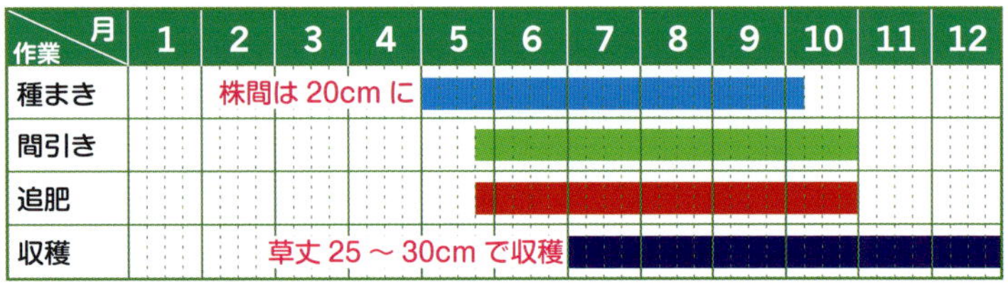

1 種まき

5月上旬～10月上旬、20cm間隔で点まきにする

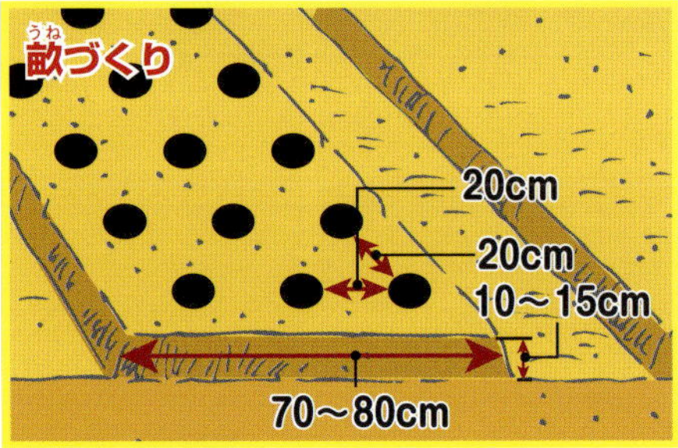

[種まき2週間前]

苦土石灰《くどせっかい》100g/m²をまいてよく耕す。

[種まき1週間前]

堆肥《たいひ》2kg/m²、化成肥料100g/m²を畑の全面にまいてよく耕し、畝をつくる。

1 板や支柱などで20cm間隔で浅く溝をつけ、指で溝に20cm間隔で深さ1cmほどの窪みをつけていく。それぞれの窪みに3～4粒の種を点まきにする。

2 土を寄せるようにして種に土をかぶせ、軽く押さえて土と種を密着させる。

3 種まき後、ジョウロでたっぷりと水やりをする。

② 間引き

5月下旬～10月下旬、種まきから3週間後間引きをして1カ所二株に

① 本葉4～5枚になったら生育のよいもの二株残して、他を間引く。

② 残す株を傷めないように、株元の土を押さえるようにして引き抜く。

③ 追肥

5月下旬～10月下旬、間引きのあと株の間に追肥する

1m² あたり一握り（20～30g）の化成肥料を株の間に均一に施し、指先で土をほぐすようにしながら肥料を土に混ぜ、株元に土を寄せる。この追肥のあと、草丈が12cmほどになったら、2回目の間引きで1カ所一株にする。

④ 収穫

7月上旬～12月下旬、草丈25cmを越えたら収穫

草丈25cmで収穫

① あまり株を大きくせず、草丈が25cmほどになったら若どりで収穫する。

② 株の地ぎわにハサミを入れて切り取り、収穫する。

種まき時期をずらして収穫量を調整する

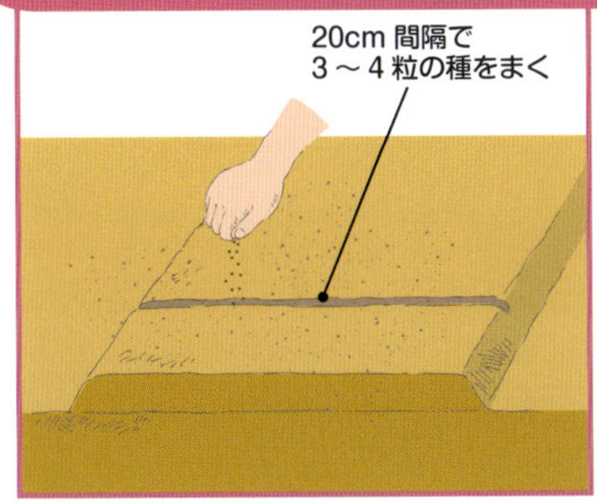
20cm間隔で
3～4粒の種をまく

① 種まき時期が長いので、2～3週間ごとに1列ずつ、数回に分けて種をまくと、野菜があまらない。畝に1列、20cm間隔に3～4粒の種をまく。

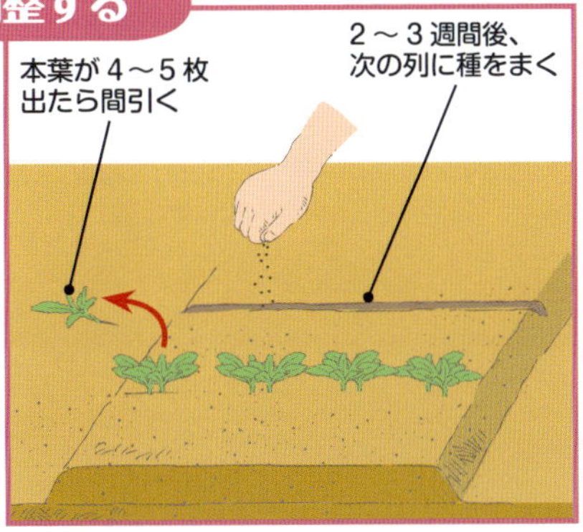
本葉が4～5枚
出たら間引く
2～3週間後、
次の列に種をまく

② 種まきから2～3週間後、本葉4～5枚になったら間引きをして1カ所に二株残し、次の列に種をまく。その後、草丈12cmになったらさらに間引いて一株にする。

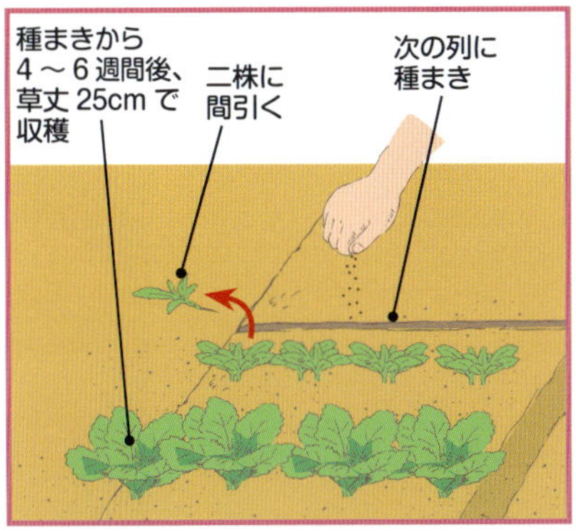
種まきから
4～6週間後、
草丈25cmで
収穫
二株に
間引く
次の列に
種まき

③ 種まきから4～6週間後、最初の株が草丈25cmになったら収穫し、次の株を間引く。さらに次の列に種まきをする。

強い香りがあり、スープセルリーとも呼ばれるセルリーの仲間

キンサイ

セリ科　難易度　ふつう

栽培のポイント

- 中国では健康のための食物として利用される。
- セルリーよりもつくりやすいので難易度はふつう。
- やや湿度の高い冷涼な気候を好み、栽培適温は 13 ～ 15℃。
- 乾燥には弱いので乾燥時期には水やりが大切。
- 種が小さいので土はごく薄くかぶせる。

栽培カレンダー

作業＼月	1	2	3	4	5	6	7	8	9	10	11	12
種まき	土は薄くかぶせる 夏まき					■	土は薄くかぶせる		■	秋まき		
植え替え					夏まき	■	■		秋まき	■		
植えつけ						夏まき	■		秋まき	■		
追肥①						夏まき	■			秋まき	■	
収穫							夏まき	■	■		秋まき ■	■
追肥②					夏まきのみ追肥			■				

1 種まき

6 月上旬～ 6 月中旬（夏）、
9 月中旬～ 9 月下旬（秋）、
セルトレイに種をまいて発芽させる

1 セルトレイ（育苗用の連結ポット）に入れた培養《ばいよう》土《ど》に指先で軽く窪みをつけ、一粒ずつ種をまいていく。

2 種が隠れるように土をかぶせ、軽く押さえて土と種を密着させる。

3 種まき後、ジョウロでたっぷりと水やりをする。

2 植え替え

6 月下旬～ 7 月上旬（夏）、10 月中旬（秋）、
ポットに植え替えて育苗する

1 セルトレイから苗を傷めないように取り出し、根鉢を崩さないように培養土を入れた 3 号ポットに植え替えて育苗する。

Point ポイント　詰め物をして水の量を弱める

2 植え替え直後の苗を傷めないように、口先に植物の茎などを詰めて水勢を弱めて水やりをする。

3 植えつけ

7月上旬～7月中旬(夏)、10月中旬～10月下旬(秋)、株間30cmで植えつける

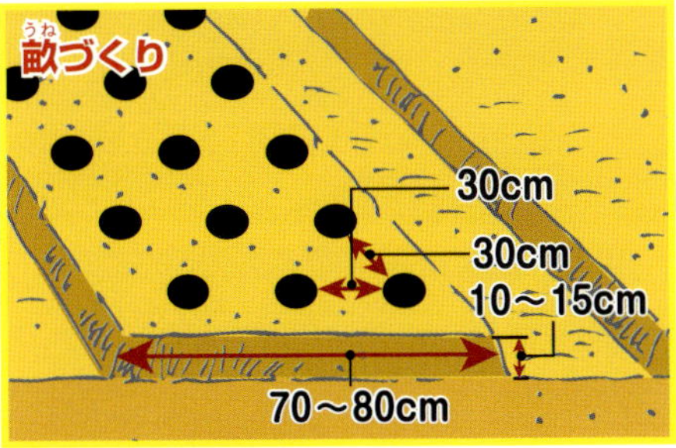

[植えつけ2週間前]
苦土石灰《くどせっかい》100g/m^2をまいてよく耕す。

[植えつけ1週間前]
堆肥《たいひ》2kg/m^2、化成肥料100g/m^2を畑の全面にまいてよく耕し、畝をつくる。

1. 本葉が6～7枚出たら、株間30cmの間隔で畑に植えつける。
2. 根鉢を崩さないようにポットから取り出し、根鉢の大きさ程度に掘った穴に植えつける。
3. 株元に土を寄せるようにして、軽く株元を押さえて土と根を密着させる。植えつけ後はたっぷりと水やりをする。

4 追肥①

7月中旬～7月下旬(夏)、11月上旬～11月中旬(秋)、植えつけから2週間ほどしたら追肥

1m^2あたり軽く一握り(20g)の化成肥料を、株の周囲、葉の広がりの下にドーナツ状に施し、指で土をほぐすようにしながら土と肥料を混ぜて耕し、株元に土寄せする。

6 追肥②

8月上旬～8月下旬、夏まきのみ収穫後に追肥

夏まきのみ、刈り取り収穫後、刈り取った株の周囲に、一株につき軽く一握りの化成肥料をドーナツ状に施して中耕、土寄せしておくと、株が再生して2回どりができる。

5 収穫

8月上旬～9月中旬(夏)、11月下旬～12月下旬(秋)、刈り取って収穫

1. 草丈が20cmを越えるようになったら株元から収穫する。収穫後はスープや肉料理の臭い消しなどに利用できる。

2. 株元を地ぎわから3～4cm残してハサミなどで刈り取るように収穫する。必要な分だけ外側の葉から摘み取ってもよい。

花茎とつぼみを利用する、独特の風味を持った中国野菜

コウサイタイ

アブラナ科　難易度　やさしい

栽培のポイント

- やわらかくて甘みがあり、ゆでると緑色に変わる。
- 寒さに強く、育てやすいので難易度は低い。
- 寒さには比較的強いが、暑さには弱い。
- 低温にあうほど花茎《かけい》の紅紫色が濃くなる。
- 開花直前の花茎を収穫して利用する。

栽培カレンダー

作業＼月	1	2	3	4	5	6	7	8	9	10	11	12
種まき												
間引き												
植えつけ												
追肥												
収穫			(翌年)開花直前の花茎を収穫					開花直前の花茎を収穫				

1 種まき

8月下旬～10月上旬、ポットに種をまいて育苗

1 3号ポットに入れた培養土《ばいようど》に、指先で深さ1cmほどの窪みを3カ所つける。それぞれの窪みに一つずつ種をまく。

2 周囲の土を寄せるようにして種に土をかぶせ、指先で軽く押さえて土と種を密着させる。

3 種まき後、ジョウロでたっぷりと水やりをする。

2 間引き

9月上旬～10月中旬、本葉が3～4枚出たら一株に間引く

1 ポットで育苗し、本葉が3～4枚出たら、間引いて1本にする。

2 生育のよいものを1本残し、他をハサミで株元から切って間引きをする。

③ 植えつけ

9月上旬〜10月下旬、本葉が4〜5枚出たら株間30cmで畑に植えつける

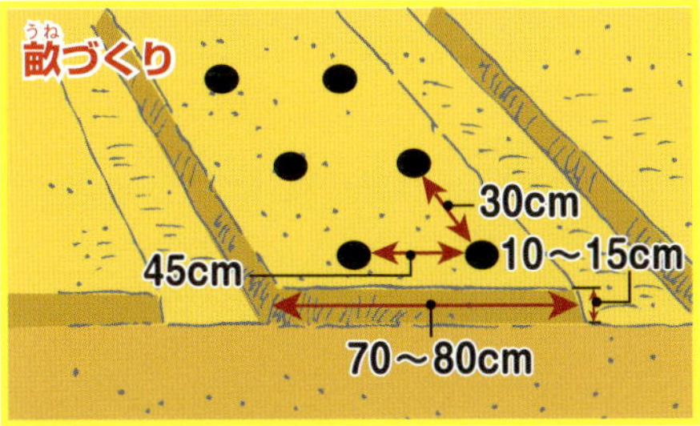

[植えつけ2週間前]
苦土石灰《くどせっかい》 100g/m^2をまいてよく耕す。

[植えつけ1週間前]
堆肥《たいひ》 2kg/m^2、化成肥料 100g/m^2を畑の全面にまいてよく耕し、畝をつくる。

① ポットから根鉢を崩さないように苗を取り出し、根鉢の大きさ程度に掘った穴に30cm間隔で植えつける。

② 周囲の土を寄せるようにして、軽く株元を押さえて根と土を密着させる。植えつけ後、たっぷりと水やりをする。

④ 追肥

9月下旬〜11月上旬、株の周囲に追肥

① 草丈が15cmほどになったころ、1m^2あたり軽く一握り(20g)の化成肥料を株の周囲。葉の広がりの下にドーナツ状に施す。

② 指先で土をほぐすようにしながら肥料と土を混ぜて耕し、株元に土を寄せる。

⑤ 収穫

11月上旬〜翌年2月下旬、開花直前の花茎を切り取って収穫

① 2〜3輪花が咲いたらやわらかい花茎の先を収穫する。

② 長さ20cmほどのところでハサミで切り取り収穫する。ゆでると緑色になり、アスパラガスに似た独特の風味がある。

寒くなっても収穫できる葉のしわが特徴の中国野菜

タアサイ

アブラナ科　難易度 やさしい

栽培のポイント

- 葉のしわが特徴的で、カロテンが多く、スープなどに利用される。
- 寒さに強く、秋まきでは冬でも収穫できる。暑さにも比較的強いので、難易度は低い。
- 秋まきでは株間をあけて、株を大きく育てる。
- 霜が降る頃の葉が厚くなったものがおいしく、秋まきがおすすめ。

栽培カレンダー

作業＼月	1	2	3	4	5	6	7	8	9	10	11	12
種まき			春まき			株間を開ける				秋まき		
間引き①				春まき					秋まき			
追肥				春まき					秋まき			
間引き②				春まき					秋まき			
収穫					春まき		秋まきでは葉が厚くおいしい					

1 種まき

4月上旬～5月下旬(春)、
8月下旬～9月下旬(秋)、
10～15cm間隔で点まきする

1 畝に板や支柱を使って 10 ～ 15cm 幅の浅い溝をつくり、指先で溝の中に 15cm 間隔で軽く窪みをつける。

2 窪みの中に、2～3粒ずつ種をまいていく。

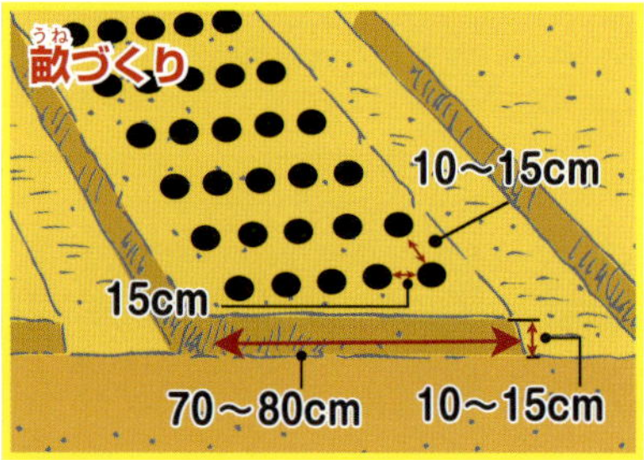

[種まき 2 週間前]
苦土石灰《くどせっかい》 100g/m²をまいてよく耕す。

[種まき 1 週間前]
堆肥《たいひ》 2kg/m²、化成肥料 100g/m²を畑の全面にまいてよく耕し、畝をつくる。

3 周囲の土を寄せるようにして種に土をかぶせ、軽く押さえて種と土を密着させる。

4 種まき後、ジョウロでたっぷりと水やりをする。

② 間引き①

5月上旬～6月中旬（春）、9月下旬～10月下旬（秋）、本葉が5～6枚出たら1本に間引く

❶ 本葉の枚数が5～6枚になったら間引きをして1本にする。

❷ 生育のよいもの1本を残し、他を株元からハサミで切り取って間引き、1カ所1本にする。間引き菜はおひたしなどに。

③ 追肥

5月上旬～6月中旬（春）、9月下旬～10月下旬（秋）、間引きのあとに追肥

❶ $1m^2$ あたり一握り（20～30g）の化成肥料を株間に均一に施す。

❷ 指先で土をほぐすようにしながら肥料を土に混ぜて耕し、株元に土を寄せる。

④ 間引き②

5月上旬～6月下旬（春）、10月上旬～11月上旬（秋）、一株おきに間引いて株間20cmに

❶ 本葉の枚数が10枚を越えた頃、一株おきに間引き収穫をして、株間を広げる。

❷ 株元にハサミを入れて切り取り、間引き収穫をする。

⑤ 収穫

5月下旬～7月上旬（春）、10月中旬～11月下旬（秋）、収穫

株の直径が25cmほどになったら、株元にハサミを入れて切り取り、株ごと収穫する。外葉から少しずつ切って収穫してもよい。秋まきでは収穫時期を遅らせ、霜が降るころになって収穫すると、葉も柔らかくなりおいしい。

食卓に定着したなじみ深い中国野菜

チンゲンサイ

アブラナ科　難易度　やさしい

栽培のポイント

- 生育適温は 15 ～ 22℃で、冷涼な気候を好む。
- 土をあまり選ばないので、難易度は低い。
- とう立ちしやすいため、初心者には秋まきがおすすめ。
- 株間を広めにとり、しっかりとした株に育てる。

栽培カレンダー

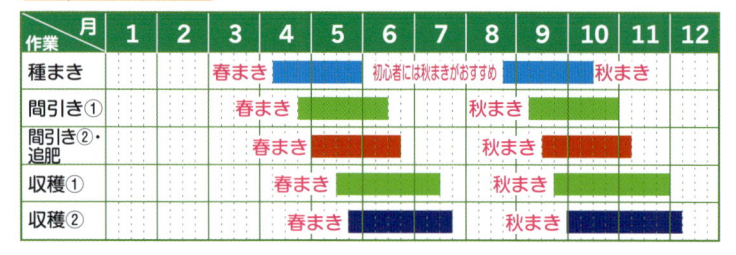

作業＼月	1	2	3	4	5	6	7	8	9	10	11	12
種まき			春まき				初心者には秋まきがおすすめ				秋まき	
間引き①				春まき				秋まき				
間引き②・追肥				春まき				秋まき				
収穫①				春まき					秋まき			
収穫②					春まき				秋まき			

1 種まき

4 月上旬～ 5 月下旬（春）、
8 月下旬～ 10 月中旬（秋）、
10cm 間隔で点まき

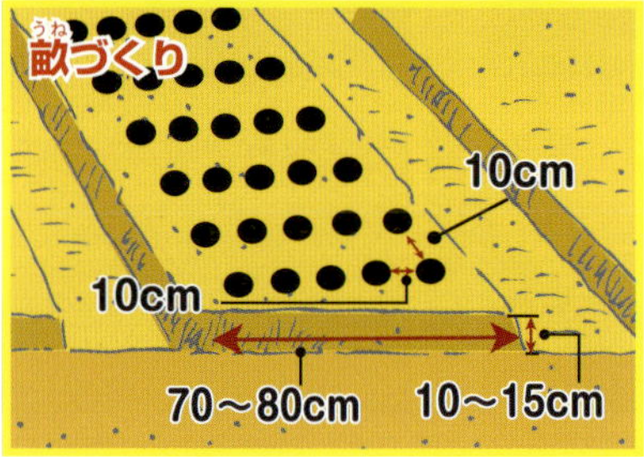

[種まき 2 週間前]
苦土石灰《くどせっかい》 100g/m²をまいてよく耕す。

[種まき 1 週間前]
堆肥《たいひ》 2kg/m²、化成肥料 100g/m²を畑の全面にまいてよく耕し、畝をつくる。

❶ 板や支柱で浅い溝を 10cm 間隔でつくり、指先で溝に 10cm 間隔に 1cm ほどの窪みをつける。各窪みに 3 ～ 4 粒の種をまいていく。

▲

❷ 周囲の土を寄せるようにして種に土をかぶせ、軽く押さえて土と種を密着させる。

▶

❸ 種まき後、ジョウロでたっぷりと水やりをする。

2 間引き ①

4 月下旬～ 6 月上中旬（春）、9 月上旬～
10 月下旬（秋）、本葉が 2 ～ 3 枚出たら間引き

❶ 本葉が 2 ～ 3 枚出たら 1 回目の間引きをする。生育の悪いもの、葉や茎が傷んだものなどを間引き、1 カ所 2 本にする。

▼

❷ 間引き後、株の周囲の土を指先でほぐすようにしながら耕し、株元に土寄せをする。

3 間引き②・追肥

**5月上旬～6月下旬（春）、
9月中旬～11月上旬（秋）、
本葉が4～5枚出たら1本に**

1 本葉が4～5枚になったころ、2回目の間引き。生育の悪い株を間引いて1カ所1本にする。

2 間引き後、株間に1m²あたり一握り（20～30g）の化成肥料を均一にまく。

3 指先で土をほぐすようにしながら耕して土と肥料をまぜ、株元に土を寄せる。

4 収穫①

**5月中旬～7月中旬（春）、
9月下旬～11月下旬（秋）、
若どりで収穫**

本格的な収穫に先だって、まだ株がやや小さいうちにハサミで切って収穫する。丸のままゆでて料理に利用するのに便利。

春まきではとう立ちに注意

春まきの場合、種を早くまきすぎると寒さにあたって、とう立ちすることがある。気温13～14℃くらいになってから種まきをするとよい。

5 収穫②

**5月下旬～7月下旬（春）、
10月上旬～12月上旬（秋）、
草丈が20cm程度に育ったら収穫**

1 草丈が20cmほどに育ったら収穫の適期。あまり大きくしすぎると食味が悪くなる。

2 株元にハサミを入れて切り取り、収穫する。収穫後は炒め物や煮物によい。

独特のぬめりと栄養豊富な熱帯野菜

ツルムラサキ

ツルムラサキ科　難易度 やさしい

栽培のポイント

- 東南アジアから中国南部で栽培される。
- 丈夫で育てやすいので、難易度は低い。
- 高温性の野菜で暑さに強く、日あたりを好む。
- 早めに収穫してわき芽を伸ばせば、長い間収穫できる。

栽培カレンダー

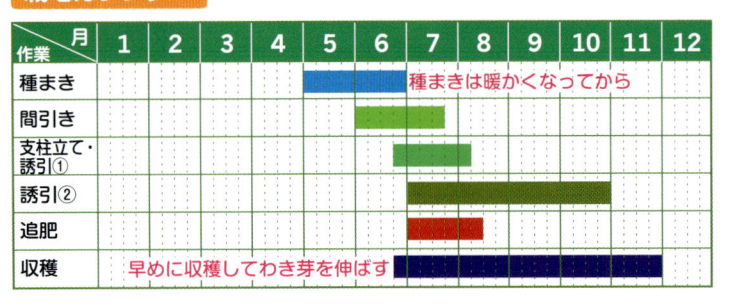

作業＼月	1	2	3	4	5	6	7	8	9	10	11	12
種まき							種まきは暖かくなってから					
間引き												
支柱立て・誘引①												
誘引②												
追肥												
収穫	早めに収穫してわき芽を伸ばす											

1 種まき

5月上旬～6月下旬、十分気温が高くなってから種をまく

1 畝に指先で深さ 1cm ほどの窪みを 45cm 間隔でつけ、それぞれの窪みに 2 ～ 3 粒の種をまく。

2 周囲の土を寄せるようにして種に土をかぶせ、指先で軽く押さえて種と土を密着させる。

3 種まき後、ジョウロでたっぷりと水やりをする。

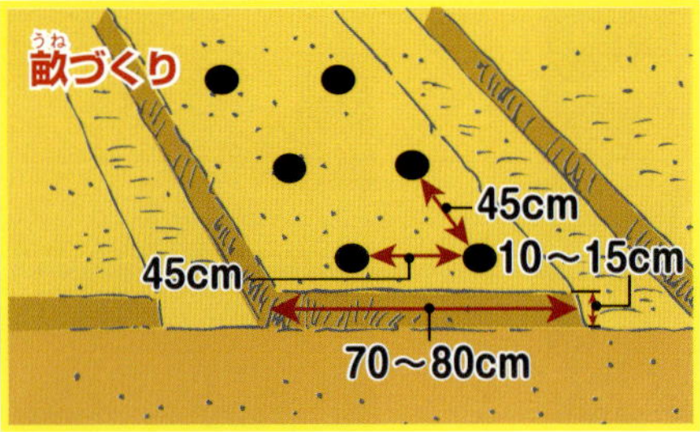

[種まき 2 週間前]

苦土石灰《くどせっかい》 100g/m²をまいてよく耕す。

[種まき 1 週間前]

堆肥《たいひ》 2kg/m²、化成肥料 100g/m²を畑の全面にまいてよく耕し、畝をつくる。

2 間引き

6 月上旬～ 7 月下旬、本葉の枚数が 4 ～ 5 枚になったら間引く

種まきからおよそ 1 カ月、本葉の枚数が 4 ～ 5 枚になったら、生育のよいものを一株残し、他をハサミで株元から切って間引く。

3 支柱立て・誘引《ゆういん》①

6月下旬～8月上旬、支柱を立てて誘引する

長さ2mほどの支柱を合掌状に立てて、茎をややゆとりを持たせて8の字結びで支柱に固定する。

4 誘引②

7月上旬～10月下旬以降、つるが伸びたらそのつど支柱に誘引していく

生育がおう盛で、つるがどんどん伸びるので、そのつど、支柱に8の字結びでゆとりを持たせて固定し、上へと誘引していく。

5 追肥

7月上旬～8月中旬、生育を見ながら追肥

1 畝に沿って溝を掘り、その溝に$1m^2$あたり一握り（20～30g）の化成肥料を施す。

2 外側から土を溝に戻して肥料に土をかぶせ、株元に土寄せする。

6 収穫

6月下旬～11月下旬、摘心しながら収穫を続ける

1 草丈が50～60cmを越えたら,つるの先端から15～20cmの部分を切り取り収穫する。

2 収穫後、わき芽が伸びるので、そのわき芽を支柱に誘引しながら育て、また先端の15～20cmを収穫する。これを繰り返せば長い間収穫を続けられる。収穫後はおひたしなどにして独特の香りとぬめりを楽しむ。

支柱を立てずに栽培する方法

近くに草丈の低い野菜などがある場合は、支柱を使わずに摘心して育てる。草丈が20～30cmになったら先端を摘み取る。わき芽が15～20cmになったら葉を1～2枚つけて摘み取り、コンパクトにまとめる。

中華料理には欠かせないエンドウマメの若い芽

トウミョウ

マメ科　難易度　ふつう

栽培のポイント

- 香りがあり、炒め物やスープなどに利用する。
- 株を大きく育てるため難易度はふつう。
- 酸性の土を嫌うため石灰で酸度調整する必要がある。
- 過湿を嫌うため、水はけがよく、日あたりのよい風通しのよい場所で育てる。
- 低温には強いが、秋まきでは早く育ちすぎると、冬の寒さで傷みやすいため、まく時期を守る。

栽培カレンダー

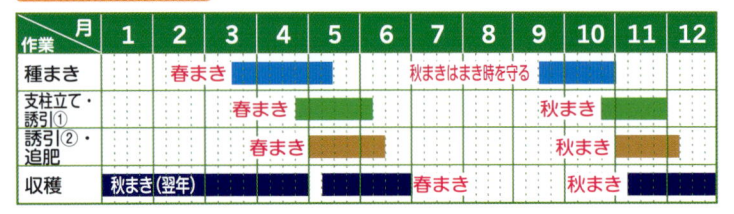

作業＼月	1	2	3	4	5	6	7	8	9	10	11	12
種まき		春まき					秋まきはまき時を守る					
支柱立て・誘引①			春まき						秋まき			
誘引②・追肥				春まき						秋まき		
収穫	秋まき(翌年)						春まき			秋まき		

1 種まき

3月中旬～5月中旬(春)、9月中旬～10月下旬(秋)、株間30cmに点まきする

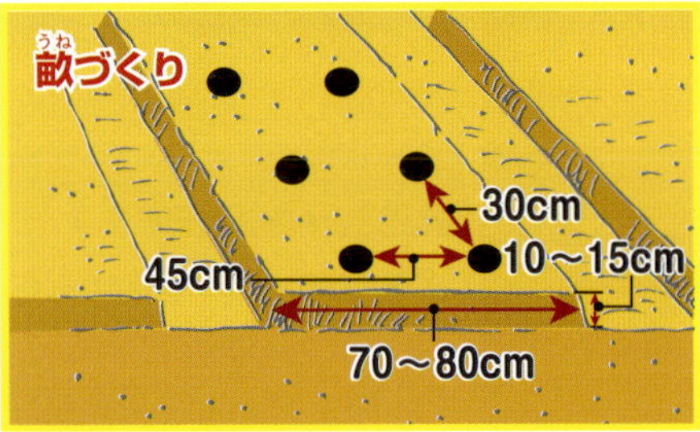

[種まき2週間前]
苦土石灰《くどせっかい》150g/m^2をまいてよく耕す。

[種まき1週間前]
堆肥《たいひ》2kg/m^2、化成肥料100g/m^2を畑の全面にまいてよく耕し、畝をつくる。

❶ 空き缶の底などを使って、30cm間隔で深さ1cmほどの窪みをつくり、それぞれの窪みに3粒ずつ種をまいていく。

❷ 周囲の土を寄せるようにして種に土をかぶせ、軽く押さえて種と土を密着させる。

❸ 種まき後、ジョウロでたっぷりと水やりをする。

Point ポイント　鳥害《ちょうがい》を減らすための工夫

まいた種を鳥に食べられないように、種をまいた場所にペットボトルの上部を切り取ったものをかぶせておくとよい。また、ポットに種をまいて、鳥による被害を受けなくなる程度の大きさまで育苗してから植えつけてもよい。

2 支柱立て・誘引《ゆういん》①

4月下旬～6月上旬（春）、10月下旬～11月下旬（秋）、草丈が20～30cmになったら支柱を立てて誘引する

1 それぞれの株の外側に長さ2mほどの支柱を斜めに立てて上部で交叉させ、合掌式の支柱をつくる。

2 交叉部の上に支柱を横に渡してしっかりと縛る。

3 側面に斜めに筋交いをいれて補強し、つるが絡みやすいように30cm間隔で横にひもを張る。

4 支柱と横に張ったひもに、それぞれの株のつるを８の字結びにし、絡ませるように上へと誘引する。

3 誘引②・追肥

5月上旬～6月中旬（春）、11月上旬～12月上旬（秋）、伸びたつるを誘引して追肥

1 盛んにつるを伸ばして生育するので、絡み合ったつるをほどき、つるの先を上へと誘引して支柱やひもに絡ませる。

2 株の周囲に1m^2あたり軽く一握り（20g）の化成肥料をドーナツ状に施す。指先で土をほぐすようにしながら土と肥料を混ぜて耕し、同時に雑草を取り除く。

4 収穫

5月上旬～6月下旬（春）、11月上旬～翌年4月下旬（秋）、草丈が30cmを越えるようになったら収穫

芽先のやわらかい部分15～20cmを摘み取って収穫する。先端を摘むとわき芽が伸び出すので、順次わき芽も生長したら収穫していく。

熱帯アジア原産の葉を食べる野菜

ヒユナ

ヒユ科　難易度　やさしい

栽培のポイント

- 東南アジアで広く栽培され、別名「ジャワホウレンソウ」とも呼ばれる。
- 暑さにとても強く、丈夫で育てやすいため難易度は低い。
- 高温を好む野菜で、種まきは気温が十分上がってきてから。
- 長期間収穫でき、若い茎葉を利用する。
- 夏場の葉もの野菜の少ないときに便利。おひたしやスープに。

栽培カレンダー

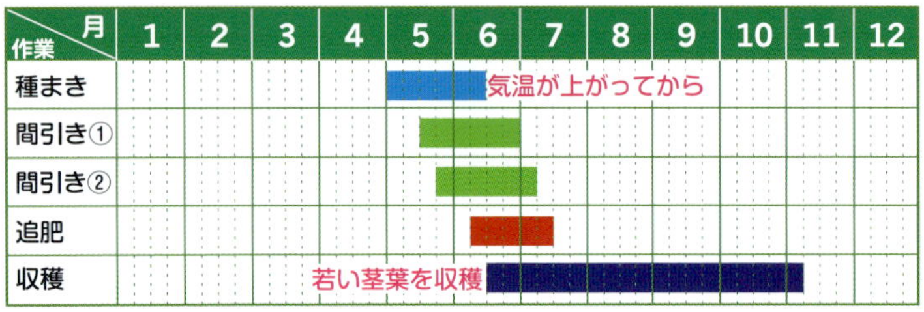

1 種まき

5月上旬～6月中旬、15cm間隔で点まきにする

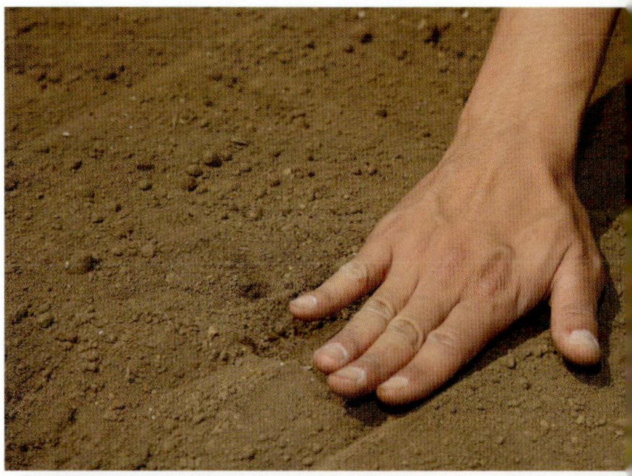

❶ 空き缶の底などを押しあてて、1cmほどの浅い窪みをつけ、1カ所に3～4粒の種をまく。

❷ 周囲の土を寄せるようにして種に土をかぶせ、軽く押さえて土と種を密着させる。

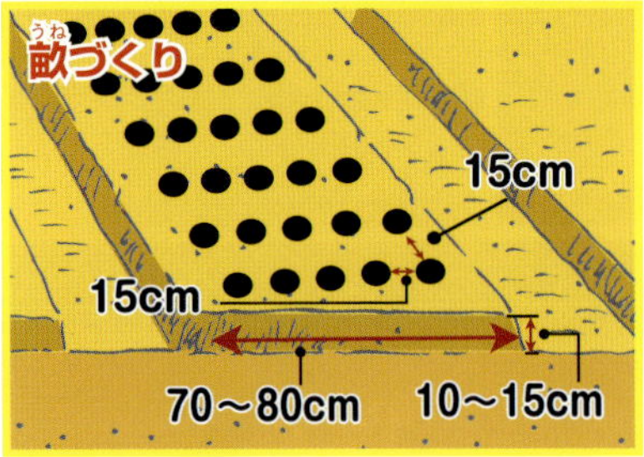

[種まき2週間前]
苦土石灰《くどせっかい》 100g/m²をまいてよく耕す。

[種まき1週間前]
堆肥《たいひ》 2kg/m²、化成肥料100g/m²を畑の全面にまいてよく耕し、畝をつくる。

❸ 種まき後、ジョウロでたっぷりと水やりをする。

② 間引き①

５月中旬～６月下旬、本葉が１～２枚出たら、間引く

❶ 本葉が１～２枚出たら、生育のよいもの２本を残して他を間引く。残す株を傷めないように、株元の土を押さえるようにして引き抜く。

❷ 畝の土を指先でほぐすようにしながら土を耕す。

③ 間引き②

５月下旬～７月上旬、２回目の間引きで１カ所一株に

本葉の枚数が４～５枚になったら生育のよいものを一株だけ残して間引く。残す株を傷めないように株元の土を押さえるようにして引き抜く。

④ 追肥

６月上旬～７月中旬、種まきから５週間後に追肥する

畝に沿って溝を掘り、$1m^2$あたり一握り（20～30g）の化成肥料を施す。外側から土を溝に戻すようにして肥料に土をかぶせ、土寄せをする。

種は翌年の種まきに使える

ヒユナはこぼれ種でも芽が出るほど強い野菜。花を咲かせて秋に種をとれば、翌年の栽培に利用できる。

⑤ 収穫

６月中旬～11月上旬、茎先の10～15cmを収穫

茎先の10～15cmを切り取って収穫する。収穫後わき芽が発生して株が大きくなり、次々と収穫を続けることができる。

サラダやスープに利用できるパセリの仲間

イタリアンパセリ

セリ科　難易度　やさしい

栽培のポイント

- 地中海沿岸原産でビタミンＣや鉄分が豊富。サラダやスープに利用する。
- 丈夫で育てやすいので難易度は低い。
- 土を乾燥させると葉の質が落ちるため、土の乾燥を防ぐ。
- 長く収穫できるので、肥料を切らさないように育てる。

栽培カレンダー

作業＼月	1	2	3	4	5	6	7	8	9	10	11	12
種まき			■	■	■							
植えつけ		土の乾燥を防ぐ		■	■							
追肥	肥料を切らさないようにする				■	■	■	■	■	■		
収穫						■	■	■	■	■	■	

1 種まき　３月上旬～５月上旬、セルトレイに種をまく

❶ セルトレイ（育苗用の連結ポット）に入れた培養土《ばいようど》に、指先で浅い窪みをつくり、２～３粒ずつ種をまく。

❷ 種が土にかくれるかかくれないか程度にごく薄く土をかぶせて、軽く押して種と土を密着させる。種まき後、ジョウロでたっぷりと水やりをする。

2 植えつけ　４月中旬～５月下旬、草丈 10cm ほどで植えつけ

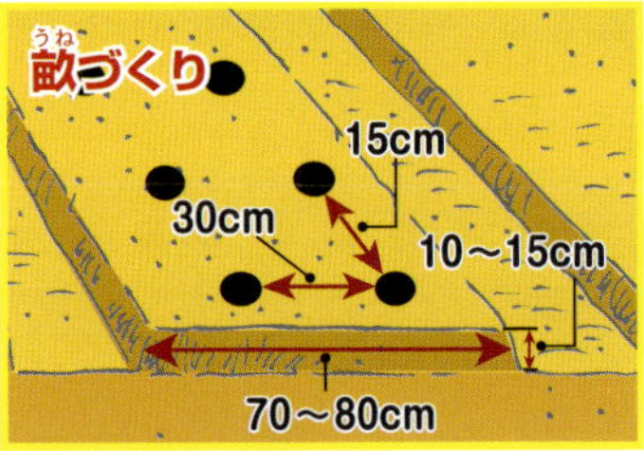

[植えつけ２週間前]

苦土石灰《くどせっかい》 100g/m²をまいてよく耕す。

[植えつけ１週間前]

堆肥《たいひ》2kg/m²、化成肥料 100g/m²を畑の全面にまいてよく耕し、畝をつくる。

セルトレイから根鉢を崩さないように抜き取り、根鉢ほどの大きさの穴を掘って植えつけていく。植えつけ後は水やりをする。

3 追肥　５月上旬～ 10 月中旬、植えつけから２週間ほどしたら追肥する

列と列の間に 1m² あたり一握り（20 ～ 30g）の化成肥料を施し、指先で土をほぐすようにして肥料と土を混ぜて耕し、軽く土寄せをする。

4 収穫　６月中旬～ 11 月下旬、本葉が 12 ～ 13 枚程度になったら収穫開始

生育を見ながら、外側の葉から摘み取って収穫する。収穫を始めたら、２週間に１回程度追肥を行い、土寄せをする。

ほろ苦くさわやかな香りのハーブ

オレガノ

シソ科　難易度　やさしい

栽培のポイント

- 地中海沿岸地方原産。肉の臭み取りに欠かせないハーブ。
- 繁殖力がおう盛で、育てやすいため、難易度は低い。
- よく茂り葉が込み合うので、こまめに収穫して風通しをよくする。

栽培カレンダー

作業＼月	1	2	3	4	5	6	7	8	9	10	11	12
種まき			■	■	■							
植えつけ				■	■							
追肥					■	■	■	■	■			
収穫	こまめに収穫して風通しをよくする					■	■	■	■	■		

1 種まき　3月上旬～5月上旬、セルトレイに種をまく

セルトレイ（育苗用の連結ポット）に入れた培養土《ばいようど》に、1カ所につき2～3粒の種をまく。土で覆い、たっぷりと水やりをする。

2 植えつけ

4月上旬～5月下旬、草丈が6～7cmになったら15cm間隔で植えつける

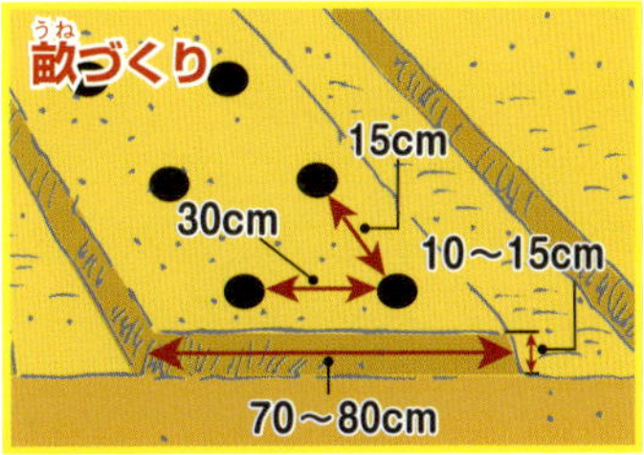

[植えつけ2週間前]
苦土石灰《くどせっかい》 100g/m²をまいてよく耕す。

[植えつけ1週間前]
堆肥《たいひ》2kg/m²、化成肥料 100g/m²を畑の全面にまいてよく耕し、畝をつくる。

セルトレイから根鉢をこわさないように抜き取り、根鉢ほどの大きさの穴を掘って植えつけ、株元を軽く押さえて根と土を密着させる。

3 追肥　5月上旬～9月中旬、植えつけ1カ月後から追肥

1. 植えつけから1カ月たったら追肥を開始。株の周囲に1m²あたり20gの化成肥料を施す。
2. 指先で土を耕すようにしながら肥料と土とを混ぜ、土寄せをする。その後、1カ月に1回程度追肥をする。生育の鈍る盛夏にはいったん追肥を休む。

4 収穫　6月上旬～10月上旬、茎先を必要な分だけ収穫

伸びた茎先を切り取って収穫し、わき芽を伸ばす。生のまま利用する。乾燥させて保存・利用する場合は、風通しのよい日陰で乾燥させる。

パクチーとしてエスニック料理には欠かせないハーブ

コリアンダー

セリ科　難易度　やさしい

栽培のポイント

- 独特のにおいがあり、タイ、インド料理などには欠かせないハーブ。
- 発芽は遅いが、栽培は容易なので、難易度は低い。
- 収穫期間が長いので長時間楽しめる。
- 植えつけのときには根を傷めないように注意する。
- 日光を好むため、日あたりがよく水はけのよい場所で育てる。

栽培カレンダー

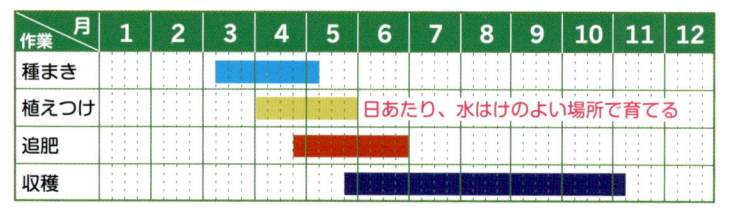

作業＼月	1	2	3	4	5	6	7	8	9	10	11	12
種まき												
植えつけ						日あたり、水はけのよい場所で育てる						
追肥												
収穫												

1 種まき　3月上旬～5月上旬、セルトレイに種をまく

セルトレイ（育苗用の連結ポット）に入れた培養土《ばいようど》に指先で浅く窪みをつけ、それぞれに2～3粒の種をまく。ごく薄く土をかぶせ、たっぷりと水やりをする。

3 追肥　4月下旬～6月下旬、植えつけから1カ月後に追肥

1 植えつけから1カ月後に追肥をする。株間に$1m^2$あたり一握りの化成肥料（20～30g）を均一に施す。

2 指先で土を耕すようにしながら土と肥料とを混ぜて耕し、株元に土寄せをする。

2 植えつけ　4月上旬～5月下旬、本葉が4～5枚出たら植えつけ

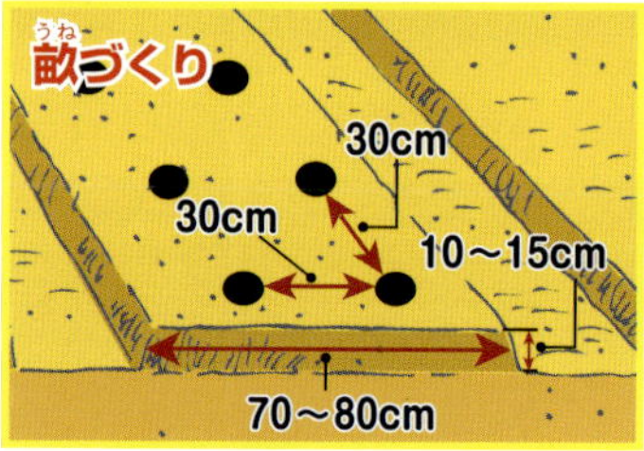

[植えつけ2週間前]

苦土石灰《くどせっかい》100g/m^2をまいてよく耕す。

[植えつけ1週間前]

堆肥《たいひ》2kg/m^2、化成肥料100g/m^2を畑の全面にまいてよく耕し、畝をつくる。

本来移植を嫌うため、植えつけ時に根を傷めないように十分注意する。セルトレイから根鉢を崩さないように抜き、根鉢の大きさ程度の穴に植えつける。植えつけ後、たっぷりと水やりをする。

4 収穫　5月下旬～11月上旬、若い葉を摘み取って収穫

次々と株が大きく生長するので、枝先を摘み取るように収穫する。秋に種を収穫できる。

臭み消しとしてソーセージにも使われる

セージ

シソ科　難易度　やさしい

栽培のポイント

- 地中海沿岸が原産。乾燥させたものはハーブティーなどに利用できる。
- 栽培は容易でよく葉が茂るため難易度は低い。
- 生で利用する場合は枝先を切って収穫。
- 日あたりがよく、排水性の高い場所を好む。
- 枝が込んでくると枯れ込むので、収穫を兼ねて刈り込む。

栽培カレンダー

作業＼月	1	2	3	4	5	6	7	8	9	10	11	12
種まき			■	■								
植えつけ				■	■							
追肥					■	■	■	■	■			
収穫	枝が込んだら収穫を兼ねて刈り込む						■	■	■	■		

1 種まき　3月上旬～4月下旬、セルトレイに種をまく

1 セルトレイ（育苗用の連結ポット）に入れた培養土《ばいようど》に指先で浅い窪みをつけ、それぞれに2～3粒ずつ種をまいていく。

2 土をかぶせたら、軽く押さえ、ジョウロでたっぷりと水やりをする。

2 植えつけ

4月上旬～5月下旬、本葉が5～6枚出たら植えつけ

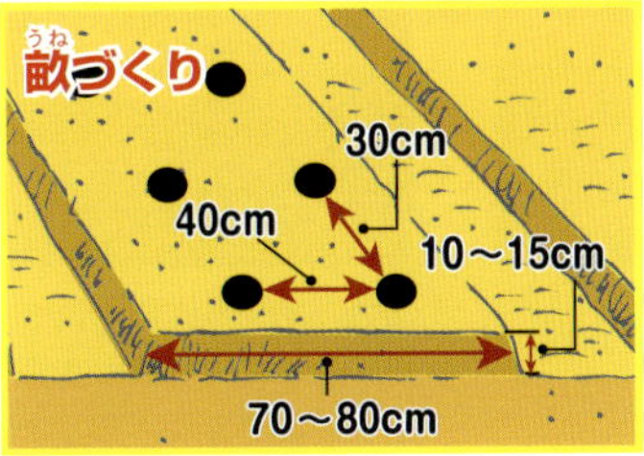

[植えつけ2週間前]
苦土石灰《くどせっかい》 100g/m²をまいてよく耕す。

[植えつけ1週間前]
堆肥《たいひ》2kg/m²、化成肥料 100g/m²を畑の全面にまいてよく耕し、畝をつくる。

根鉢を崩さないようにセルトレイから苗を取り出し、根鉢ほどの大きさに掘った穴に植えつける。植えつけ後に水やりをする。

3 追肥　5月上旬～9月中旬、植えつけの1カ月後から追肥を開始

1 株の間に1m²あたり一握り（20～30g）の化成肥料を施す。

2 指先で土を耕すようにしながら肥料を混ぜ、株元に土寄せする。秋口まで、生育のようすを見ながら1カ月に1～2回追肥を繰り返す。

4 収穫　7月上旬～10月下旬、若い葉を収穫

若い葉を必要に応じて収穫し、利用する。乾燥して保存する場合は、開花直前の4～7月に株元から10cmほど上の部分で刈り取って収穫してもよい。

地中海沿岸原産の香りが強いハーブ

タイム

シソ科　難易度　やさしい

栽培のポイント

- 葉に強い香りがあり、ヨーロッパでは料理の香りづけなどによく利用される。
- よく育ち、栽培は容易なので難易度は低い。
- 植えつけ後は月に1回の割合で追肥をして肥料を切らさない。
- 水はけのよい、乾燥気味の土を好む。
- 越冬前は収穫を控える。

栽培カレンダー

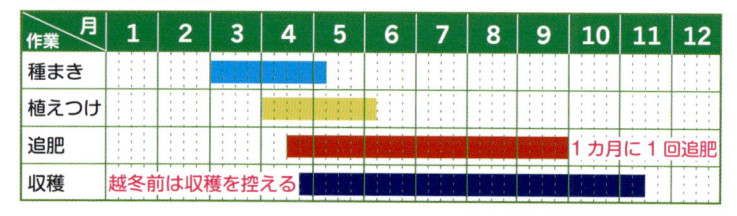

作業＼月	1	2	3	4	5	6	7	8	9	10	11	12
種まき												
植えつけ												
追肥										1カ月に1回追肥		
収穫	越冬前は収穫を控える											

1 種まき

3月上旬～5月上旬、セルトレイに種をまく

1 セルトレイ（育苗用の連結ポット）に入れた培養土《ばいようど》に指で浅い窪みをつけ、それぞれに2～3粒の種をまいていく。

2 種がかくれる程度に土をかぶせ、軽く押さえて種と土を密着させる。ジョウロでたっぷりと水やりをする。

2 植えつけ

4月上旬～6月上旬、草丈が4～5cmになったら植えつけ

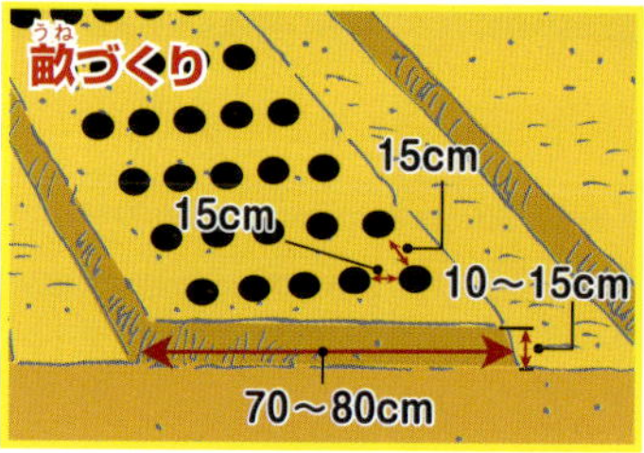

[植えつけ2週間前]
苦土石灰《くどせっかい》150g/m²をまいてよく耕す。

[植えつけ1週間前]
堆肥《たいひ》2kg/m²、化成肥料100g/m²を畑の全面にまいてよく耕し、畝をつくる。

根鉢を崩さないように苗を取り出し、根鉢ほどの大きさの穴に植えつけ、株元を軽く押さえて土と根を密着させる。植えつけ後、たっぷりと水やりをする。

3 追肥

4月中旬～9月下旬、植えつけから2週間ほどで追肥を開始

1 株元に1m²あたり一握り（20～30g）の化成肥料を均一に施す。

2 土の表面を指先でほぐすようにしながら土と肥料を混ぜて耕し、株元に土寄せをする。追肥は、株の生育のようすを見ながら、9月中旬まで、1カ月に1回の割合で繰り返す。

4 収穫

4月下旬～11月中旬、草丈が20cmほどになったら収穫開始

茎先の5cmほどをハサミで切って収穫する。株が大きくなり枝が込んできたら、株元まで切り戻し、新しい枝の再生を促してもよい。越冬前にはいったん収穫を休止し、翌年春から再び秋まで収穫できる。

ピクルスや酢、魚介類と相性がよいハーブ

ディル

セリ科　難易度　やさしい

栽培のポイント

- 地中海沿岸～西アジア原産で、お菓子や料理の香りづけなどに利用する。
- 暑さ、寒さに強く、栽培しやすいので難易度は低い。
- 発芽に光が必要なので、土はごく薄くかぶせる。
- フェンネルの近くに植えると交雑しやすいので注意。

栽培カレンダー

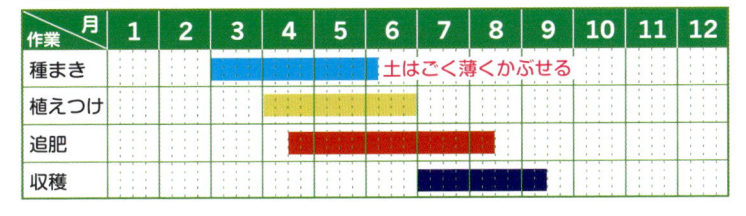

作業＼月	1	2	3	4	5	6	7	8	9	10	11	12
種まき							土はごく薄くかぶせる					
植えつけ												
追肥												
収穫												

1 種まき　３月上旬～６月上旬、セルトレイに種をまいて育苗

1. セルトレイ（育苗用の連結ポット）に入れた培養土《ばいようど》に指で浅い窪みをつけ、それぞれに２～３粒ずつ種をまく。

2. ごく薄く種に土をかぶせ、軽く押さえて土と種を密着させる。種まき後、たっぷりと水やりをする。

2 植えつけ　４月上旬～６月下旬、本葉が４～５枚出たら植えつけ

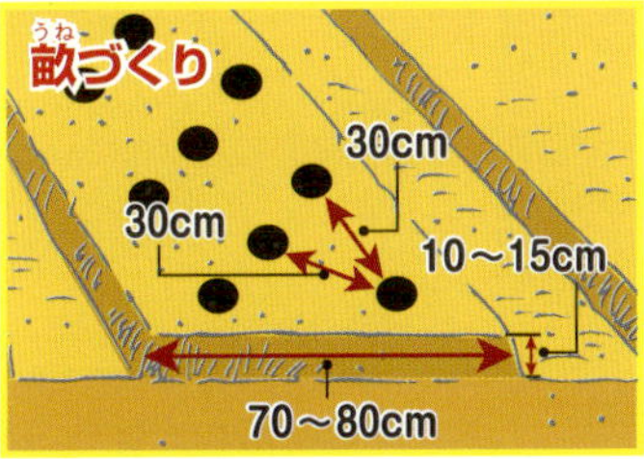

[植えつけ２週間前]
苦土石灰《くどせっかい》 100g/m²をまいてよく耕す。

[植えつけ１週間前]
堆肥《たいひ》2kg/m²、化成肥料 100g/m²を畑の全面にまいてよく耕し、畝をつくる。

1. 根鉢を崩さないように苗を抜き取り、根鉢の大きさ程度に掘った穴に植えつける。

2. 周囲の土を寄せるようにして株元を軽く押さえ、水やりをして土と根を密着させる。

3 追肥　４月中旬～８月中旬、１カ月に１回程度追肥する

1. 1m²あたり一握り（20～30g）の化成肥料を株間に均一にまく。
2. 指先で土を耕すようにしながら肥料と土を混ぜて耕し、株元に土を寄せる。この追肥を、株の生育を見ながら１カ月に１回程度行う。

4 収穫　７月上旬～９月中旬、若い葉を収穫する

７月以降、必要なときに若い葉をハサミで切り取って収穫する。

トマトとの相性は抜群。イタリア料理に欠かせないハーブ

バジル

シソ科　難易度　やさしい

栽培のポイント

- 熱帯アジア原産のハーブ。特有の香りはイタリア料理には欠かせない。
- 生育がおう盛で育てやすいので難易度は低い。
- 先端を摘んで収穫し、わき芽を伸ばす。
- 葉の品質を保つためには、つぼみが見えたら摘み取る。
- 日あたりがよく、水はけのよい場所を好む。

栽培カレンダー

作業＼月	1	2	3	4	5	6	7	8	9	10	11	12
種まき				■	■							
植えつけ					■	■						
追肥					■	■	■	■	■			
収穫	先端を摘んでわき芽を伸ばす					■	■	■	■	■		

1 種まき

4月上旬〜5月下旬、セルトレイに種をまいて育苗する

1 セルトレイ（育苗用の連結ポット）に培養土《ばいようど》を入れ、指先で軽く窪みをつけ、それぞれの窪みに種を2〜3粒ずつまく。

2 種がかくれる程度に土をかぶせ、軽く押さえて土と種を密着させる。種まき後、たっぷりと水やりをする。

2 植えつけ

5月上旬〜6月下旬、本葉6〜7枚出たら植えつけ

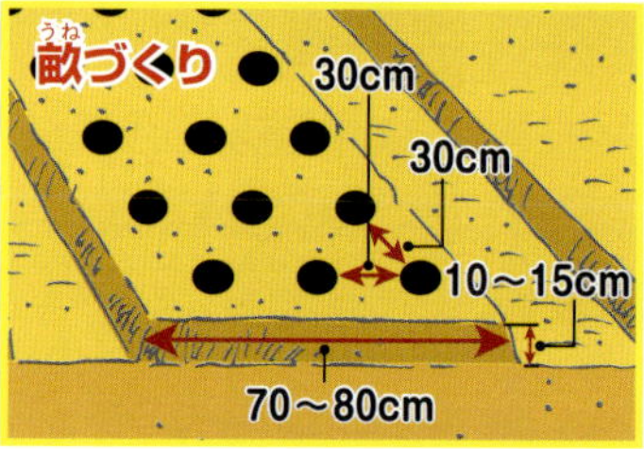

[植えつけ2週間前]
苦土石灰《くどせっかい》100g/m^2をまいてよく耕す。

[植えつけ1週間前]
堆肥《たいひ》2kg/m^2、化成肥料100g/m^2を畑の全面にまいてよく耕し、畝をつくる。

セルから根鉢を崩さないように苗を取り出し、根鉢の大きさ程度の穴に植える。周囲の土を寄せるようにして軽く押さえ、たっぷりと水やりをする。

3 追肥

5月中旬〜9月下旬、植えつけから2週間たったら追肥を開始

1 株間に1m^2あたり一握り(20〜30g)の化成肥料を均一に施す。

2 指先で土をほぐすようにしながら土と肥料をまぜて耕し、株元に土を寄せる。追肥は葉のようすを見ながら、2週間に1回程度行って、肥料を切らさないようにする。

4 収穫

6月上旬〜10月下旬、草丈が20cmほどになったら収穫開始

株元から10cmほどの節の上をハサミで切り、収穫する。切った後からはわき芽が発生し、枝数が増える。葉だけを摘み取って収穫してもよい。葉の質を保つためには、花を咲かさないほうがよいので、つぼみが見えたら摘み取る。

つけ合わせだけではもったいない、栄養豊富な緑黄色野菜

パセリ

セリ科　難易度　やさしい

栽培のポイント

- 地中海沿岸原産で、古くから薬用に利用されてきたハーブ。ビタミン、ミネラルが豊富。
- 栽培は容易なので難易度は低い。
- 種まき後、土はごく薄くかぶせる。
- 冷涼な気候を好み真夏には生育がややおとろえるものの、夏越しも十分可能。
- 0℃以下でも枯死することなく冬越し可能。

栽培カレンダー

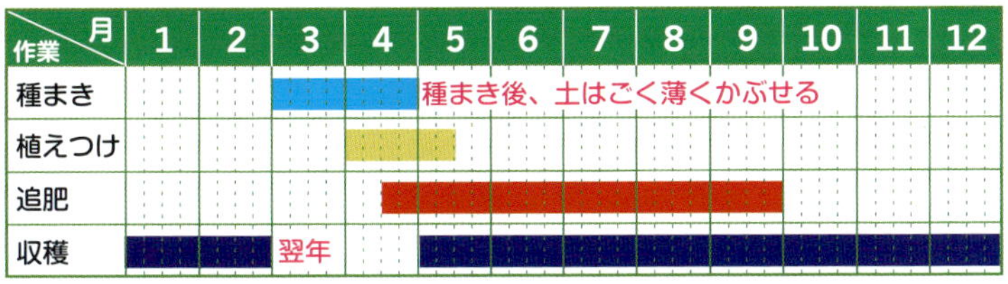

1 種まき

3月上旬～4月下旬、セルトレイに種をまき、発芽後ポットに植え替え

1 セルトレイ（育苗用の連結ポット）に入れた培養土《ばいようど》に指先で浅い窪みをつくり、それぞれに2～3粒の種をまく。ごく薄く土をかぶせ、たっぷりと水やりをする。

2 発芽して本葉が2～3枚になったら3号ポットに植え替え、やさしく水やりをする。植えつけ時には、深植えにならないように注意する。

2 植えつけ

4月上旬～5月中旬、本葉が5～6枚出たら植えつけ

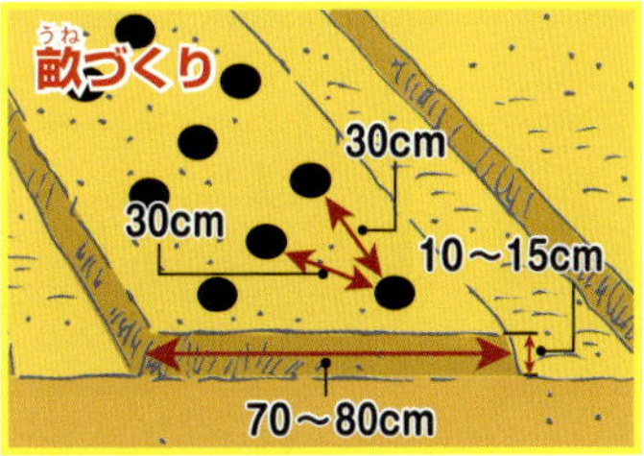

[植えつけ2週間前]
苦土石灰《くどせっかい》100g/m²をまいてよく耕す。

[植えつけ1週間前]
堆肥《たいひ》2kg/m²、化成肥料100g/m²を畑の全面にまいてよく耕し、畝をつくる。

ポットから根鉢を崩さないように苗を抜き、根鉢の大きさ程度の穴に植えつける。周囲の土を寄せるようにして、軽く株元を押さえて水やりをする。

3 追肥

4月中旬～9月下旬、植えつけから2週間で追肥を開始

1 株間に、1m² あたり一握り（20～30g）の化成肥料を均一に施す。

2 指先で土の表面をほぐすようにして土と肥料をまぜて耕し、株元に土を寄せる。追肥は、葉色が薄くなったら必要に応じ1カ月に1回程度行う。

4 収穫

5月上旬～翌年2月下旬、植えつけの1カ月後から収穫

葉の数が14～15枚ほどになったら、外側の葉から摘み取るように数本ずつ収穫する。少なくとも8～9本葉を残しておけば株が弱らず、新しい葉が伸び出て、収穫を続けることができる。株元からハサミで切り取り株全体を収穫してもよい。

甘くさわやかな香りで、葉や種子は魚料理などに利用される

フローレンスフェンネル

セリ科　難易度　やさしい

栽培のポイント

- 地中海沿岸原産で、肥大した葉を香りづけ、種子をスパイス、葉柄《ようへい》をスープなどに利用する。
- 暑さ寒さに強く、栽培しやすいので難易度は低い。
- 日あたりがよく、水はけのよい場所を好む。
- 元肥《もとごえ》に有機質をしっかりと施す。
- 移植に弱いので植えつけ時に根を傷めないように注意する。

栽培カレンダー

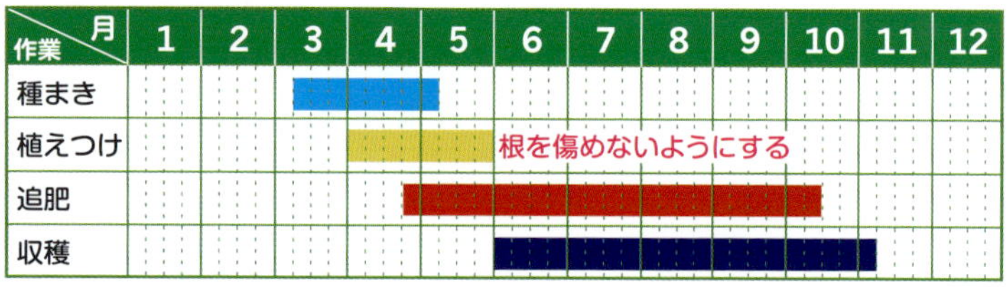

1 種まき　3月上旬～5月上旬、セルトレイに種をまき育苗する

1 セルトレイ（育苗用の連結ポット）に入れた培養《ばいよう》土に指先で浅い窪みをつくり、それぞれに2～3粒の種をまいていく。

2 ごく薄く土をかぶせ、軽く押さえて水やりをする。

2 植えつけ　4月上旬～5月下旬、本葉が4～5枚出たら植えつけ

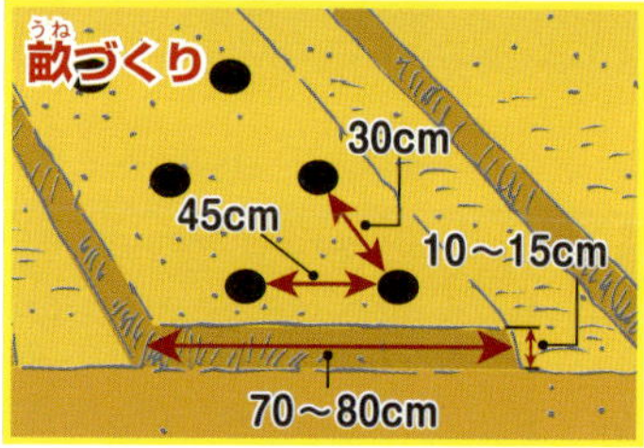

[植えつけ2週間前]
苦土石灰《くどせっかい》100g/m²をまいてよく耕す。

[植えつけ1週間前]
堆肥《たいひ》3kg/m²、化成肥料100g/m²を畑の全面にまいてよく耕し、畝をつくる。

根鉢を崩さないように取り出し、根鉢の大きさ程度の穴に植えつける。周囲の土を寄せるようにして株元を軽く押さえて、土と根を密着させる。

3 追肥　4月下旬～10月中旬、草丈が20～30cmに伸びたら追肥

1 1m²あたり軽く一握り（20g）の化成肥料を株の周囲、葉の広がりの下にドーナツ状に施す。

2 土の表面を指でほぐすようにしながら土と肥料を混ぜて耕し、株元に土を寄せる。追肥は生育を見ながら、1カ月に1回程度行う。

4 収穫　6月上旬～11月上旬、株元が肥大してきたら収穫適期

植えつけから2カ月ほどして、株元が肥大してきたら収穫の適期。地ぎわをハサミなどで切り、株ごと収穫する。収穫せずにそのまま栽培を続け、葉先を必要に応じて収穫してもよい。

さわやかな香りをハーブティーで楽しみたい

ペパーミント

シソ科　難易度　やさしい

栽培のポイント

- 地中海沿岸原産。さわやかな香りは料理やカクテルに利用される。
- 病害虫に強く、育てやすいため難易度は低い。
- 冬に地上部が枯れても地下茎が越冬し、春に再び芽を伸ばす。
- 温暖な気候を好み、耐暑性、耐寒性ともに強い。
- 先端を摘み、わき芽を増やして収量を上げる。

栽培カレンダー

作業＼月	1	2	3	4	5	6	7	8	9	10	11	12
種まき			■	■	■							
植えつけ				■	■	■						
追肥					■	■	■	■	■			
収穫	先端を摘んでわき芽を増やす				■	■	■	■	■	■		

1 種まき　3月中旬～5月中旬、セルトレイに種をまく

1 セルトレイ（育苗用の連結ポット）に培養土《ばいようど》を入れ、指先で浅い窪みをつけ、それぞれに2～3粒ずつの種をまく。

2 種がかくれる程度に土をかぶせ、軽く押さえて水やりをする。

2 植えつけ　4月中旬～6月上旬、本葉が5～6枚出たら植えつけ

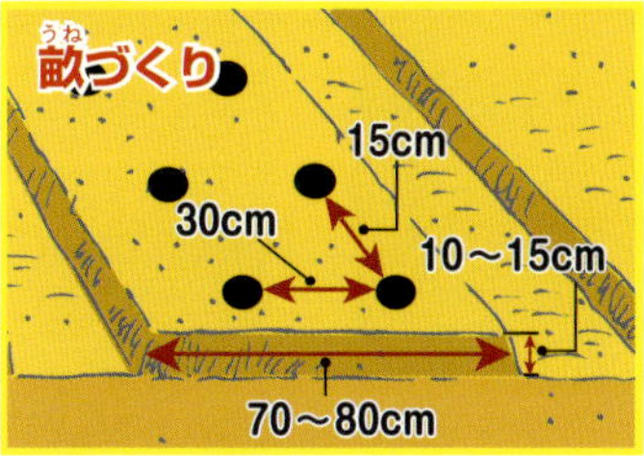

[植えつけ2週間前]
苦土石灰《くどせっかい》100g/m²をまいてよく耕す。

[植えつけ1週間前]
堆肥《たいひ》2kg/m²、化成肥料100g/m²を畑の全面にまいてよく耕し、畝をつくる。

根鉢を崩さないように苗を取り出し、根鉢の大きさの穴に植えつける。周囲の土を寄せるようにして株元を軽く押さえて、水やりをする。

3 追肥　5月上旬～9月中旬、植えつけ2週間後から追肥

1 生育を見ながら1カ月に1回追肥する。株間に1m²あたり一握り（20～30g）の化成肥料を均一に施す。

2 指先で土をほぐすようにしながら土と肥料を混ぜて耕し、株元に寄せる。

4 収穫　5月中旬～10月下旬、草丈が20cmほどになったら収穫

株が育ち、葉の枚数が増えてきたら、茎の先を葉ごと収穫する。その下からわき芽が発生し、葉数が増えて長い間収穫を続けることができる。冬になって地上部が枯れても、地下茎が越冬し、春になると再び芽が出て育つ。

清々しいレモンの香りのハーブ

レモンバーム

シソ科　難易度　やさしい

栽培のポイント

- 地中海沿岸原産のハーブ。葉にレモンの香りがあり、ハーブティーなどに利用される。
- 放任でもよく育つので難易度は低い。
- やや水持ちのよい、深く耕した場所が適している。
- 植えつけ前に堆肥など有機質をしっかりと施す。
- 低温にも高温にもよく耐えるが、乾燥にはやや弱い。

栽培カレンダー

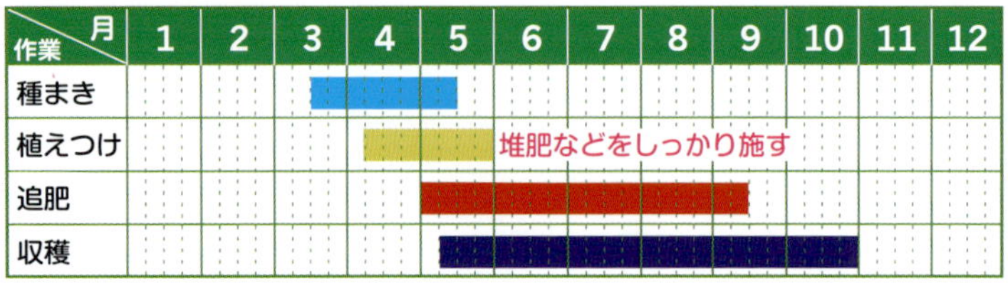

1 種まき　3月中旬～5月中旬、セルトレイにタネをまいて育苗する

セルトレイ（育苗用の連結ポット）に入れた培養土《ばいようど》に指先で浅く窪みをつけ、それぞれに２～３粒ずつ種をまく。種がかくれる程度に土をかぶせ、水やりをする。

2 植えつけ　4月上旬～5月下旬、本葉5～6枚で植えつけ

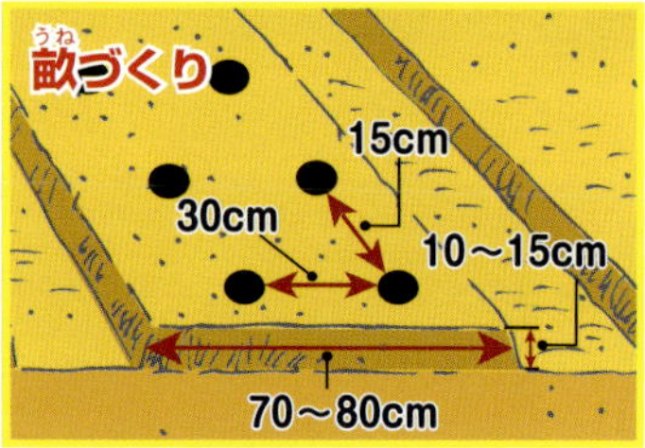

[植えつけ 2 週間前]
苦土石灰《くどせっかい》 100g/m²をまいてよく耕す。

[植えつけ 1 週間前]
堆肥《たいひ》2kg/m²、化成肥料 100g/m²を畑の全面にまいてよく耕し、畝をつくる。

セルから根鉢を崩さないように取り出し、根鉢ほどの大きさの穴に植えつける。周囲の土を寄せるようにして株元を軽く押さえ、水やりをする。

3 追肥　5月上旬～9月中旬、植えつけ2週間後に追肥

1. 1m²あたり軽く一握り（20g）の化成肥料を株の周囲、葉の広がりの外側にドーナツ状に施す。
2. 土の表面を指先でほぐすようにしながら土と肥料を混ぜて耕し、株元に土を寄せる。

4 収穫　5月上旬～10月下旬、茎先を摘んで収穫

草丈が15～20cmほどになったら収穫を兼ねて茎先を摘み、わき芽を伸ばす。わき芽を増やすと次々と収穫できるようになる。乾燥して保存する場合は、白い小さな花がつき始めたら株元から刈り取って乾燥、保存する。

5章
野菜づくりの基本作業

菜園プラン

野菜づくりでは、まず、栽培する野菜の種類・量（株数）・時期・栽培する場所などを考えることが大切です。これを作付け計画といいます。

野菜選びのポイント

時期にあった品種選びと畑に通える日数を考える

1　栽培時期にあった品種

野菜には栽培に適した時期というものがあります。さらに同じ野菜でも、品種によって栽培の時期を選ばなくてはいけないものがあります。たとえばホウレンソウを春まきで育てたい場合は、春まき用の品種を選ばなくてはいけません。栽培する地域での栽培時期の気候に合わせ、品種を選びます。

2　週に何回通うことができるか

野菜は、種をまく、あるいは植えつけさえすればあとはかんたんに育つというわけにはいきません。なによりできるだけ頻繁に畑に足を運ぶということが大切です。そうはいっても家庭菜園の場合は時間や地理的条件などで、毎日作業を行うことが難しい場合が多いでしょう。野菜によってはあまり手間がかからず、そう頻繁に作業を行わなくてもよいものもあります。自分がどれだけ畑に通うことができるかその頻度によって、野菜を選ぶことも大切なポイントです。

連作障害を出さないための輪作

畑を区分し、野菜を選んで輪作する

1　連作障害の大きな原因

①土壌伝染性の病害
②土壌センチュウなどの土壌生物の影響
③特定養分の過不足
④作物から出る物質による忌地《いやち》現象

2　輪作

連作障害を発生させないためには輪作が欠かせません。適切に輪作をするためには、それぞれの作物の連作障害が発生する程度を知る必要があります。

①連作障害の出にくい野菜

カボチャ、トウモロコシ、タマネギ、ニンジン、サツマイモなどは連作障害が出にくい作物です。

②連作障害の長い野菜

スイカやエンドウマメ、ゴボウなどは連作障害の影響が大きく、5年間は同じ場所で育てることを避けなくてはいけません。

③畑を5つに分ける

一度栽培したら次に同じものを育てるまでに間をあけたほうがよい年数を、「休栽年限《きゅうさいねんげん》」といいます。スイカなどの5年間休栽を考えると、畑を5つに分けて、輪作すれば、どんな野菜でも連作障害を避けて育てることができます。

菜園プランのポイント

日あたりを考え、毎年場所を変えながら育てる

1　連作を避ける

野菜は、同じ場所で同じ種類あるいは同じ科の野菜を続けて栽培すると、病気が発生しやすくなったり、生育が悪くなり収量が落ちたりします。これを連作障害《れんさくしょうがい》といいますが、連作障害を避けるためにはなにより連作をしないことです。

2　場所を変えながら栽培する

そうはいっても、同じ野菜を毎年栽培できないというのでは楽しくありません。そこで、畑をいくつかのエリアに分割して、同じ野菜を同じ場所で育てないように、栽培場所を変えながら育てていきます。これを輪作《りんさく》といいます。

3　日あたりのよさによる違い

多くの野菜はたっぷりと日光にあたることで元気に育ちます。しかし、なかにはそれほど強い日ざしを必要としない野菜もあります。トマトなどの果菜類は強い光線を好み、ミョウガやミツバ、ショウガ、などの葉菜類や根菜類のなかには弱い光線でも比較的よく育つものもあります。

そこで、栽培する野菜を選ぶ場合は、栽培場所の日あたりを考慮しなくてはいけません。

主な野菜の休栽年間

休栽年間	野菜の種類
ほとんどないもの	カボチャ、トウモロコシ、タマネギ、サツマイモなど
1年間休栽	ホウレンソウ、シュンギク、レタス、ミツバなど
2年間休栽	キュウリ、インゲン、ジャガイモ、キャベツなど
3～4年間休栽	サトイモ、ソラマメ、ピーマン、ナス、トマトなど
5年間休栽	スイカ、エンドウマメ、ゴボウなど

5区画に分けた菜園プラン

連作障害を防ぐためには、計画的に輪作することが大切です。野菜の種類によって連作できるものから、5年ほど間を開けないと栽培できないものがあります。ここでは、休栽年限を5年と考え、菜園を5つのブロック（畝）にわけて輪作をするモデルを考えてみました。

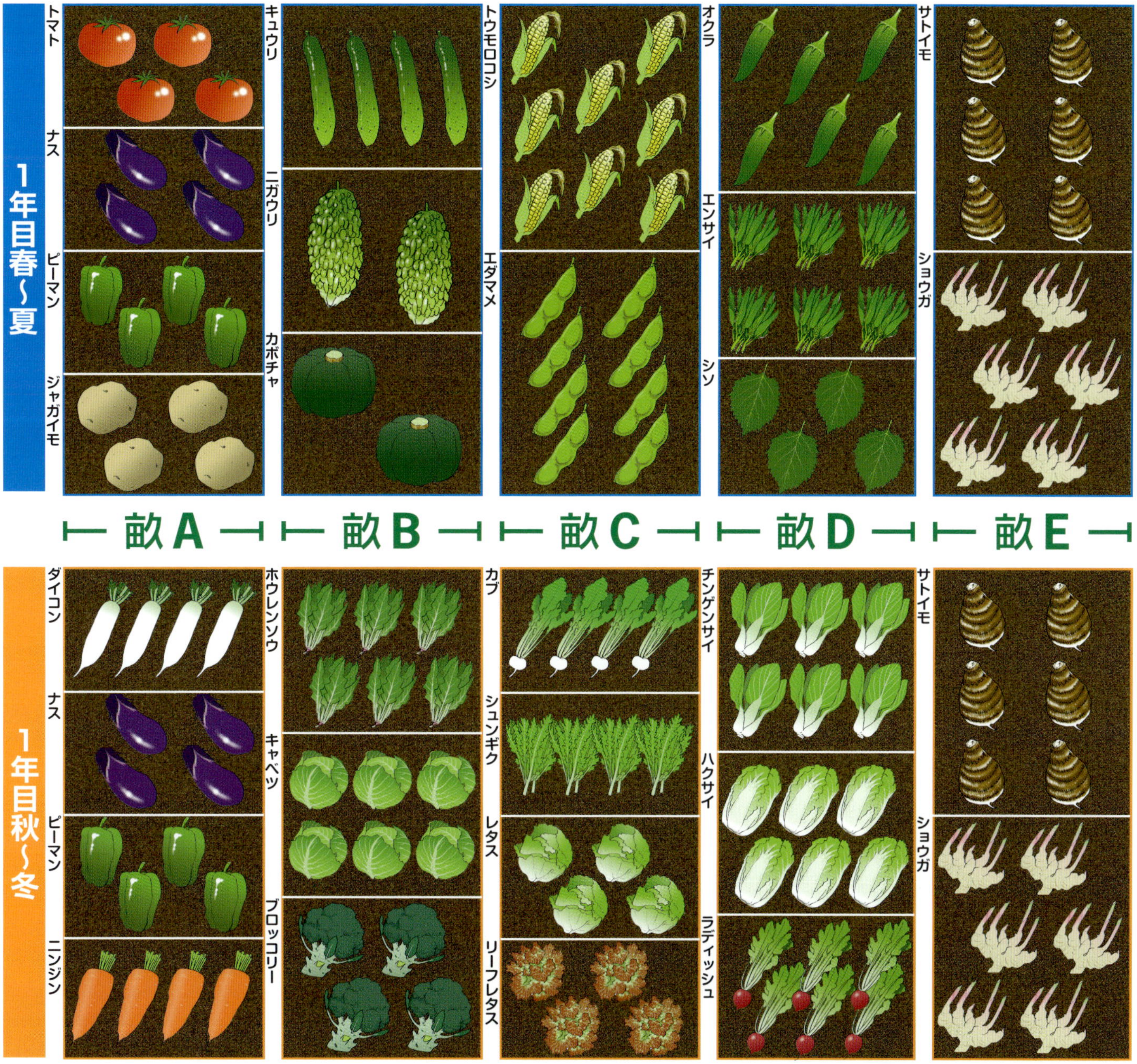

ローテーションの例

1年ごとに栽培場所（畝）を一つずつずらして栽培すれば、どの場所も5年間は同じものを栽培していないことになり、これだけ数多くの野菜を、連作障害なく育てることができます。

栽培年	1年目	2年目	3年目	4年目	5年目
畝のブロック	A	B	C	D	E
	B	C	D	E	A
	C	D	E	A	B
	D	E	A	B	C
	E	A	B	C	D

土づくり

野菜を育てるには、よい土づくりが大切です。まずは畑の土を調べ、これから育てる野菜に適しているかどうか確認します。ポイントは、水はけ（排水性）、通気性、水持ち（保水性）、土の酸度の４つです。

土づくりの手順

種まき・植えつけの２週間前から作業を開始

1 畑の土を調べる

①排水性、②通気性、③保水性

よい土：土を軽く湿らせて握り、指で押して崩れたら、野菜の栽培に適しています。

悪い土：土を軽く湿らせて強く握り、かたまらなかった場合、または、かたまっても指で押してくずれない場合は、野菜の栽培に適していません。

④土壌酸度

土には酸性、中性、アルカリ性の性質があります。ほとんどの野菜は弱酸性を好みます。土の酸度はホームセンターなどで売っている器具や酸度測定キットなどで調べることができます。

2 野菜づくりに適した土にする

① 種まき・植えつけの１週間前に堆肥《たいひ》などの有機物をすき込んで水はけ、通気性、保水性のよい土にします。

② 種まき・植えつけの２週間前に、石灰をまいて土壌酸度を調整する。

よい土と悪い土の調べ方

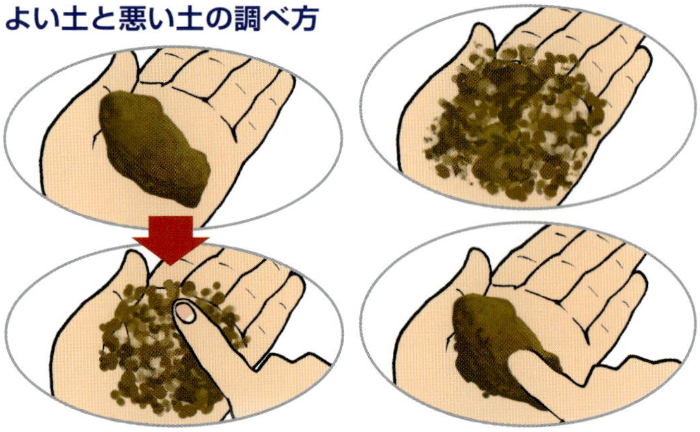

よい土
土を軽く湿らせて強く握り、かためたものを指で押すと崩れる。

悪い土
土を軽く湿らせて強く握り、かたまらなかった場合、または、かたまっても指で押してくずれない。

団粒構造の土の内部

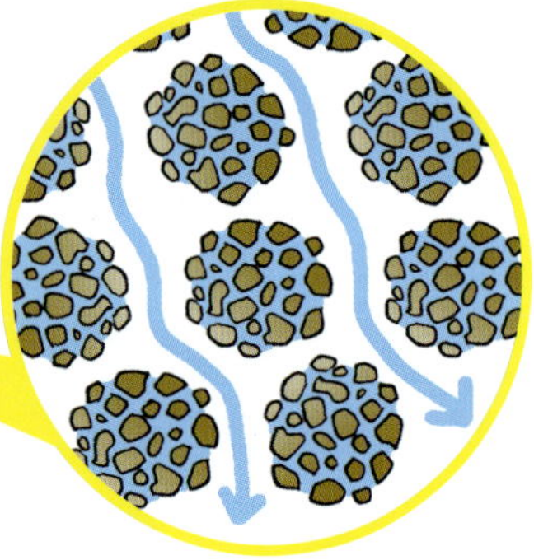

水やりをしたとき、団粒のすき間は水や空気が通り、団粒と団粒のすき間に水や肥料分がたくわえられる。

酸度計や酸度測定キットなどで土の酸度を調べ、石灰で酸度の調整をする。

主な野菜の好む土壌酸度

土壌酸度（pH）	pH	主な野菜
酸性	5.0 ～ 5.5	スイカ
弱酸性	5.5 ～ 6.0	サツマイモ、ジャガイモ、トウモロコシ、ダイコン
	5.5 ～ 6.5	キャベツ、キュウリ、トマト、ニンジン、レタス
中性	6.0 ～ 7.0	ゴボウ、ショウガ、タマネギ、ホウレンソウ

有機物をすき込んでよい土の構造にする

種まき・植えつけの１週間前、堆肥などをすき込む

野菜づくりの土は、堆肥などの有機物をすき込んだ土が適しています。有機物の入った土は、小さな土の粒（団粒《だんりゅう》）と粒がくっついて大きな粒になる「団粒構造《だんりゅうこうぞう》」をしています。団粒構造の土は団粒と団粒のすき間に水・空気が通り、通気性、水はけがよくなります。団粒の小さなすき間には水や溶け出した肥料分がたくわえられ、保水性・保肥性《ほひせい》が高まります。また有機物が含まれているために肥料分に富んでいます。

土の酸度を調整する

種まき・植えつけの２週間前、苦土石灰などをまく

土づくりでもうひとつ重要な点は土の酸度（単位は pH）です。ほとんどの野菜は pH6.0 ～ 6.5 の弱酸性の土を好むため、栽培を始める前に酸度計や酸度測定キットなどを使って、畑にする土の酸度を調べます。土の酸度が pH6.0 未満の場合は石灰を散布して、土にすき込みます。pH を１上げるためには、苦土石灰の場合、1m^2 あたり 400g 必要です。石灰をまいたばかりの土は、アルカリ分が強すぎるため、遅くとも栽培を始める２週間前までにまくようにします。

土づくり

土壌酸度を測定し、種まき・植えつけの 2 週間前までに石灰、1 週間前に堆肥・化成肥料をまく

❶ 畑にする部分の四隅に支柱を立て、ひもを張って石灰をまく範囲を決める。

❷ 石灰を畑の全面に均一にまく。一般的な土に苦土石灰をまく場合、$1m^2$ あたり 100 ～ 200g。

❸ 石灰をまいたらクワやスコップを使い、土を 30cm ほど掘り起こしながら石灰を土にすき込む。

❹ 畝をつくる幅に堆肥と化成肥料を均一にまく。一般的な畑にまく量は堆肥 1 ～ 2kg/$1m^2$、化成肥料 100g/$1m^2$。

❺ 堆肥と化成肥料をまいたら、クワやスコップなどで土を掘り起こしながら堆肥と肥料をすき込む。

❻ 土を混ぜたら、レーキなどを使って表面を平らにならし、土のかたまりやゴミ、石などを取り除く。

野菜のできが悪くなった場合は

天地返しをして土の上下を入れ替える

栽培をして数年たったころ、野菜のできが悪くなったら、深い部分の土と野菜を育てていた上部の土を入れ替える「天地返し」をします。

まず、深さ 50cm ほどの土をスコップで掘り出します。さらに深さ 50cm ほど土を掘り出し、最初に掘り出した土を穴に入れ、次に掘り出した土を戻して上下を入れ替えます。天地返しを終えたら土づくりを開始します。

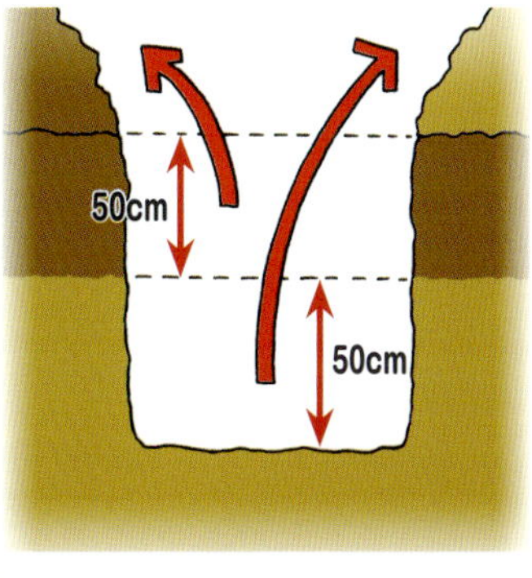

❶ 50cm ほどの深さまで土を掘り上げ、1 カ所にまとめておく。さらに 50cm ほどの深さまで掘り、反対側に土をまとめる。

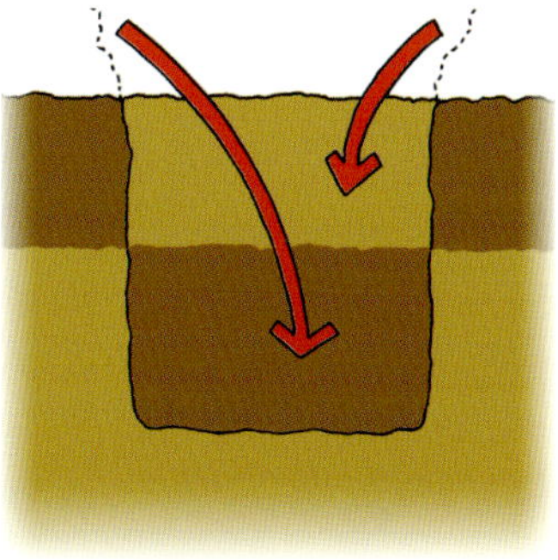

❷ 最初に掘り上げた土を穴に戻し、次に掘り上げた土を穴に戻す。天地返し後、土をよく耕し、土づくりをしておく。

畝《うね》づくり

野菜は畑の土を盛り上げてつくる、畝で栽培します。土づくりが終わったら、基本的には上部が平らなベッド畝をつくります。水はけが悪い場所では畝を高くした高畝にします。

畝のポイントと種類

土づくりのあと、高さを決めて畝をつくる

1 畝の利点

畝は、野菜の種をまいたり苗を植えつける場所で、よく耕し、周囲より少し高く土を盛ってつくります。よく耕してあるため種がまきやすい、苗を植えつけやすいなどといった利点とともに、水はけがよくなる、通路と栽培場所との区別がつけやすいなどの特徴があります。畝をつくることを「畝立て」ともいいます。

2 畝の幅

畝はふつう 70 ～ 80cm ほどの幅でつくりますが、栽培する野菜や栽培方法によって幅の狭いものや逆に広いものもあります。

3 畝の高さ

畝は高さが重要で、ふつうは周囲より 10 ～ 15cm ほど高くつくります。高さを高くすると水はけがよくなり、水はけが悪い場所や、地下水位が高く湿りがちな土地、あるいは乾燥した土を好む野菜を栽培する場合などに適します。

南北畝と東西畝

多くの場合、畝は南北方向に長くつくります。これは栽培する作物にまんべんなく日があたるようにするためです。とくに背丈の高くなる果菜類は、南北畝が一般的です。南北畝では北側に背丈の低い野菜を栽培しても東西からの日があたるため、あまり影響がありません。冬場に葉もの野菜をつくる場合は、東西畝が一般的です。北側は日陰になりやすく、霜の影響を受けやすいので寒冷紗《かんれいしゃ》などで霜よけをするとよいでしょう。

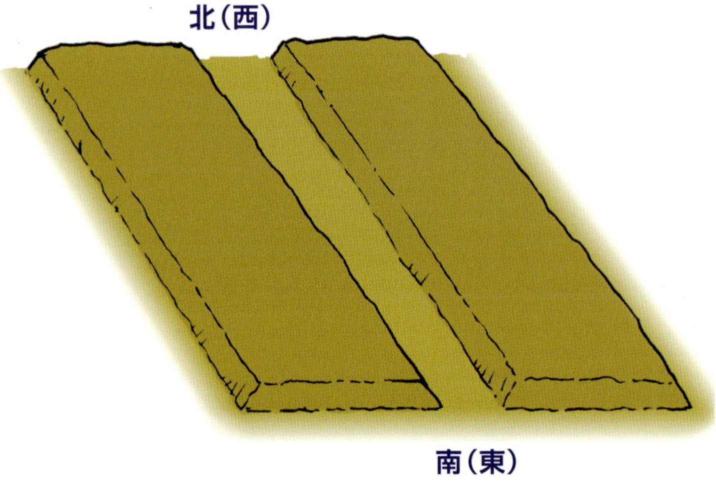

畝の種類

ベッド畝

周囲より高くして、上を平らにしたものをベッド畝といいます。ベッド畝は高さによって平畝《ひらうね》と高畝《たかうね》があります。平畝は周囲より高さが 10 ～ 15cm 高く、高畝では周囲より 20 ～ 30cm ほど高くつくります。

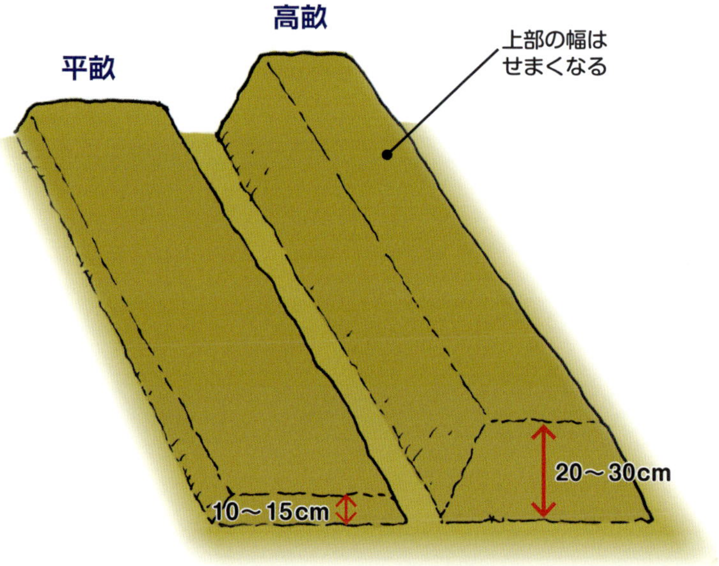

普通畝

クワなどでまっすぐに溝を掘り、その溝に元肥《もとごえ》を施した後、掘り上げた土を戻したものを普通畝といいます。

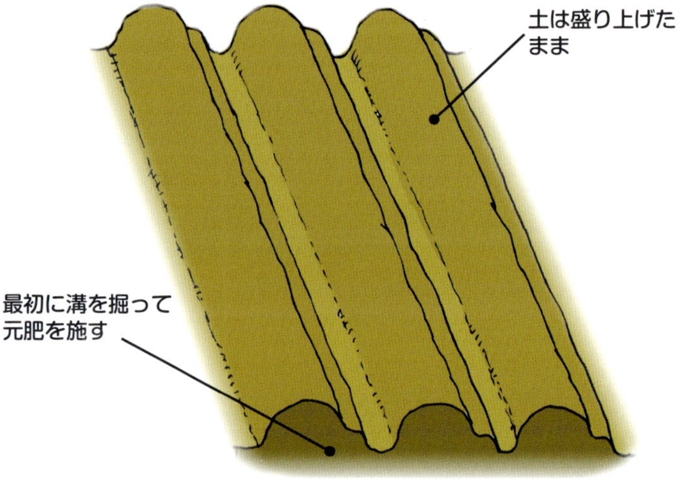

畝づくり① 〜ベッド畝

種まき・植えつけの１週間前、土づくりのあとに上部が平らなベッド畝をつくる

❶ 畝をつくる範囲の四隅に支柱を立て、支柱間にひもを張る。

❷ 畝にする範囲をよく耕す。栽培する野菜にもよるが、少なくとも 20 〜 30cm ほどの深さまではよく耕す。

❸ 張ったひもの外側をクワで 20 〜 30cm ほどまっすぐに掘る。土はひもの内側、つまり畝になる部分に掘り上げる。

❹ 畝の角はできるだけ直角になるように掘る。

❺ 四辺に溝を掘り終えて、畝が目的の高さになったら、畝の表面をレーキでならす。

❻ 最後に板などを使って表面をなでるようにして、できるだけ平らにならす。

畝づくり② 〜普通畝

溝を掘り、元肥を入れて土を戻したものが普通畝

クワで、必要な長さの溝をまっすぐに掘る。溝のなかに元肥を施し、掘り上げた土を溝に戻す。

畝づくり③ 〜高畝

水はけの悪い場所や土の乾燥を好む作物では高畝にする

畝をつくる場所の外周を、30cm ほどの深さに溝を掘る。畝に掘り上げた土を盛り上げ、高さを 20 〜 30cm にする。必要な高さになったら表面を平らにならす。

肥　料

おいしい野菜を育てるために、野菜が生長したり開花・結実するために必要な養分を補うために肥料を施します。ポイントは肥料の要素と施すタイミングです。

肥料の効果と使い方

肥料の３要素のバランスを考え、元肥は種まき・植えつけの１週間前、追肥は生育途中に施す

1　肥料の３要素

植物は、土壌中にある養分を根から吸収し、生育や開花・結《けつ》実《じつ》に必要な栄養やエネルギーをつくり出しています。必要とする養分とは窒素《ちっそ》、リン（リン酸）、カリウム、マグネシウム、カルシウムなどです。このうち、窒素とリン、カリウムは３要素と呼ばれ、とくに重要なものです。

①**窒素**：タンパク質やアミノ酸の成分となり、主に葉や茎などの生育に関係します。

②**リン**：生長の盛んな部分、花やつぼみ、結実、根の伸張などにかかわります。

③**カリウム**：光合成を盛んにするとともに、果実のつきやイモ類の肥大をよくします。

2　肥料を施す時期

①**元肥**《もとごえ》：種をまき・植えつける１週間前に施しておくものです。元肥には、土の性質を良くする目的も併せて、堆肥が多く使われます。

②**追肥**《ついひ》：栽培途中で失われてしまった肥料分と、その後の生育に必要な肥料分を補う目的で施すものです。

肥料の効き方

肥料の質、効果の現れ方を選んで、元肥と追肥に使い分ける

1　無機質肥料と有機質肥料

肥料は、化学合成されたものなどからつくられている無機質肥料、有機物（家畜のふんなど）からつくられている有機質肥料に分けられます。

2　肥料としての堆肥

有機質肥料の代表といえるのが堆肥《たいひ》です。堆肥は、稲わらや家畜のふんなどを、堆積させて発酵、腐熟させたもので、元肥の肥料としての効果だけでなく、土の物理的特性の改善や地力維持を図る目的で施します。

3　緩効性肥料と速効性肥料

肥料は、その効果の現れ方によっても分類されます。緩効性肥料は、じわじわと長い間効果がある肥料です。それに対して速効性肥料とは、施してまもなく効果が現れるタイプの肥料です。元肥には緩効性肥料、追肥では速効性肥料を用います。

野菜別必要な肥料成分

葉菜類 葉や茎を茂らせる目的で、窒素分の割合の多い肥料を施します。	
果菜類 茎葉も茂り、開花・結実がうまくいくように、３要素のバランスがとれた肥料を施します。	
根菜類 根の肥大が重要なので、カリウムの割合が比較的高い肥料を施します。	

主な肥料

化成肥料
石油などを原料に化学的に合成された肥料です。３要素のバランスがとれたものが使いやすく、元肥、追肥ともに利用します。

ヨウリン
リン酸を含む遅効性の肥料です。元肥として利用します。袋には「ようりん」または「熔リン」とも書かれます。

鶏ふん
鶏のふんを発酵・乾燥させた有機質肥料です。窒素、リン、カリウムのバランスも比較的よい肥料です。元肥・追肥に使います。

油かす
植物種子などから植物油をしぼったかすです。よく用いられる有機質肥料で、窒素を多く含み、元肥、追肥ともに利用します。

主な土壌改良材

堆肥

稲わらに牛ふんなど動物のふんを混ぜて発酵させてつくった代表的な有機質肥料。土を団粒化し、水はけ、水もち、通気性をよくするなど、元肥だけでなく土壌改良材として利用価値の高いものです。

苦土石灰

苦土とはマグネシウムのことで、マグネシウムを含む石灰質資材です。アルカリ性を示します。酸性に傾いた土壌の中和を目的に施されます。

草木灰

アルカリ性で土壌の酸度調整に用いられます。またリン、カリウムを含むため、果菜類などに肥料として施されることもあります。

腐葉土

広葉樹の落ち葉を堆積し、発酵・腐熟させたものです。肥料としての効果はあまりありませんが、土の保水性、排水性、通気性を高めます。

元肥の施し方～溝施肥

元肥は、ふつう種まき・植えつけの1週間前には終わらせておく。土づくりでは全面に施す方法を取り上げた（→ P247）ので、ここでは長期間栽培する場合に有効な溝に施す方法を取り上げる

❶ 畝をつくる場所に、30cm以上の深さの溝を掘ります。

❷ 1㎡あたり2kgの堆肥を、溝全体に施します。

❸ 1㎡あたり100gの化成肥料を溝全体に均一に施します。

❹ 掘り起こした土を溝に戻し、溝施肥の完成。

液体肥料の効果と使い方

水で薄めて追肥に利用できる

液体肥料は、液体状の肥料で、一般に用いられるものは、窒素、リン、カリウムがバランスよく含まれた複合肥料です。水で薄めて用いるものが多く、肥料の効果がきわめて速く現れるのが特徴で、追肥に向いています。水やりがわりに用いることもできます。

種まき

種まきは、野菜栽培のスタートです。野菜の種類や育て方によって、いくつかの種のまき方があります。野菜にあったまき方で種をまきましょう。

種まきのポイント

よい種を選び、適切な時期に適切な覆土と水やりをする

1 発芽をよくするには

①よい種を用いる

種はホームセンターや園芸店で購入することができます。珍しい西洋野菜や地方野菜などの種はインターネットなどで取り寄せることもできます。種子の寿命は１年ほどなので、購入する際は種の袋の裏にある種まき期限を確認します。

②適温時期にまく

野菜の栽培に合わせた時期に種をまきます。種まきの適温は袋の裏で確認し、適温ならば畑に直接まく直まき、気温が低い場合はポットまきなどで育苗します。

③適度な水分を与える

種まき後は水やりをして発芽を促します。

④種子の性質に合った覆土の厚さにする

まいた種にかける土を覆土といいます。覆土の厚さは種の大きさの２～５倍が標準です。覆土が厚すぎたり逆に薄すぎたりすると発芽しにくくなります。シソ、セロリ、ミツバ、レタス、ゴボウなど光を好む性質の種では、覆土をまったくしないか、ごく薄くする程度にします。

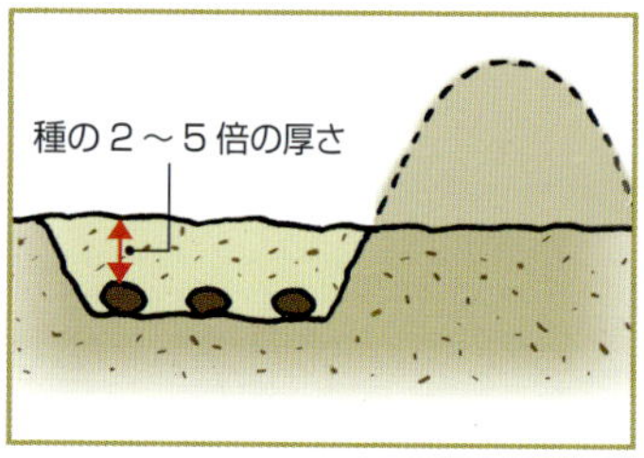

種まき後の覆土
ふつうは種の大きさの２～５倍の厚さに土をかぶせる。

種まき後の水やり
地中の種に届くくらいたっぷりと水やりをする。

直まき①～すじまき

土づくりから１週間後、種を畑に直接まくやり方を直まきという。畑にすじ状に種をまくのがすじまき。種が細かく、発芽後間引きながら育てる野菜に適している

1 畝《うね》の表面を板などを使って平らにする。このとき土のかたまりなどあったら崩すか取り除く。

2 支柱や板などを使って、必要な間隔で浅い溝（すじ）をつける。

3 溝のなかに、できるだけ等間隔に種をまいていく。

4 溝の両側の土を指でつまむようにして、溝を土で埋めていく。

5 土を軽く押さえて、種と土を密着させる。

6 ジョウロでたっぷりと水やりをする。

直まき②～点まき

ダイコンやカボチャなど、生育初期から株間が必要な野菜や、種の大きな野菜に適している

1. 畝に、缶やビンの底などを押しあてて、深さ５～10mmほどの窪みをつけ、一粒ずつ、あるいは数粒の種をまき、覆土して軽く押さえる。

2. 株間が狭い場合は、指先で1cmほどの窪みをつけ、その中に種を一粒あるいは数粒ずつまいて覆土して軽く押さえる。

直まき③～ばらまき

密生して育てた方が効率のよい、ミツバやタマネギなどに適している

1. 畝にクワの背を押しあてるようにして、幅のある浅い溝をつける。

2. 溝のなかに、できるだけ均一になるように種をばらまき、土を手でもみながら均一に薄く覆土して軽く押さえる。

ポットまき

直まきでは発芽や発芽直後の管理がしにくい野菜に適している

1. ポットに培養《ばいよう》土《ど》を入れ、それぞれの土に指先で浅い窪みをつける。

2. それぞれの窪みに種を一粒ずつまいていく。

3. 周囲の土を寄せるようにして窪みを土で埋めて、軽く押さえて種と土を密着させる。種まき後たっぷりと水やりをする。必要なら保温・加温をしながら乾かさないように管理する。

セルトレイまき

セルトレイ（連結ポット）はしっかりとした根鉢が短期間ででき、植えつけのときの植え傷みが少ないのが特徴

1. セルトレイに培養土を入れ、指先で浅い窪みをつける。

2. 各窪みに一粒ずつ、野菜の種類によっては２～３粒の種をまく。

3. 薄く種がかくれる程度に土をかけてから、軽く押さえて土と種を密着させる。種まき後、たっぷりと水やりをして、必要なら保温・加温をしながら乾かさないように管理する。

植えつけ

植えつけは畑での野菜栽培のスタートです。ポット苗、セルトレイの苗（セル苗）は、植えつけ方がほとんど同じなので、正しく植えつけて、しっかりと育てましょう。

植えつけのポイント

よい苗を選び、天候、植えつけの深さに気をつける

1 よい苗の見分け方

よい苗とは、適切な環境と正しい管理のもとで育った健康な苗です。具体的には節間《せっかん》（葉と葉の間隔）が詰まっていて葉や茎の色が濃いなどです。

2 植えつけに適した天気

苗の植えつけは、その野菜の生育にあった時期に行います。天候は、その時期としては比較的暖かく、好天で風のない日が適しています。植えたての苗には、強い日ざしや雨、強い風は大きなストレスとなるからです。

3 植えつけ

植えつけの前にポットから苗を根鉢ごと取り出しやすくするために、たっぷりと水やりをします。植え穴は、根鉢がすっぽりと収まる程度の大きさに掘ります。植えつけたとき、根鉢の肩が少し地面より高くなる程度の深さに植えつけましょう。掘り出した土を寄せて、株元を軽く押さえ、根と土とを密着させましょう。植えつけ後、たっぷりと水やりをします。

よい苗の見分け方

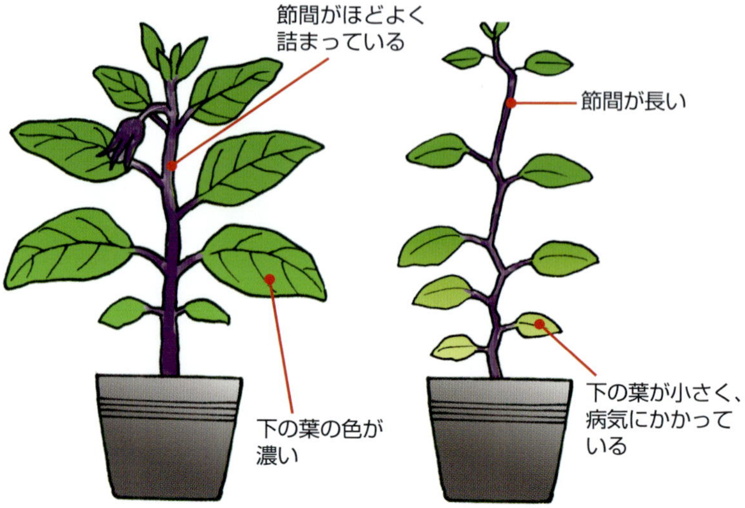

よい苗
節間がほどよく詰まり、葉や茎も充実して、全体ががっしりとした印象がある。地ぎわに病根がない、下のほうの葉が濃い色をしているなど。

悪い苗
徒長して節間が広くあるいは極端に詰まり、茎葉が貧弱で、全体に弱々しい印象がある。地ぎわに病根がある、下のほうの葉が小さいなど。

植えつけの深さ

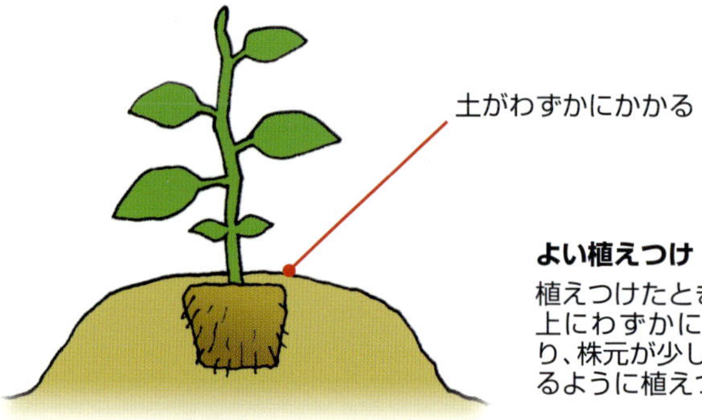

よい植えつけ
植えつけたとき、根鉢の上にわずかに土がかかり、株元が少し盛り上がるように植えつける。

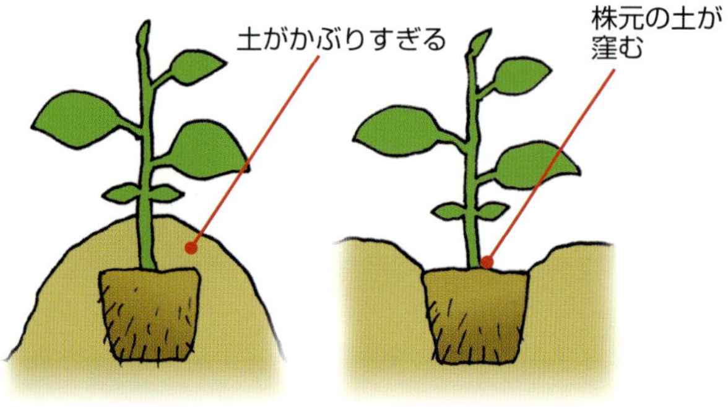

悪い植えつけ
植えつけたとき、根鉢に土がかぶりすぎたり深植えになる、または株元の土が窪んだようになるのは悪い植えつけ。

植えつけ後

水が畝《うね》の外に流れ出ないように株の周囲にドーナツ状の溝を掘り、そのなかに静かに、水がたまるほどたっぷりと水を入れる。

植えつけ①～ポット苗

土づくりから１週間後、根鉢を崩さないように植えつける

❶ 植えつけ場所に、根鉢がすっぽりと入る程度の穴を掘る。

❷ 根鉢を崩さないようにポットから苗を取り出す。

❸ 植え穴に根鉢ごと入れる。このとき、根鉢の肩が地面よりわずかに高くなるような深さに植える。

❹ 掘り出した土を寄せ、株元を軽く押さえて土と根を密着させる。

❺ 株の周囲にドーナツ状に溝を掘り、その中にたっぷりと水やりをする。

植えつけ②～セル苗

セルトレイ（連結ポット）から取り出すときに根や茎葉を傷めないように注意する

❶ 株や根を傷めないようにセルトレイから苗を抜き取る。

❷ 根鉢の大きさ程度の穴を掘り、根鉢の肩がわずかに地面より高くなる深さに植えつける。

❸ 周囲の土を寄せ、軽く株元を押さえて根と土を密着させる。

❹ 植えつけ後、ジョウロで水やりをする。泥ははねさせないように静かに水を与えるのがポイント。

植えつけ③～ネギ類

溝を掘って植えつけ、生長にあわせて株元を土で覆っていく

❶ 幅 15～20cm、深さ30cm 程度の溝を掘り、苗を立てて並べ、根を土で覆うようにかぶせる。

❷ 溝のなかにわらをしいて、株元を覆う。

植えつけ④～イモ類

深さ 10～20cm ほどの溝に、芽が出る側を上向きに植えつける

❶ 深さ 10～20cm 程度の溝を掘り、種イモの芽を上にして並べていく。

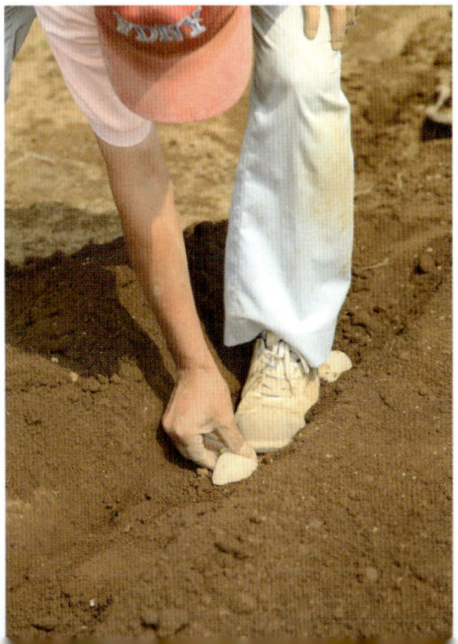

❷ 掘り出した土を溝に戻すようにして、種イモに土をかぶせていく。

マルチング

ポリエチレンフィルムや稲わらなどで、土の表面を覆うことをマルチングといいます。乾燥防止や雑草防止、地温の上昇などの効果があります。

マルチングの効果

ポリマルチは畝づくりと同時、しきわらは植えつけ後に

1 マルチングの素材

株元や畝《うね》全体の土の表面を覆うことをマルチングといいます。最近はポリエチレンフィルム（ポリマルチ、マルチ）を用いることが主流ですが、古くから、稲わらやもみ殻などもマルチング用資材として用いられています。

2 マルチングの効果

マルチングの効果としては以下のようなものがあります。

①土の乾燥防止
②地温を上げる
③地温の温度上昇を抑える
④雑草の繁茂の防止
⑤降雨や水やりなどによる泥のはね返りの防止。
⑥病害虫発生の低減

しきわら

株もとを稲わらで覆うことをしきわらという。地温の上昇を防いだり雑草防止になる。有機質資材なので、栽培後はそのまま土にすき込むことができる。

マルチの張り方

ポリマルチは土づくりと同時に張る。風にあおられてはずれてしまわないよう、しっかりと張ることが大切

❶ マルチがぴったりとなるように、畝の表面を平らにならす。

❷ 畝の脇の溝をクワで5～10cmほど、しっかりと掘り下げる。

❸ 畝の端も掘ったら、マルチのすそに土をのせてしっかりと押さえる。畝の角はできるだけしわができないように張って、土で押さえる。

❹ 畝の上を転がすようにしながら、マルチを畝の反対側まで持っていく。

❺ 足でマルチを踏むようにしてピンと張り、クワで土をのせて押さえていく。さらに足で土を踏んで固め、しっかりとマルチを押さえる。

❻ 植えつけ前に、移植ごてで挿すようにしたり、空き缶を切ったものなどで植え穴をあける。

トンネル

寒冷紗やポリエチレンフィルムなどで畝全体を覆うのがトンネルです。保温、害虫対策、遮光、風よけなど、トンネルを活用すれば栽培が楽になります。

トンネルの効果

害虫防止や保温、風よけが必要なときにトンネルをかける

1 トンネルの効果

トンネル用の支柱を畝にアーチ状に渡し、その上をポリエチレンフィルムなどで覆うのがトンネルです。トンネルには次のような効果があります。

①保温
②害虫の飛来を防止
③遮光《しゃこう》
④風よけ
⑤霜よけ
⑥雨のたたきつけの防止

2 トンネルに使う素材

トンネルに利用する素材としては、寒冷紗《かんれいしゃ》、不織布《ふしょくふ》、ポリエチレンフィルムなどがあり、それぞれ特徴があります。

①寒冷紗

寒冷期の保温や霜よけ、雨のたたきつけの防止、日よけ、害虫の飛来をふせぐなどの効果が高い素材です。上から水やりをすることもでき、温度が上がっても蒸れることがありません。

②ポリエチレンフィルム

とくに保温効果の高い素材です。穴のあいたものとあいていないものがあり、保温力という点では穴のないもののほうが効果があるのですが、換気や水やりに手間がかかります。穴あきは保温力は落ちますが、水やりや換気の手間がかかりません。

③不織布

通気性もあり、保温、霜よけ、風よけなどに役立ちます。とくに種をまいた畝や苗が植えつけてある畝を直接覆うベタがけという方法で用いられることがあります。

トンネルのかけ方

支柱のアーチの高さをそろえ、裾をしっかりと土で抑えて風で飛ばされないようにすることが大切

❶ 畝の縁の溝をしっかりと掘り下げる

❷ トンネル用の支柱を 1m 間隔で畝の両側に挿して、畝の上でアーチ状にする。すべての支柱が同じ高さになるようにする。

❸ 支柱のアーチ全体に寒冷紗をかける。このとき裾がかたよらないように寒冷紗と畝の中心線を合わせる。

❹ 畝の一方の端で寒冷紗の端を土に埋めて固定する。反対の畝の端で寒冷紗を土で抑えるが、寒冷紗があまっているときは、まとめるようにしてから土をかぶせて抑える。

❺ 支柱部分の寒冷紗を足で押さえるようにしながら、外側の土を寄せて寒冷紗の裾を抑える。

❻ 周囲をしっかり土で押さえたら寒冷紗のトンネルの完成。

支柱立て・誘引《ゆういん》

つる性の野菜や果菜類の栽培で、つるを上に伸ばすため、株が倒れないようにするためなどに必要となる作業です。安定のよい支柱を立てて、茎やつるを誘引します。

支柱立てのポイント

植えつけ時、または株の生長にあわせて支柱を立てる

1 支柱を立てる意味

①株を支える

支柱は、株が倒れてしまわないように補助的に支える役目をします。

②風通し日あたりをよくする

支柱を立てて立体的に育てると、風通しや日あたりがよくなり、野菜が健全に育ち、その結果収量の増加につながります。

2 支柱の素材と立て方

①支柱の素材

支柱には、おもに竹や鉄管にプラスチックを被覆した細長い棒が使われますが、竹は耐久性に乏しいので、多くはプラスチック製のものが使われます。

②支柱の立て方【合掌式】

支柱の立て方にはいくつか方法があり、ふつうは合掌式《がっしょうしき》か直立式が使われます。合掌式は支柱を斜めに立てて上部で交叉させ、横に支柱を渡し、側面に筋交いを入れたものです。安定がよいのですが、やや風通しが悪くなります。

③支柱の立て方【直立式】

直立式は支柱をまっすぐに並べて立て、横にも支柱を渡して固定します。簡単ですが、風に弱いのが欠点です。

誘引のポイント

支柱を立てたら株を支柱に縛って固定し、倒れないようにする

植えつけ後

支柱に結ぶ

支柱に野菜の茎を固定する場合は、茎を傷めないためにきつく縛るのではなく、8の字結びでややゆとりを持たせて固定する。結び目は支柱側にする。

ひもを張る

支柱の間に、上下に等間隔で横にひもを張ると、つる性の野菜などの誘引に便利。

ネットを張る

つる性のマメ類などの栽培には、ひもではなく、ネットを張って誘引してもよい。

支柱立て～合掌式

植えつけ後、または誘引できるほど株が育ったら、支柱を交差させて立てる

1 2条に植えられた株の外側に支柱を挿し、向かい合うそれぞれを上部で交叉させる。

▼

2 交叉部分に横に支柱を渡す。それぞれの交叉部をひもでかたく縛ると同時に、横に渡した支柱とともにしっかり固定していく。

▼

3 立てた支柱の側面に、斜めに筋交いを入れ、それぞれの支柱にしっかりと縛りつけたら支柱立ての完成。

間引き

発芽して本葉が開いたら、込み合ったところの苗を引き抜くか、ハサミで切って間引きます。間引きは株の生長に合わせて何回かに分けて行います。

間引きのポイント

種まき後、数回に分けて栽培に適さないものを間引く

1 間引きの時期

ふつう、種まき後、子葉《しよう》に続いて本葉が開いたころ、最初の間引きを行います。その後数回の間引きを繰り返し、最後の間引きで必要な株間になるようにします。回数を分けるのは、一度に間引いてしまうと葉が大きく生育しなかったり、風で倒れたり、その後の栽培に適さない株が出てきたときにカバーできなくなってしまうからです。

2 間引きの方法

①間引く株の目安

込み合った部分の、生育が悪いもの、病害虫の被害が見られるもの、葉の大きさのバランスが悪いものなどを抜き取ります。

②間引く

抜き取るときには、残す株を傷めないように、株元の土を抑えるようにしながら引き抜きます。ハサミを使って切り取って間引いてもよいでしょう。

③間引き後の株間

1 回の間引きで込み合った部分が半分になる程度を目安に抜いていきます。

間引き① 点まきやポットまきの間引き

残す株を傷めないように、株元の土を押さえながらそっと引き抜く。

ポット苗などでは、根鉢を崩したり残す株の根を傷める可能性があるので、ハサミで切り取って間引くとよいでしょう。

間引き② すじまきやばらまきの間引き

1 間引き前のようす。込み合った部分を何回かに分けて間引きながら、最終的に目的の株間にする。

2 残す株を傷めないようにしながら、込み合った部分の生育の悪い株、葉や茎が傷んだものなどを間引く。

3 間引き後のようす。間引きによって株間があいていく。

4 最後の間引きで、目的とする株間になるように、生育の悪い株を間引く。

5 間引きによって、ほぼ等間隔の株間となり、収穫前には生育もほとんどそろっている。

間引き菜は料理に

間引いた株（間引き菜）も家庭菜園の楽しみ

ある程度生育してからの間引き菜は、十分料理の素材として利用できます。株が小さいので、おひたしや炒め物、サラダなどによくあいます。

芽かき・摘心《てきしん》

野菜の栽培では、芽かきや摘心は収量に影響する大切な作業です。手間を惜しまず手をかければ、収量が増えます。

芽かきのポイント

生育に不要な芽を摘み、株を大きくする

1 わき芽とは

枝分かれしながら茎やつるを伸ばしていく野菜では、株が生長するとわき芽が伸び出します。わき芽とは、主枝《しゅし》と葉との間の葉のつけ根から伸び出る芽のことです。

2 わき芽かきの必要性

不必要なわき芽はそのまま放置して伸ばしてしまうと、株全体の生長が遅くなったり、葉が茂りすぎて風通しが悪くなり病害虫の影響を受けやすくなるなど、悪い影響が出ます。そこで、不要なわき芽は、早いうちに摘み取ってしまいます。わき芽かきは、傷口が乾きやすいように天気のよい日に行います。

生長を止める摘心

キュウリやトマトなどでは、手が届く高さ以上に伸ばすと作業がやりにくくなる。そのような場合は手の届く範囲の高さでつるや茎の先を摘んで、主枝のそれ以上の生長を止めても良い。

子づるを伸ばす摘心

つる性の野菜の場合、子づるや孫づるによい実がつくものも多い。その場合、親づるや子づるを適当な場所で摘心し、子づるや孫づるの発生と生育を促すようにする。

わき芽かき

葉のつけ根からでるのがわき芽。不要なわき芽はできるだけ小さなうちにかき取る。傷口からのウイルス病の伝染を防ぐために、手で摘み取るのがよい。

芽を抜く

ジャガイモなどでは、種イモから何本もの芽が発生する。２～３本だけ残し、不必要な芽は取り去る。

摘心

目的に合わせて、茎先やつるの先を摘む

1 高さを調整するための摘心

キュウリやトマトなどでは、生長とともに主枝が伸びて、そのままにすれば手の届かないところまで伸びてしまいます。あまり丈を高くしたくない場合は、作業しやすい高さで主枝の先を摘んで、それ以上伸びないようにします。それを摘心《てきしん》といいます。

2 子づるや孫づるを増やす

摘心は単に草丈やつるの長さを制限するためだけでなく、わき芽や子づるを伸ばすために行うこともあります。スイカなどのように子づるに実をつける場合は、親づるの先を摘心して子づるの生育を促します。

3 わき芽を伸ばすための摘心

ハーブやモロヘイヤなどのように、葉や茎を収穫する野菜では、枝先で摘心し、わき芽を発生させ、収量を増やすことをします。

わき芽を伸ばす摘心

主枝の先端を収穫する場合、収穫する部分のすぐ下に葉を残して摘み取り、わき芽を伸ばす。伸びたわき芽も同様に摘み取れば、わき芽がさらに増えて収量が上がる。

追　肥

生育などによって失われた養分を栽培途中で補うのが追肥。とくに栽培期間が長いものでは大切な作業となります。

追肥のポイント

肥料分が不足するタイミングで根の先端に施す

1 追肥の役割

野菜は、最初に元肥《もとごえ》をたっぷり施して育てるのが基本ですが、生育期間が長い野菜では、野菜自身が生長のために肥料分を吸収したり、雨や水やりによって肥料分が流れてしまい、土壌中の肥料分が少なくなります。そこで、その不足した肥料分と、生育に必要な肥料分を補うために生育の途中で施すのが追肥です。

2 追肥の方法

①施す場所

追肥ではすぐに効果を現す速効性の肥料が必要になります。肥料は根の先端近くで吸収されるため、一般に葉の広がりの下あたりにある根の先端近くの土の表面に施します。はじめは株の周囲に施し、生長にしたがって株間や畝《うね》の脇など、株から離れた場所に施します。

②追肥のタイミング

生育のようすに合わせて時期を見ながら追肥しますが、追肥を数回行うときは２週間～１カ月は期間をあけ、土の肥料分が多くなりすぎないように注意します。追肥を施したら、中耕《ちゅうこう》・土寄せをします。

一株あたりの追肥

株の周囲、葉の広がりの下にドーナツ状に、軽く一握り（20ｇ）ほどの化成肥料を施します。

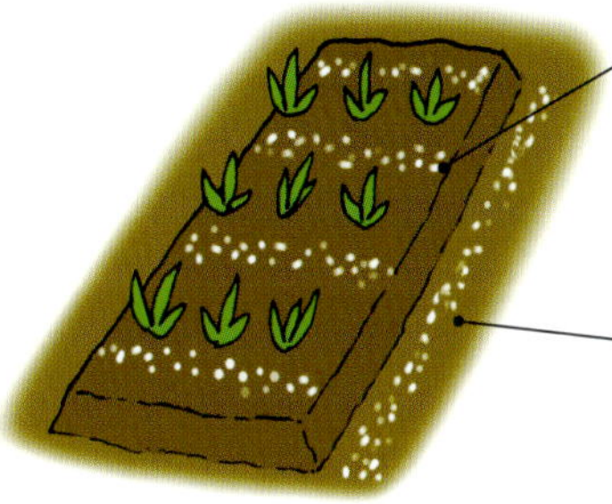

1㎡ あたりの追肥

畝全面の場合、1㎡ あたり一握り（20～30g）の範囲に株間や列の間に均一に施す。

畝の脇の場合、畝の範囲1㎡ あたりの肥料をその脇に掘った溝の中に均一に施す。

追肥　野菜の種類や栽培法によって施し方を変える

列の間に追肥

株元に触れないように、列の間に均一に施す。

畝の脇に追肥

❶ 畝に沿ってクワなどで溝を掘る。

❷ 畝の範囲 1㎡ あたりの肥料を溝の中に均一に施す。

マルチングの追肥

マルチの裾を畝の上までまくり上げ、畝に沿って溝を掘り均一に施す。

一株に追肥

株の周囲、葉の広がりの下に輪を描くように施す。

中《ちゅう》耕《こう》・土寄せ

生育途中の土のコンディションを整えるために、かたくなった土をほぐし、株元に土を寄せて野菜がしっかりと育つことをサポートします。

中耕・土寄せのポイント

追肥のあとに、一連の作業として行う

1 中耕の方法

雨が降ると、土がかたまって通気性が悪くなり、根に酸素が十分に供給されなくなります。そこで栽培の途中、かたくなった土をほぐす必要が出てきます。この作業を中耕といいます。中耕は、野菜の根を傷めないように、株元やその周囲の土の表面近くを浅くほぐすように耕します。

2 中耕の効果

①土の通気性がよくなり、根に酸素が供給されます。
②雑草が生えにくくなります。
③追肥として施した肥料の効果が出やすくなります

3 土寄せの目的と方法

中耕で耕した土を野菜の株元に寄せる作業が土寄せです。土寄せの大きな目的は、風や雨で株が倒れにくくすることです。それ以外に、ジャガイモやサトイモなどでは、イモが土の外に出てしまうことを防ぐ、株元を土で覆うことでネギやミツバの軟白化を図るなどの目的もあります。

畝の脇を中耕・土寄せ

畝の脇をクワで浅く耕しながら、株元に土を寄せ、さらに一つひとつの株元にも土を寄せる。

マルチングの土寄せ

トウモロコシでは、風で倒れるのを防ぐため、茎などを増やすために、株元に土を寄せる。

列の間を中耕・土寄せ

追肥後、株元や列の間の土を、指先でほぐすようにしながら肥料と土を混ぜて耕し、株元に土を寄せる。

一株を中耕・土寄せ

追肥後、円を描くようにしながら株元や株の周囲の土をほぐすように耕したあと、株元に土を寄せて軽く押さえる。

除草はこまめに行う

小さいうちから雑草を取り除く

雑草が繁茂すると土の中の肥料分が雑草に消費されてしまったり、背丈が伸びた雑草の日陰になって野菜の生育が阻害されたりします。また病気や害虫の被害が増える原因になったりもします。そこで中耕・土寄せのときや、それ以外のときでも、こまめに雑草取りをしましょう。

水やり・防暑・防寒・防風

雨のない日が続いたら水やりが必要です。野菜によっては暑さ、寒さや強い風から守る必要もあります。

水やりのポイント

種まき後はたっぷり、生育中は控えめに

1 水やりが必要なとき

①種まき後

種は乾燥した状態では発芽しません。種まきから発芽までは、土が乾くことのないようにたっぷりと水やりをします。

②植えつけ後

植えつけのときは水やりが欠かせませんが、自力で土の中の水分を吸収できるようになれば、露地栽培ではほとんど水やりの必要はありません。ただし、一週間以上も雨が降らないときや、梅雨明け後の高温で乾燥した時期などでは水やりが必要になります。

③必要以上の水やりは根腐《ねぐさ》れや、根の発育を妨げる原因になるため避けます。

2 水やりのコツ

①夏と冬の水やり

夏であれば早朝か、高くなった地温を下げるために午後に行い、日中の暑い時間帯は避けます。冬は地温が上がり始めた午前中にします。

②水やりの回数

水やりは、何回にもわけて行わず、できるだけ回数を少なく、たっぷりと与えるのがコツです。土の表面から 5 ～ 10cm ほどの深さまで水がしみ込むことが大切で、土の表面が濡れた程度では根まで水が届かず、水やりの意味がありません。

種まき後

種は十分水が与えられないと発芽しない。水圧で種を流さないように、ジョウロのハス口を土に近づけるようにしてやさしく、たっぷりと水やりをする。

植えつけ後

株元にたっぷりと水が行き渡るよう、ひと株ずつていねいに水やりをする。ただし、必要以上の水やりは根が伸び出て活動を始める妨げとなるので注意が必要。

防暑・防寒・防風のポイント

さまざまな資材を利用して野菜を守る

1 防暑・防寒・防風の必要性

冬の寒さや冷たい風、霜などによって野菜は葉が傷んだり、土が乾燥したり株が倒れたりします。また、夏には地温が上昇しすぎたり土がひどく乾燥して、野菜の生育が衰えたりします。そこで、野菜が順調に生育するために、暑さや寒さ、強い風などから守る必要があるのです。

2 防暑・防寒・防風の方法

畝《うね》にマルチングをしたり、寒冷紗《かんれいしゃ》やポリエチレンフィルム、不織布《ふしょくふ》で覆うことで、寒さや暑さから野菜を守ることができます。また、笹竹などを畝のわきに立てたり目の細かいネットを張ることで、冬の冷たい北風を防ぐことができます。

防暑

寒冷紗、不織布をベタ掛けすることで、夏の暑い日ざしを和らげ、暑さ除けとなります。寒冷紗であれば風通しもよく、また防虫にもなります。

防寒

寒冷紗のトンネルは、冬には防寒や霜よけの役目を果たします。ポリエチレンフィルムのトンネルでは、日中に裾を上げて換気が必要です。

防風

畝を囲うように、あるいは畝の北側に目の細かいネットを張れば、冷たい北風を和らげることができる。

病虫害対策

「家庭菜園くらい無農薬で育てたい」、だれでも考えることではないでしょうか。現実的には無農薬で野菜を育てることは難しく、病気や害虫の被害は少なくないものです。しかし、栽培方法やちょっとした工夫で、病虫害の被害を少なくすることができ、農薬使用の回数や量をかなり減らすことできます

病虫害対策のポイント

なにより予防を心がけ、畑のようすをこまめにチェック

1 健全な苗

病虫害対策の第一は、よい苗を植えつけるということです。野菜には、病気や害虫の被害を受けにくい野菜と被害を受けやすい野菜があります。野菜によって病虫害の種類も被害の程度も異なるので、病虫害の少ない野菜を選ぶことも選択肢のひとつです。同じ野菜でも、病気に強い性質を持たせた品種があります。また、接ぎ木苗は土壌感染する病気に強い性質を持っています。

2 土の管理

①マルチングをする

植物の病気は、土の中の細菌や糸状菌《しじょうきん》(カビの仲間)が原因で起きるものがたくさんあります。わらやポリマルチをしいて降雨や水やりによる泥のはね返りを押さえることは、土壌感染する病気の発生を予防できます。

②土の環境を整える

栽培場所には石灰を施すとともに、堆肥《たいひ》を施し、植物の根にとって快適な環境をつくることも大切です。ただし、完熟してない堆肥では根を傷めたり、タネバエやコガネムシの発生源となってしまうので注意しましょう。

3 被害にあった葉、株を取り除く

どんなに予防をしても、病虫害の被害を防ぎきれないこともあります。野菜では、病気によって傷んだ部分や害虫に食い荒らされた部分は元には戻りません。とくに病気の場合は被害を受けた部位や株が、他への伝染源となることもあります。病気により被害を受けた株や部位は、取り除いて、他の株へ病気が広がることを防がなくてはいけません。

4 寒冷紗や銀マルチ

畝《うね》全体を寒冷紗《かんれいしゃ》のトンネルで覆ってしまえば害虫の被害をかなり減らすことができます。また、アブラムシはキラキラと光るものを嫌うため、銀色のマルチで畝を覆えば、アブラムシの被害を減らすことができます。アブラムシを防除できれば、アブラムシが媒介するウイルス病も防ぐことができます。

主な病気の被害と防除法

病名	被害・症状	防除法
うどんこ病	葉や茎の表面に白い小麦粉のようなカビが発生し、広がっていく。ほとんどの野菜で発生。	発生した葉を切り取り処分。多発している場合は株全体を抜き取り処分する。風通しをよくするなど予防に努める。
さび病	葉の表面に小さなやや盛り上がった斑点が発生する。病変部に触ると粉がつく。タマネギ、ネギ、ワケギ、シュンギクなどに多く見られる。	発病した株は抜き取って処分し伝染を予防する。発生の初期の場合は適用のある薬剤を散布する。
炭《たん》そ病	葉に緑が灰白色で縁が褐色の病斑が出て、のちに病斑の中心に黒い粒状の小点が現れ、葉が枯れたようになる。トマト、キュウリなどに見られる。	発病した枝葉を切り取る、あるいは株を抜き取り、処分し、被害が拡大することを防ぐ。
軟腐病《なんぷびょう》	地ぎわ部分などが水がしみたようになり、軟化・腐敗し、異臭を放つ。キャベツ、ハクサイ、ネギ、カブなどに見られる。	土壌中の細菌が傷などから侵入して発病。発病した株は抜き取って処分する。葉や茎に傷をつけないように注意して感染を予防する。
根こぶ病	大小さまざまなコブが根に発生し、その株は衰弱し、ひどい場合は枯れる。アブラナ科の野菜に多い。	土壌中の糸状菌が原因で発病する。発病した株は抜き取って処分する。
灰色かび病	湿ったような褐色の斑点が出て、それが拡大し、灰色や灰褐色のカビが発生する。エダマメ、インゲンマメ、イチゴなどに見られる。	糸状菌が原因の病気で、地上部のすべての場所に発病する。発病した部分は切り取って処分。風通しが悪いと発生するので風通しよく管理する。
べと病	葉に黄色い斑点が発生し、その裏の部分にカビが生える。キュウリ、アブラナ科などの葉もの野菜に見られる。	低温多湿時に発生しやすい。密植、多肥で多発するので、間引きで風通しをはかり、適切な肥培管理を心がけ、発病を予防する。
モザイク病	葉にモザイク模様や斑入りの病斑が発生したり、葉がよじれたり縮れたりする。ほとんどの野菜に発生。	ウイルスの感染が原因。発病した株は抜き取り処分。他への伝染を防ぐため、発病株に使ったハサミなどは消毒する。アブラムシが媒介するので害虫の防除を心がける。

主な病気

うどんこ病
葉の表面に小麦粉のような白いカビが現れ、やがて葉全体、茎にも広がる。夏の高温乾燥期などやや乾燥した条件で発生が多くなる。

さび病
葉の表面にやや盛り上がった小さな斑点《はんてん》が現れて、触ると粉がつく。種類により白さび病、褐さび病などがある。

モザイク病
葉に斑《ふ》が入ったようにモザイク状の模様が生じたり、株全体が萎縮したりする。ウイルスの感染が原因。

炭そ病
葉の中心に黒い粒状の小さな点を含んだ病斑が現れ、葉が枯れた状態になる。糸状菌の一種の感染による。

べと病
葉に黄色の病斑《びょうはん》が現れ、その裏にカビが生える。糸状菌による病気で、低温で多湿な条件で発生しやすい。

主な害虫

ヨトウムシ
ヨトウガの幼虫で、土の中に住み、夜になるとはい出てきて葉を食害《しょくがい》し甚大な被害をもたらす。

キアゲハ
キアゲハの幼虫で大型のイモムシ。ニンジンなどセリ科の野菜について葉を食害する。

ウリハムシ
成虫が葉を輪状に食害する。幼虫は白いウジ虫状で、土の中で根を食害する。

スズメガ
多くの種類がいて、そのなかのいくつかの種類が野菜を食害する。写真はサトイモを食害するセスジスズメ。

アオムシ
緑色のイモムシで、モンシロチョウなどの幼虫がアブラナ科の野菜の葉を食害する。

主な害虫の被害と防除法

害虫名	被害	防除法
アオムシ	モンシロチョウ、スジグロチョウの幼虫で、緑色をした小型のイモムシが葉を食害する。春と秋に多発する。アブラナ科の野菜によくつく。	モンシロチョウやスジグロチョウを見つけたら、卵や幼虫がついていないか調べ、見つけたら捕まえて処分する。
アブラムシ	新芽や葉裏などについて吸汁《きゅうじゅう》する。新芽が寄生されると萎縮したり、葉が縮れたりする。多発すると株全体が衰弱する。ウイルス病を媒介する。ほとんどの野菜に発生。	発生したら下に紙などをしき、筆などで払い落とす。多発した場合は適用のある薬剤で適切に防除する。銀色マルチなどで成虫の飛来を防ぐ。
ウリハムシ	体長7mm程度の黄色い甲虫。葉の表面を浅く円弧を描くように食害する。食害された部位は半透明のすかし状になり、やがて褐色になり抜け落ちる。キュウリなどにつく。	成虫を見つけて捕まえて処分する。ポリエチレン製のキャップや寒冷紗のトンネルで飛来を防ぐ。銀色のマルチをすると成虫の飛来を防ぐことができる。
カメムシ	茎や葉、果実について吸汁する。マメ類ではさやが被害を受け、実の充実が悪くなる。トマトやナスなどでは若い茎の先端が吸汁されて、短くなったり曲がったりする。ほかにピーマン、シシトウなどにつく。	見つけ次第捕まえて処分する。処分しても飛来してくるので完全に防ぐことはむずかしい。
キアゲハの幼虫	きれいな大型のイモムシ。パセリやニンジン、アシタバなど、セリ科の野菜につき、葉を食害する。	キアゲハが飛んでいたら、卵や幼虫がついていないか調べ、見つけたら捕まえて処分する。
スズメガの幼虫	尾部に角状の突起があるのが特徴。集団になることは少ないが、食欲がおう盛で、葉が食べ尽くされることもある。サツマイモ、ヤマイモ、サトイモなどにつく。	見つけ次第捕まえて処分する。成虫（スズメガ）が飛んでいるのを見つけたら、葉裏を確認して卵がないか探し、あったらその葉を取り除く。
ネキリムシ	ヤガの仲間の幼虫。日中は土の中にいて、夜に活動して葉や茎をかじり、成長した幼虫は株の地ぎわを噛み切り、苗などは横倒しになる。ホウレンソウ、シュンギク、トウモロコシ、ナス、トマト、キュウリ、ニンジンなどに発生。	土の比較的浅い部分にかくれているので、被害を受けた株の周囲を掘って見つけ出し、処分する。紙筒やペットボトルを切ったものなどで苗を覆うと被害を減らすことができる。
ヨトウムシ	ヨトウガの幼虫。成虫が夜、葉裏に卵を産み、ふ化後の幼虫が群れで葉を食害し、葉は白く透けたようになる。成長した幼虫は単独で土の中に潜み、夜に活動して葉を食害する。ほとんどの野菜が被害を受ける。	食害跡が目立つため、被害が見つかったら葉ごと摘み取って処分する。被害を受けた葉の周囲もよく探すことが大切。葉裏に卵を見つけたらその葉を摘み取って処分する。

農薬の使い方・使わない方法

農薬を使用する際は必ず注意事項を守り、安全に作業をしましょう。また、農薬の使用を押さえるために、コンパニオンプランツなどを活用しましょう。

農薬の使い方

規定の分量・使用法を守り、ポイントを押さえる

1 服装

粉末あるいは液状の農薬を散布する場合は、散布時に飛散するので、露出部分が可能な限りない服装をする必要があります。また、マスクとゴム製の手袋、ゴーグルなども着用しましょう。

2 風のないときに散布する

農薬の散布は、できるだけ風のない日に行いましょう。もし、少しでも風がある場合は、散布した薬剤を浴びないように、必ず風に背を向けるように後ろ向きに下がりながら散布します。

3 表だけでなく葉裏にもかける

農薬を散布するときは、上からだけでなく、葉裏にもしっかりと薬剤がかかるように下からも散布します。ただし下から上に散布する場合は薬剤が飛散しやすいので、直接薬剤を浴びることのないように注意しましょう。

4 規定の分量、使用法を守る

農薬は、対象作物名、適用となる病虫害、使用濃度、使用量、使用時期、使用回数、使用方法などが細かく決められていて、それらは説明書に明記されています。それらを守って正しく使用しましょう。個人が家庭菜園で使用する場合でも、薬品に登録されていない条件で使用した場合は、その使用者が責任を課せられ、罰則の対象となります。

農薬を使う際のポイント

農薬を使用するときは、肌が露出しない服装をし、マスク、ゴーグル、ゴム製の手袋をつける。風がある場合は風に背を向けて散布する。

しきわら

降雨や水やりのとき、泥のはね返りによる病気の発生を防ぐことができる。

コンパニオンプランツ

トマトと植えられたマリーゴールド。マリーゴールドはトマトやジャガイモ、ニンジンなどがネコブセンチュウの被害を受けることを減らす。

トンネル

寒冷紗のトンネル。寒冷紗のトンネルで畝を覆えば、飛来する害虫からの被害を減らすことができる。

銀ライン入りマルチ

キラキラ光る銀ライン入りのマルチはアブラムシなどの飛来を減らすことができる。

農薬をできるだけ使わない方法

農薬のみに頼らず、できるだけ病害虫を防ぐ

1 しきわらで泥のはね返りを防ぐ

土壌中には多くの細菌や糸状菌《しじょうきん》（カビ）があり、降雨や水やりのさいの泥のはね返りで野菜に病気が発生することがあります。それを防ぐために、株元にしきわらやポリマルチをしくと、病気を減らすことができます。

2 コンパニオンプランツの利用

コンパニオンプランツとは、二種、あるいはいくつかの植物を一緒に育てることで、害虫を駆除あるいは忌《き》避《ひ》したり、雑草の繁茂を防ぎ、その結果、害虫を減らすなど、互いに助け合いながら生育していくものをいいます。

3 寒冷紗のトンネル

寒冷紗《かんれいしゃ》のトンネルで畝《うね》を覆えば、飛来する害虫からの被害を減らすことができます。

4 光や色で害虫を防ぐ

昆虫にはキラキラ光る反射光を嫌うものが多くいます。アブラムシもその性質があり、銀色のマルチなどで作物の周囲を覆うことで、飛来を減らすことができます。

5 耐病性の品種を育てる

品種改良によって特定の病気にかかりにくい性質を持った品種がつくり出されている野菜もあります。この品種を育てることで、本来なら多発する病気であっても、その発生を抑えることができます。

道具・資材

野菜づくりでは、効率的に作業ができるように、いろいろな道具があります。ほとんどはホームセンターや園芸店などで購入することができます。まずは、ここで紹介する必要最低限の道具類をそろえましょう。

スコップ

穴を掘ったり、土を掘り起こして耕すことに使います。スコップのさじ状になった部分の長さはふつう30cmで、穴の深さなどを測る目安にできます。

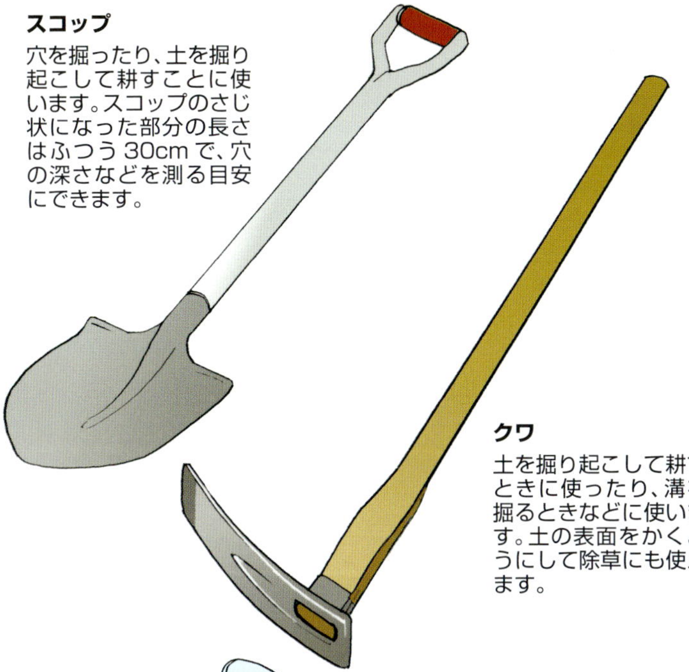

クワ

土を掘り起こして耕すときに使ったり、溝を掘るときなどに使います。土の表面をかくようにして除草にも使えます。

包丁・ハサミ

ハサミは間引きや摘心《てきしん》、整枝、収穫などで使います。細かな作業には先の細いものが適しています。包丁は、地ぎわで株ごと収穫する場合などに使います。

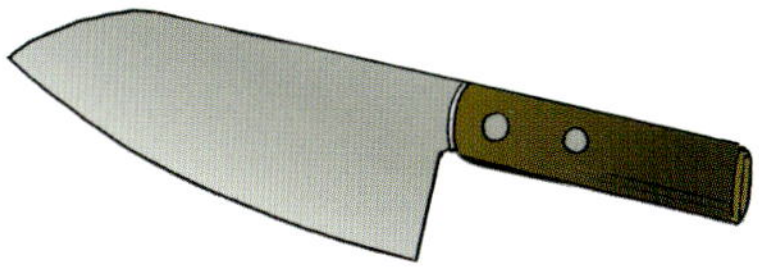

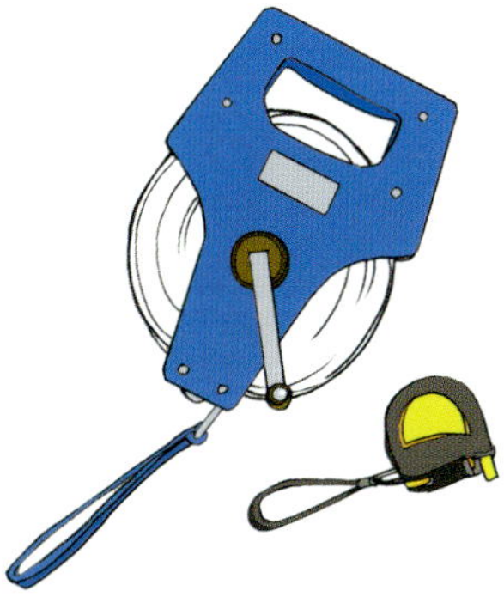

メジャー

畝《うね》の長さや幅。植えつけ間隔などを測るときに使います。

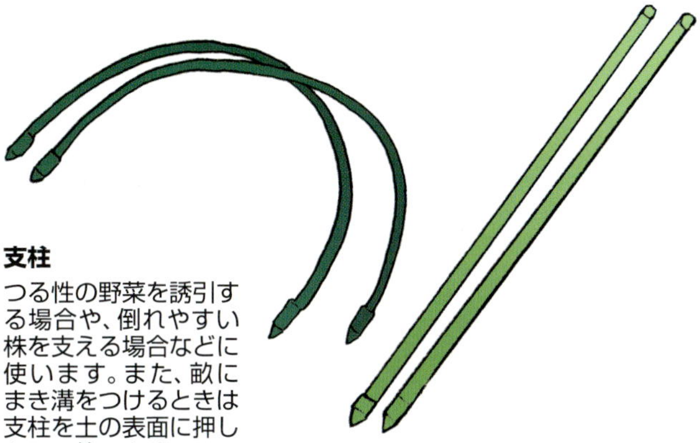

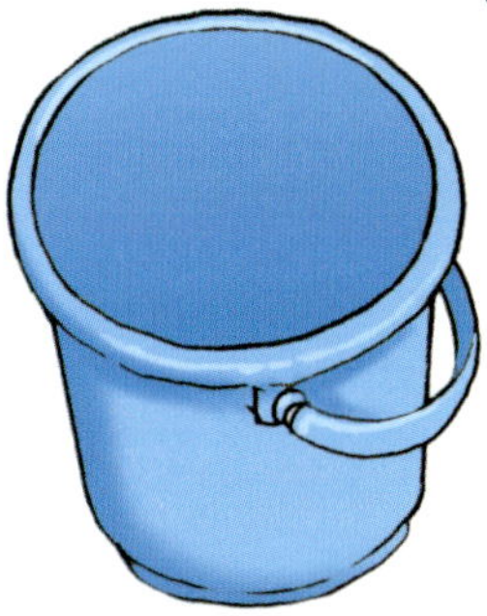

ジョウロ

水やりに使います。重たくはなりますが、水やりには容量が大きいものが便利です。広い範囲に水をまく場合はハス口を上向きに、1カ所に集中してまく場合はハス口を下向き、あるいはハス口をはずして使います。

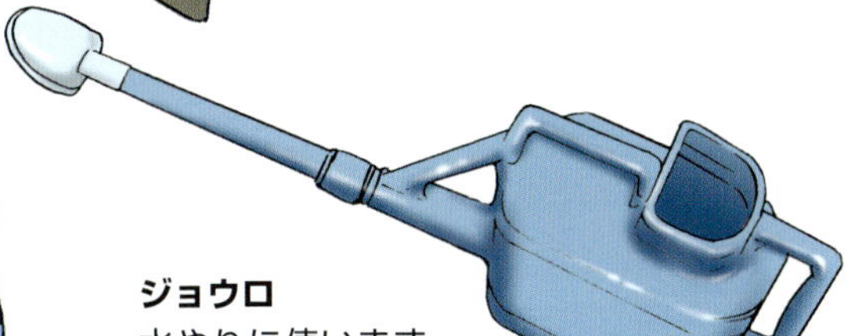

支柱

つる性の野菜を誘引する場合や、倒れやすい株を支える場合などに使います。また、畝にまき溝をつけるときは支柱を土の表面に押しあてて使います。

バケツ

水を運ぶときや、肥料を運ぶときに使います。用途を決めて、いくつか用意しておくとよいでしょう。

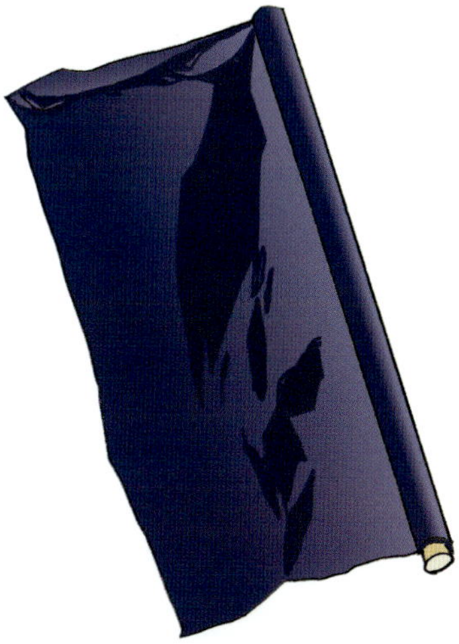

ポット

育苗に温度管理が必要な場合や種まき直後の鳥害《ちょうがい》が心配な場合に使います。育苗には、ポリエチレン製の3～3.5号(直径9～10.5)が多く使われます。

セルトレイ

育苗が必要な場合の種まきに使います。一度にたくさんの種をまくときに便利です。容量が小さいため短い期間で根鉢が形成されるため、ポットよりも小さな苗で植えつけることができます。そのため植えつけが遅れると根が老化しやすくなります。セルの大きさはいくつかのサイズがあります。

ひも

支柱を縛ったり、支柱につる植物を誘引する場合、支柱に茎を固定する場合などに使います。また、まっすぐに溝を掘りたい場合や、畝をつくるときに直線を出す場合に、目安として張って使います。使用後、土に埋めれば分解するような、シュロ縄や麻ひもがよいでしょう。

マルチング材(ポリマルチ)

畑の地温を上げる場合や雑草防止に使います。穴あき、透明、黒色、銀色など用途によって使い分けます。

野菜づくり用語辞典

あ

赤玉土 あかだまつち 乾燥した赤玉土をふるいにかけて、小粒～大粒といった粒の大きさによってわけた用土。排水性や保水性、通気性がよく、用土を配合するときの基本用土として用いられる。
秋まき あきまき 夏の終わりから秋にかけて種をまくこと。冬から春にかけて収穫する。この栽培法を秋まき栽培という。
油かす あぶらかす 菜種やダイズなどから油を搾り取ったかす。窒素分が多く、おもに葉や茎を育てる。
育苗 いくびょう 種をまいたり挿し木などをして、植えつけができるようになるまで管理して育てること。
移植 いしょく 苗床などで育苗した苗を、ある程度の大きさになったところで、畑やほかの場所に植え替えること。
一代交配品種 いちだいこうはいしゅ 遺伝的に異なる個体同士を交雑させることによって生まれた、第一代目の雑種となる品種のこと。F1 品種ともいい、生育がおう盛で丈夫、育てやすいなどの特徴を持つ。
一番花 いちばんか 一つの株で、一番最初に咲く花のこと。トマトなどのように房状にいくつかの花が集まってつくものでは、第一花房という。
一番果 いちばんか 一つの株で、一番最初に実る果実のこと。ピーマンやナスなどでは、一番果を小さなうちに取ってしまうことで株を充実させ、その後の実のつきをよくする。
1本仕立て いっぽんじたて → 1本立ち
1本立ち いっぽんだち 隣接して育つ苗や株を間引いて、よい株だけを1本残すこと。

ナスの一番果の収穫。

忌地 いやち 同じ場所で同じ作物あるいは近縁の作物を育てたときに、うまく育たなかったり、収量が減ってしまう現象。忌地現象ともいう。
ウイルス病 ういるすびょう ウイルスに感染することで発生する病気の総称。さまざまなウイルス病があり、ほぼすべての植物にウイルス病がある。代表的な症状に、葉に不規則な濃淡が現れるモザイク、萎縮や矮化などがある。ウイルスは種子を介しても感染するものもある。
植えつけ うえつけ 苗や種イモなどを、畑あるいはコンテナなどに植えること。定植ともいう。
植えつけ適温 うえつけてきおん その作物を植えつけるのに適してる温度（気温）。
畝 うね 野菜を育てるために、耕した土を 10 ～ 20cm ほどの高さに盛り上げたもの。
畝立て うねたて 畝をつくる作業。
液体肥料 えきたいひりょう 固形ではなく、液体状の肥料。一般に速効性があり、短期間で収穫する野菜などには効果的。ふつう水で希釈して使う。
液肥 えきひ →液体肥料
晩生 おくて ひとつの品種の中で、収穫までの期間が比較的長いものをいう。
雄しべ おしべ 被子植物の繁殖器官のひとつで、ふつう花糸とよばれる糸状のものの先に葯と呼ばれる花粉の入った袋状の器官がある。雄しべから出た花粉が雌しべの先に付着して、受粉が行われる。
雄穂 おすほ イネ科の植物に見られる、茎の先端にあって穂状になっている部分。花粉を出す。おすほ、ゆうし、ゆうすい。
遅霜 おそじも 春になってから降りる霜。春に育てる野菜に大きな被害をもたらすことがある。
親づる おやづる つる性の作物で、植物体の主体となる茎の部分。

トウモロコシの雄穂。

お礼肥 おれいごえ 収穫後、なんらかの手をかけることで再び収穫できる作物で、再収穫のため収穫後に施す肥料をいう。

か

花芽 かが 生長して、花や花序になる芽のこと。葉になる芽を葉芽という。
化学肥料 かがくひりょう 化学工業的につくられた肥料のこと。含まれる肥料成分によって、単肥と化成肥料に分類される。
花茎 かけい タマネギやダイコンなどで見られる、葉をつけないで、その先に花だけをつける茎。
花梗 かこう 花の基部から茎や葉のわきまでの花を支える柄の部分。花柄ともいう。
果梗 かこう 茎や葉のわきから果実までの柄の部分。花がついているうちは花梗と呼び、実がついてからを果梗という。
果菜 かさい 果実や子実、若いさやなどを食用として利用する野菜のこと。トマト、ナス、キュウリ、ピーマン、エダマメなど。
化成肥料 かせいひりょう 化学肥料のうち、肥料の三要素である窒素、リン酸、カリのうち、少なくとも二つ以上が含まれているものをいう。三要素のうち一つだけのものを単肥という。
花柱 かちゅう 雌しべの柱頭と子房とを結ぶ部分。
活着 かっちゃく 接ぎ木や挿し木をした植物、あるいは畑に植えつけた作物がしっかりと根づいて生長を始めること。
株間 かぶま 野菜を栽培するときの、株と株との間隔。作物によって栽培に適した株間がある。
株元 かぶもと 作物の地上部の地面に接している部分から少し上部までの部分。
株分け かぶわけ 多年生の植物の繁殖法のひとつで、土の中で生長して分かれ出た茎を、芽や根をそれぞれの茎につけて分け、株数を増やすこと。
花柄 かへい →花梗
果柄 かへい →果梗
花房 かぼう 1カ所からいくつもの花梗を伸ばして花をつけ、全体として房状になったもの。結実すると果房と呼ばれる。
花蕾 からい 花のつぼみのこと。ブロッコリーやカリフラワーの食用部分はこの花蕾で、花蕾球ともいう。
カリ かり 肥料の三要素のひとつ、カリウムのこと。
仮植え かりうえ 苗などを畑など栽培場所に植えつける前に、一時的に苗を植えつけておくこと。
カリウム かりうむ 肥料の三要素のひとつで、おもに根の発育を促進し、根肥ともよばれる。
カロテン かろてん 天然の色素であるカロチノイドのなかで、炭素と水素だけでつくられているものをいい、野菜や果物のなかに多く含まれる。人の体内に取り込まれるとビタミンAとなる。
緩効性肥料 かんこうせいひりょう 長期間にわたったじっくりと効果を持続させるタイプの肥料。
寒肥 かんごえ 冬の間の寒さに耐えられるように施す肥料。
完熟堆肥 かんじゅくたいひ 原料となる有機物が、腐熟によって分解され、ほぼ無機質の状態にまでなったもの。材料のもとの形や臭いはなくなる。腐熟が十分でない堆肥は、野菜の根に傷害を与えることがあり、肥料としては完熟堆肥を用いる。
灌水 かんすい 水やりのこと。
寒冷紗 かんれいしゃ 合成繊維などをメッシュ状に編んだ園芸資材。防寒、防虫、防風、遮光などを目的に利用される。
奇形果 きけいか 果実が、本来その品種として持っている形でない場合をいう。
休眠 きゅうみん 種や芽、苗、球根などが、生育に適さない気候（環境）の時期を越すために、生長や活動を一時的に止めること。

寒冷紗のトンネル。

切り戻し きりもどし 伸びすぎた枝や茎などを、途中まで切り詰めること。丈を詰めるだけでなく、側枝の発生を促す目的もある。
苦土 くど マグネシウムのこと。光合成にかかわる要素で、不足すると葉色が黄色っぽくなるなどの症状が出る。
苦土石灰 くどせっかい マグネシウム（苦土）を含んだ石灰資材。土壌の酸度調整に使われる。
クラウン くらうん イチゴなどに見られる、地ぎわにある肥大した短縮茎とその下の根茎をあわせた部分の名称。
くん炭 くんたん もみ殻を蒸し焼きにして炭化させたもの。アルカリ性で、通気性、排水性がよく、酸性土の中和剤、土壌改良材などとして利用される。
茎菜 けいさい アスパラガスやタケノコなどのように、茎の部分を収穫して利用する野菜。
鶏ふん けいふん 鶏のふんを発酵、乾燥させた、有機肥料のひとつ。有機肥料のなかではリン酸分が多く含まれる。
結球 けっきゅう キャベツやハクサイなどの葉が、巻いて重なり合うようになり、かたく球状になること。

結実 けつじつ 受粉後、受精して実をつけること。結果ともいう。

耕うん機 こううんき 畑の土を耕すための農業機械。家庭菜園でも利用できるような小型のものもある。

小型の耕うん機。

耕起 こうき 畑の土を耕すこと。除草とともに、畑の土をやわらかくする働きがあり、種まき、植えつけが容易になる。土の保水性や排水性、通気性を高める役割もある。

光合成 こうごうせい 植物が、光エネルギーを利用して、水と二酸化炭素からデンプンなどの有機物を合成し、酸素を放出する反応をいう。

交雑 こうざつ 遺伝子の型が異なる系統、異なる品種、異なる種、異なる属の間で行われる交配。品種改良のために行う。

更新剪定 こうしんせんてい 生育の勢いがやや衰えてきた株の若返りを図る目的で、古い枝などを切り落としたり、枝を切り詰めたりすること。ナスなどで行うと質のよい果実となる。

耕土 こうど 野菜などが根を張る土の大部分を占め、耕うんや施肥の対象となる土の部分。30 cm 以上の深さが望ましい。耕土の下の硬い層を耕盤、それより下の層を心土という。

交配 こうはい 次の世代を得るために、生物の2個体間で受粉や受精をおこなうこと。

子づる こづる 親づるの葉のわきから発生して伸びたつる。

根菜 こんさい 肥大した地下部分を収穫・利用する野菜。ダイコン、ニンジンといった直根類、ジャガイモ、サツマイモなどのイモ類がある。

混作 こんさく 同一の畑に、二種類以上の野菜を同時に栽培すること。

コンテナ こんてな 野菜や草花などを育てるため使われる容器。

コンパニオンプランツ こんぱにおんぷらんつ メインに育てている植物の近くに植えることで、病気を予防する、害虫を寄せつけないなど、メインの植物の生育によい影響を及ぼすような植物。トマトのそばに植えることで害虫よけとなるハーブ類やマリーゴールドなどがその例。

トマトと植えられたマリーゴールド。

さ

作付け さくつけ 畑に野菜の種をまいたり、苗を植えつけたりすること。

三大栄養素 さんだいえいようそ 植物が生長していくのに必要な窒素、リン酸、カリの3種類の肥料成分。

酸土調整 さんどちょうせい 酸性に傾いた土壌のｐＨを、石灰などで調整すること。

直まき じかまき 畑やコンテナなど、その作物を育てる場所に直接種をまくこと。ニンジンなど移植によって根を傷めるとその後の生育に影響を及ぼすような作物で行われる。

地ぎわ じぎわ 植物の地上部の、地面と接すると部分。

しきわら しきわら 株元や株の周囲、畝全体などにわらをしき詰めること。地温を保ったり、土の乾燥、降雨のときに土のはね返りを防ぐ目的がある。わらの代わりに枯れ草、ピートモスが使われることもある。

下葉 したば 株の下のほうにある葉。下葉を観察することで、株の生育の良否を判断することがある。

支柱 しちゅう 苗が風で倒れたりしないように、またはつるを伸ばして生育する野菜を絡ませて育てる場合に立てられる。

子房 しぼう 雌しべの一部の器官で、受精すると中に種子をつくって果実となるところ。

霜よけ しもよけ 霜の被害を防ぐために、野菜の株元にわらをしき詰めたり、寒冷紗で覆ったりすること。

遮光 しゃこう 強い日ざしに弱い野菜を、日光から守るために光をさえぎること。日よけ。

雌雄異花 しゆういか 花が雌花と雄花に分かれていて、それぞれの花が一つの株に咲くこと。ウリ科の野菜に多く見られる。

雌雄異株 しゆういしゅ 雄花だけがつく株と、雌花だけがつく株に分かれている植物。ホウレンソウやアスパラガスなど。

雌雄同花 しゆうどうか 一つの花に、雌しべと雄しべの両方がある花。

主枝 しゅし 株の中心となる枝。ふつう最も太く、その株の骨組みの中心となる。

受粉 じゅふん 雄しべの花粉が雌しべの先端につくこと。

子葉 しよう 発芽後すぐに開く葉。単子葉植物では1枚。双子葉植物では2枚開くため、双葉とも呼ばれる。

条間 じょうかん すじ状にまいた種やすじ状に植えつけた苗の、そのすじとすじとの間をいう。

条まき じょうまき →すじまき

小葉 しょうよう 複葉で、いくつもの部分に分かれている葉身の各部分をいう。

除草 じょそう 雑草を取り除く作業をいう。

人工授粉 じんこうじゅふん 自然状態では受粉しにくい場合や育種を目的とする場合など、人の手によって受粉させること。雄しべの花粉を直接、あるいは筆などで雌しべの柱頭に付着させる。

トウガンの子葉。

す入り すいり ダイコンやカブ、ニンジンなどの根菜類で、内部の細胞が壊れてすき間ができる現象。収穫が遅れたり、なんらかの原因で肥大が停滞したときなどに起きる。

すじまき すじまき 畝に一定間隔ですじをつけて、そのなかに種をまくこと。一般に小さな粒の種をこの方法でまく。

整枝 せいし 茂りすぎた枝葉をすき、株内の風通しをよくしたりする目的で、枝を切りそろえること。

生長点 せいちょうてん 茎や根の先端などにあり、細胞分裂がきわめて盛んな場所。

生理障害 せいりしょうがい 植物が、根の栄養吸収機能を阻害されたり、養分の欠乏や過剰によって発生する障害。

節 せつ 茎に葉がつく部分をいう。

節間 せつかん 節と節との間のこと。

施肥 せひ 肥料を施す作業。

セルトレイ せるとれい 小さなポットが規則正しく連続して並んでいる育苗用のトレイのこと。セル専用土が入れられたセルで苗を育てることを、セル成型育苗という。

剪定 せんてい 株の大きさを抑えたり、生育の具合を調整する目的などで、茎や枝を切り詰める作業。

早生 そうせい ある品種の中で、種まきから収穫までの期間が短い品種のこと。晩生に対する言葉。

草木灰 そうもくばい 草や木を燃やした後に残る灰。土壌酸度の調整、カリウム分の多い有機肥料として用いられる。アルカリ性が強いので注意が必要。

側芽 そくが →わき芽

側枝 そくし 葉のつけ根、葉と主茎との間から伸びる枝。

促成栽培 そくせいさいばい ハウスで加温して育てるなど、なんらかの方法で、自然のままで育てるよりも早い期間で収穫まで達する栽培方法。

速効性肥料 そっこうせいひりょう 施すと短時間でこの効果を現すタイプの肥料。液体肥料などがこれにあたる。

外葉 そとば レタスやキャベツ、ハクサイなどに見られる、新しく発生する葉を包み込むように外側にある葉。

た

耐寒性 たいかんせい 寒さに対する強さの程度。

台木 だいぎ 接ぎ木をするさいに、土台となる植物。

耐暑性 たいしょせい 暑さに対する強さの程度。

堆肥 たいひ 牛ふんや稲わら、生ゴミ、バークなどの有機物を腐熟させたもの。土壌改良に使われ、また肥料としての効果もある。

耐病性 たいびょうせい 病気に対する強さの程度、抵抗性。

高畝 たかうね 通常の畝の高さ（10 ～ 15cm）よりも高く、20 ～ 30cm ほどの高さに土を盛り上げてつくった畝。排水性の悪い土地などで排水性をよくする目的がある。

高畝に植えられたサツマイモ。

多年草 たねんそう 花が咲いて種子ができても枯れずに、何年も生育を繰り返す植物。

単肥 たんぴ 化学肥料のうち、肥料の三要素である窒素、リン酸、カリウムのうち、ただ 1 種類だけからなる肥料。

単粒構造 たんりゅうこうぞう 小さな土の粒子が一つひとつそのままの状態で集まっている土。

団粒構造 だんりゅうこうぞう 土の小さな粒子がいくつか凝集した団粒という構造が重なってできている土。団粒と団粒との間にすき間ができるため、排水性、保水性、通気性がよくなって、植物の生育に適した土となる。

窒素肥料 ちっそひりょう 肥料の三要素のひとつ。葉や茎、根の生育に大きくかかわり、葉色をよくする。

着果 ちゃっか 雌しべが受粉し、果実がつくこと。

着果ホルモン剤 ちゃっかほるもんざい 着果を促進する目的で使われるホルモン剤。トマトトーンなど。

中耕 ちゅうこう 栽培途中、土の表面がかたくなるため、通気性をよくする目的で土の表面を浅く耕す作業。

抽だい ちゅうだい 気温や日長などによって、花茎が伸び出すこと。とう立ち。

柱頭 ちゅうとう 被子植物で、雌しべの先にある花粉を受け取る器官。

鳥害 ちょうがい カラスなど野鳥による野菜の被害。葉や果実が食べられたり、種まき直後の種を食べられたりする。

長日性 ちょうじつせい 春になり日中の時間が長くなることで開花する性質。
直根 ちょっこん ニンジンやダイコン、ゴボウなど、株の真下にまっすぐに伸びる根をいう。
鎮圧 ちんあつ 種をまいて土をかぶせたあと、土の上から手や板、足などで押さえる作業。種と土を密着させ、土が乾くのを防ぐ役割があり、種子の発芽を促す。
追肥 ついひ 栽培の途中で、失われた肥料分を補う目的で施される肥料。
接ぎ木 つぎき 台木に穂木を継ぐこと。
接ぎ木苗 つぎきなえ 接ぎ木によってつくられた苗。種をまいて育てた苗よりも病気に強くなる。カボチャの台木に接がれたキュウリの苗など。
土寄せ つちよせ 野菜の株元に周囲の土を寄せること。一般に株を安定させたり、根の発育を促すなどの目的がある。ネギなど、土で覆うことで茎の一部を軟白化させる目的で行う土寄せもある。
つるぼけ つるぼけ 肥料、なかでも窒素分を多く施しすぎるなどして、つるが伸びて葉が茂るばかりで、いつまでも花がつかず、実がならない状態をいう。
定植 ていしょく 苗床やポットなどに種をまいて育てた苗を、最終的に栽培場所となる畑などに植え替えること。
摘果 てきか いくつもできた実の一部を小さいうちに取り除くこと。着果量を抑えることで、残した実の大きさや品質がよくなり、株への負担も少なくなる。
摘心 てきしん 株の大きさを抑えたり、わき芽を発生させるために、ある高さまで伸びた茎の茎先を摘み取ること。ピンチともいう。

キュウリの摘心。

天地返し てんちがえし 表面近くの土を、深い場所にある土と入れ替えること。
天敵 てんてき 植物に被害を与える昆虫を害虫といい、その害虫の外敵を天敵という。天敵は植物にとって有益な昆虫ということがいえる。
点まき てんまき 種をまく場所を等間隔で決め、その場所に数粒ずつ種をまいていく方法。
土壌病害 どうじょうびょうがい 土壌中の細菌や糸状菌(カビの仲間)などが原因で起きる植物の病気。
とう立ち とうだち 気温や日長などによって、花茎が伸び出すこと。抽だい。
土壌改良 どじょうかいりょう 畑などの土に、堆肥や腐葉土、石灰やパーライトなどを混ぜ込んでよく耕し、植物(作物)を育てるのに適した土にすること。
土性 どせい 土は大小さまざまな大きさの粒が集まったもので、その大きさの異なる粒の割合によって土の性質が決まり、その性質を土性という。
徒長 とちょう 茎や葉がヒョロヒョロと軟弱に伸びてしまうこと。徒長するとその後の生育が悪くなる。日照不足や窒素分が多いと徒長しやすくなる。
トンネル とんねる 種まきや植えつけ後、苗床や畑の畝にアーチ型の支柱を立て、ビニールフィルムや寒冷紗などをトンネル状にかけたもの。

な

苗床 なえどこ 定植に適した大きさになるまで、苗を育てる場所。種まき後、苗床で育てた苗は、適切な時期・大きさになったら畑などに植えつける。
軟白化 なんぱくか →軟白栽培
軟白栽培 なんぱくさいばい 土をかぶせるなどして光をさえぎり、本来緑色をした茎葉の一部あるいは全体を白くなるように栽培する方法。セロリやネギ、アスパラガス、ショウガなどで行われる。軟白化ともいう。
2本仕立て栽培 にほんしたてさいばい 早い時期に主枝を摘心してわき芽2本を伸ばし、そのわき芽を主枝のように育てる栽培法。茎葉が過剰に茂ることなく、着花、着果がよくなる。トマトなどで用いられる。
根腐れ ねぐされ 根が腐ってしまうこと。水のやり過ぎによる過湿で通気性が悪くなると、根が酸素不足になって起こす。
根鉢 ねばち ポットなどで苗を育てたとき、根が十分に張って土を抱えるようにしてポットの形に固まった状態のもの。ふつう、植えつけのときにはこの根鉢を崩さずそのまま植える。

は

胚軸 はいじく 植物の根より上で子葉より下の部分。
培養土 ばいようど 植物の栽培に使う土。育苗やコンテナ栽培で主に使う。基本となる土に性質を調整する土や堆肥、肥料などが混ぜてある。
ハス口 はすくち 勢いよく水が出ないように、ジョウロの先につける器具。
鉢上げ はちあげ 苗床の苗を鉢に植え替えること。
発芽 はつが 種や種イモが芽を出すこと。
初霜 はつしも 季節が冬になってはじめて降りる霜。栽培の目安のひとつとなる。地域によって異なり、東京では 12 月初旬〜中旬。
花芽 はなめ 生長して花になる芽。花芽が形成されることを花芽分化という。
ばらまき ばらまき 種まきの方法のひとつ。畝や苗床、プランターなどの土の全面に、種をできるだけ均一にバラバラとまく方法。

ばらまきされたミツバの種。

春まき はるまき 春に種をまき、夏前に収穫する栽培法のひとつ。収穫時期とはかかわらず、単に春に種をまくこともいう。
晩生種 ばんせいしゅ ふつうの時期より遅れて成熟する品種。→晩生
半日陰 はんひかげ 木漏れ日程度の日光があたる場所。または 1 日のうち 3 〜 4 時間程度日があたる場所。
表土 ひょうど 畑や苗床などの土の表面の部分。
肥料切れ ひりょうぎれ 降雨や水やりなどで肥料分が流されたり、植物の吸収によって肥料分が少なくなった状態。
肥料焼け ひりょうやけ 濃度の高い肥料が直接根に触れるなどして、根が傷んで障害が生じること。肥焼けともいう。
品種改良 ひんしゅかいりょう 交雑や突然変異などを利用し、従来の種類や品種が持つ形質や形態を、よりすぐれたものにしていくこと。
覆土 ふくど 種まき後、種に土をかぶせること。またその土をいう。
複葉 ふくよう 1 本の葉柄に、複数の小葉がついてひとつの葉を形づくっているもの。
不定根 ふていこん 茎や葉など、根以外の場所から発生する根。
腐葉土 ふようど 落ち葉を集め、発酵腐熟したもの。土壌改良に用いられる。
不良果 ふりょうか 形や大きさなどが、通常のものより劣る果実。
分球 ぶんきゅう 球根植物で、球根が生長して分かれ、数が増えること。
分けつ ぶんけつ イネ科植物で、茎の根に近い節から枝分かれすること、あるいはその分かれた枝。
分枝 ぶんし わき芽が伸びて、枝になること。
pH ぺーはー 酸性土を示す単位で、7.0 を中性とし、それより小さくなると酸性が、大きくなるとアルカリ性が強いことを表す。
ベタ掛け べたがけ 種をまいたあとや苗を植えつけたあと、支柱などを立てずに直接畝全体に寒冷紗などをかけること。防寒や防暑、防風、害虫防除に効果がある。
ペレットシード ぺれっとしーど 粒の小さな種などに、被覆処理をして大きくし、種まきがしやすいようにしたもの。コーティング種子、ペレット種子ともいわれる。
苞 ほう 花芽や葉芽を覆うようにつく葉。苞葉ともいう。
ボカシ肥 ぼかしごえ 有機質肥料と土とを混ぜ、嫌気性微生物によって発酵させた肥料。肥料濃度が高く、よい肥料となる。
穂木 ほぎ 接ぎ木を行うさいに、台木に継がれる部分。
ホットキャップ栽培 ほっときゃっぷさいばい 苗を植えつけた後などに、透明なポリエチレン製のドーム状の資材などで苗を覆い、保温、防風、防虫などをはかりながら育てること。

ホットキャップ。

ポットまき ぽっとまき 直まきせず、ポリポットに種をまいて育苗すること。
保肥力 ほひりょく 土の性質のひとつで、肥料分を保持しておく能力。団粒構造になった土は保肥力が高く、「肥料持ちがよい」といわれる。
ポリポット ぽりぽっと ポリエチレンでつくられた、育苗用のポット。さまざまな大きさのものがある。
ポリマルチ ぽりまるち ポリエチレンフィルムを使ったマルチングのこと。
本葉 ほんば 子葉が展開し終わってから発生する葉。

ま

孫づる まごづる つる性の植物で、親づるから子づるが発生し、その子づるから発生するつるを孫づるという。親づるより子づる、孫づるのほうが実がつきやすい。
また根 またね 根菜類で、本来 1 本でまっすぐに伸びるはずの根が、曲がったり、二股、あるいはいくつかに分かれて伸びてしまうこと。土がよく耕されてなくて土のかたまりがあったり、石が混ざっていたりすると生じる。
間引き まびき 苗床や直まきの畑で、密生している部分の苗を適度に取り除いて株間を確保したり、生育の悪いものを取り除く作業。
マルチ栽培 まるちさいばい マルチングをして栽培すること。
マルチング まるちんぐ わらやもみ殻、ポリエチレンフィルムなどで、株元や畝全体を覆うこと。地温調節、乾燥防止、雑草防止、降雨時の泥のはね返りによる病害虫を防止するなどの目的がある。
水切れ みずぎれ 水が不足したり、なくなったりしている状態。
ムカゴ むかご 肉芽のこと。葉のつけ根に発生するわき芽の一種で、落ちて次の世代の個体を発生させる。ヤマイモなどで見られる。
芽かき めかき 芽が小さなうちに、数の調整のため不必要な分をかき取ってしま

うこと。花や果実の生育が促される。
雌しべ めしべ 被子植物の両性花または雌花にひとつ、あるいは複数ある雌性生殖器官。雄しべからの花粉を受けて受精する。
雌穂 めすほ 葉のわきから出て、先端に絹糸（けんし）とよばれる糸状のものが生えている。雌花穂（しかすい）とも呼ばれる。雄しべから飛散した花粉を受け取って受粉、結実する。トウモロコシではひとつの株に雄穂（おすほ・ゆうすい・ゆうし）と雌穂の両方ができる。

トウモロコシの雌穂。

元肥 もとごえ 種まき前や植えつけ前に、あらかじめ栽培場所に施しておく肥料。ふつう堆肥など緩効性の肥料を施す。

や

誘引 ゆういん 茎やつるを、支柱やネットに、適切な形に結びつける作業。
有機栽培 ゆうきさいばい 野菜では、種まき・苗の植えつけの2年以上前から化学合成された農薬、化学肥料をまったく利用しない畑で、堆肥など有機資材だけ行う栽培法。
有機肥料 ゆうきひりょう もともと植物や動物の体であった有機物からできている肥料。肥料としての効果があるだけでなく、土壌を団粒化するなどの効果もある。ふつう効果は緩効性。
有機野菜 ゆうきやさい 種まき・苗の植えつけの2年以上前から化学合成された農薬、化学肥料をまったく利用しないで、堆肥など有機資材だけでつくられた畑で栽培された野菜。
葉菜 ようさい 主に葉の部分を収穫して食用とする野菜。ハクサイやキャベツ、コマツナなど。
葉身 ようしん 葉を形づくる主要な部分で、表皮、葉肉、葉脈からなる扁平な部分。
葉柄 ようへい 茎に葉をつないでいる柄の部分。

ら

ランナー らんなー 親株から発生してはうように伸び、地面に着いた部分に子株をつくって根を出す茎。
鱗茎 りんけい タマネギやニンニクなどユリ科の作物の厚くなった葉が球状に重なり合ったもの。
輪作 りんさく 連作障害の発生を防ぐために、異なる種類の野菜を順番に変えながら作付けして育てること。
リン酸 りんさん →リン酸肥料
リン酸肥料 りんさんひりょう 肥料の三要素のひとつ。開花、結実を促進する。
裂果 れっか 果実が熟して割れてしまうこと。トマトなどで問題となる。
裂根 れっこん 根菜類の根が裂けて、割れ目ができること。ダイコンやカブ、ニンジンなどで問題となる。
連作 れんさく 同じ場所で続けて同じ野菜をつくること。
連作障害 れんさくしょうがい 同じ場所で同じ作物あるいは近縁の作物を育てたときに、うまく育たなかったり、収量が減ったりする現象。
露地栽培 ろじさいばい ビニールハウスやビニールトンネルなどを使わずに、自然のままで戸外で育てる方法。

わ

矮性種 わいせいしゅ 標準的な大きさよりも小型の品種。
わき芽 わきめ 葉のつけ根から発生する芽。伸びて側枝となる。

さくいん

監修

北条 雅章　ほうじょう　まさあき

1976年千葉大学園芸学部卒。千葉大学環境健康都市園芸フィールド科学教育研究センター准教授。蔬菜園芸学を専門。主な研究テーマに高設の養液栽培システムを利用したイチゴの半促成栽培技術開発や無農薬葉菜類の栽培に関する研究などがある。著書に「野菜のつくり方　全国気候別はじめてのおいしい菜園カレンダー」(誠文堂新光社)、「野菜の選び方・調べ方図鑑　おいしくて栄養のある野菜を選ぼう1・2」(偕成社)などがある。

写真撮影:田中 つとむ
写真協力:羽田 幸光
執筆協力:田中 つとむ
イラスト:AD・CHIAKI 坂川 知秋
横島 一幸
本文デザイン:オカニワトモコ デザイン(岡庭 朋子)
吉田 周市
カバーデザイン:スーパーシステム(菊谷美緒)
撮影協力:千葉大学環境健康都市園芸フィールド科学教育研究センター、大塚 征子

編集制作:(株)雅麗
企画・編集:成美堂出版編集部(宮原 正美)

P131 姫とうがんの種入手先
タキイ種苗(株)
〒600-8686　京都市下京区梅小路通猪熊東入
TEL : (075)365-0140 (通販係)
FAX : (075)344-6705 (　〃　)
http://shop.takii.jp/ (タキイネット通販)

野菜の上手な育て方大事典

監　修　北《ほう》条《じょう》雅《まさ》章《あき》
発行者　深見公子
発行所　成美堂出版
〒162-8445　東京都新宿区新小川町1-7
電話(03)5206-8151　FAX(03)5206-8159
印　刷　共同印刷株式会社

ISBN978-4-415-30586-8
落丁·乱丁などの不良本はお取り替えします
定価はカバーに表示してあります